辜鸿铭　等著

中华工商联合出版社

图书在版编目（CIP）数据

跟大师学国学 / 辜鸿铭等著 . -- 北京 : 中华工商联合出版社 , 2018.3（2021.6 重印）

ISBN 978-7-5158-2222-8

Ⅰ . ①跟… Ⅱ . ①辜… Ⅲ . ①国学—通俗读物 Ⅳ . ① Z126-49

中国版本图书馆 CIP 数据核字（2018）第 035676 号

跟大师学国学

作　　者：辜鸿铭等
责任编辑：林　立
装帧设计：北京东方视点数据技术有限公司
责任审读：魏鸿鸣
责任印制：迈致红
出版发行：中华工商联合出版社有限责任公司
印　　刷：唐山富达印务有限公司
版　　次：2018 年 8 月第 1 版
印　　次：2021 年 6 月第 2 次印刷
开　　本：710mm × 1020mm　1/16
字　　数：230 千字
印　　张：18
书　　号：ISBN 978-7-5158-2222-8
定　　价：78.00 元

服务热线：010-58301130
销售热线：010-58302813
地址邮编：北京市西城区西环广场 A 座
　　　　　19-20 层，100044
http: //www.chgslcbs.cn
E-mail: cicap1202@sina.com（营销中心）
E-mail: gslzbs@sina.com（总编室）

工商联版图书
版权所有　侵权必究

凡本社图书出现印装质量问题，请与印务部联系。
联系电话：010-58302915

前　言

“国学”是西学东渐之后，针对西方学术而提出的名词，最早见于近代思想家章太炎先生的《国故论衡》，后又被称为“中国学”、“汉学”、“国故”、“国故学”。顾名思义，“国学”就是中国之学，是中华民族在数千年历史中创造的文化。

作为中国历史和文化的基础，国学构成了中华民族精神生活的客观环境和民族精神文化的重要组成部分，对中国政治、经济、军事、文化、思想、意识、伦理、道德和行为等各方面都影响极大，对于传承文明、增强民族凝聚力，以及中华民族的复兴都起着重要作用。

学习国学，不仅可以帮助我们了解中华民族的优秀文化传统，更能从中学会为人处世的道理。在走向世界的今天，每一个中国人都应该有良好的国学素养。然而在生活当中，许多人往往缺少足够的国学知识，有些人即使知道一些，也是一知半解，这不仅给日常学习、工作带来诸多的不便，生活中也可能处处遭遇尴尬。

为了帮助读者了解国学，正确认识诸如国学的确切涵义、国学对现实的意义、国学研究的方法等基本问题，我们编辑出版了本书，书中收录了辜鸿铭、蔡元培、章太炎、梁启超和鲁迅等五位中国近现代国学大师通论传统国学及专门论述国学入门、国学典籍、国学方法及国学主要思想流派和代表人物的精辟论文。其中，辜鸿铭是中国近现代为数稀少的一位在博学中国文化的同时，又精通西方语言与文化的学者，使得西方人得以真正了解并尊重中国文化；蔡元培根据国家需要，兼采各国所长，“食而化之”，对当时的中国教育文化事业功绩卓著；章太炎比较系统地将我国的经学、哲学、文学进行阐述，读其作品不仅可以了解我国传统国学的基本内容，而且也可以了解我国传统国学的发展简史；梁启超作为我国近代史上著名政治活动家、启蒙思想家、教育家、史学家和文学家，学术研究涉猎哲学、文学、史学、经学、法学、伦理学、宗教学等领域，其中尤以史学研究成绩最著，是中国史学史上的里程碑式的人物；鲁迅博通先秦诸典，致力于文学创作和思想启蒙，对文学创作、小说发展等方面剥茧抽丝的分析，为现代学术的发展作出了卓越的贡献。这些大师们的经典著作，经过岁月洗磨，至今仍熠熠生辉，不仅在文化学术界历来享有盛誉，也在广大读者中间有着较高的知名度，是历久弥新的永远具有阅读价值的圭臬，是永远值得我们珍藏的一笔精神财富。

值得一提的是，书中所选国学大师的作品原版本大多为繁体文本，在其流布过程中，难免出现版本差异、文字错讹等现象，为方便读者阅读，我们做了如下整理工作：在版本的选择上，一律以原始版本为底本，保留大师著作的原貌，但对其中误写、错排的个别文字，都进行了修正。繁体字改为通行的简体字，但对简化后易引起歧义的字词，带有时代特色的用语，与现在不太一致的专名、译名等，未作改动。例如，“的”、“地”、“得”三字，在当时通用为“的”等，尊重原作者用字习惯，均未改动。常见的异体字、通假字，原则上保持原貌。标点符号的用法依从作者习惯，除个别明显排印有误外，也未作改动。

希望经过我们的努力，能够呈给读者一本内容充实、文字完善、富有特色的国学大师经典读本，使读者能够以本书为阶梯，学习国学，了解国学，汲取先人的智慧，继承和发扬传统文化的精华，让中国文明在创新中绵延不绝，并走向世界。

目　录

第一篇　辜鸿铭讲国学

第二篇　蔡元培讲国学

第三篇　章太炎讲国学

第四篇　梁启超讲国学

第五篇　鲁迅讲国学

·第一篇·

辜鸿铭讲国学

辜鸿铭（1857～1928 年），字汤生，祖籍福建，生于马来西亚，是中国清末民初一个“怪杰”。辜鸿铭精通英文、法文、德文、拉丁文、希腊文、马来文等 9 种语言，一生获得 13 个博士学位。他是中国近现代为数稀少的一位在博学中国文化的同时，又精通西方语言与文化的学者。辜鸿铭的主要贡献在于翻译方面，他曾将《论语》、《中庸》、《大学》等中国经典翻译为英文和德文。他的译作是诸翻译中最精当的，加上个人的魅力，使得西方人得以真正了解并尊重中国文化。同时，他也将不少西方著作翻译为中文。在思想上，辜鸿铭具有超越时代的开阔。他深刻认识到西方文明的弊端，并致力于维护中国文化的尊严。

第一章
中国人的精神
——一篇在北京东方学会上宣讲的论文

承蒙你们的允许，首先我要说明一下今天下午我计划论述的东西。我论文的主题是“中国人的精神”，这并不单单意味着仅仅论及中国人的性格抑或特性。关于中国人的特性，之前早已有了非常多的描述，但是，我想你们能够认同我的看法，这些描述抑或说是关于中国人特性的例举，迄今还没能为我们呈现出一幅关于中国人内在本质的图画。除此之外，当我们言及中国人的性格抑或特性的时候，要将其抽象概括是不可能的。正如你们所知的那般，中国北方人的性格和中国南方人的性格就有很大的不同，这就如德国人的性格和意大利人的性格不同一样。

我这里所说的中国人的精神，是指中国人生存所凭借的东西，即一种在心灵、性情以及情感上具有本民族独特性的东西，它让中国人得以和其他任何民族有所区别，尤其是和现代的欧洲人以及美国人区别开来。或许在我这个论述的主题上，能够最好地将我的意旨表达出来的是：中国的人性类型，或者用更清晰精简的话来表达，那就是所谓的真正的中国人。

那么，真正的中国人指的是什么呢？对此，我敢确定，你们能一致认为，这是一个十分有趣的论题。对现在来说更是如此，当我们从如今中国发生在我们周围的一切来看，中国的人性类型，也就是所谓的真正的中国人，正在面临着消失的境地，而取而代之的，便是我们现在所看到的一种新的人性类型，即进步中的抑或现代化的中国人。实际上，我提议，在真正的中国人、古老的中国人性类型完全从这个世界消亡之前，我们应当最后将其考察一番，看一下是不是可以找到一种有机的特殊的东西，而正是这种东西让真正的中国人得以和其他民族有如此的不同，并且和我们在如

今中国看见的新型的中国人有所区别。

在我看来，首先，在古老的中国人性类型中，首先能够打动你们的是，那里面没有一点野蛮、残酷以及暴力的东西。借用一个用来形容动物的术语来表达，我们可以这么说：真正的中国人是一种被驯化了的生命。我认为，一个生活在中国最底层的人和欧洲社会同一个阶层的人相比，更少一些动物性，也就是德国人所谓的“蛮性”。实际上，我认为，概括中国的人性类型带给你印象的那个词，便是“gentle”（即温和）。这里我所说的温和不是指天性软弱抑或软弱温顺。对于“中国人的顺从”，已故的麦嘉温博士说过，“不是绝望的、阉割了的人的那种顺从”。实际上，我所说的“温和”是指没有那种生硬、粗糙、野蛮以及暴虐，也就是不具有任何让你感到震惊的东西。也可以这么说，在真正的中国人性类型中有这么一种特质：从容、镇定以及历经磨炼之后的成熟，犹如一块经过千锤百炼的金属。甚至可以说，对于一个真正的中国人，他身体上抑或道德上存在的缺憾，即使不能够补救，也能够被他身上那种温和的品质淡化。一个真正的中国人，也许会很粗鲁，但这粗鲁中并不存在下流。一个真正的中国人，也许会很丑陋，但这丑陋中并不存在丑恶。一个真正的中国人，也许会很粗俗，但这粗俗中并不存在放肆嚣张。一个真正的中国人，也许会很迟钝，但这迟钝中并不存在愚蠢。一个真正的中国人，也许会很圆滑，但这圆滑中并不存在阴险。实际上，我想说的是，即使在那些真正的中国人的身体、心灵以及性格中存在的毛病和缺点中，也不会有那些让你为之厌恶的地方。在中国旧式学校中，甚至在最下等的真正的中国人中，你也很难找到一个让你十分厌恶的中国人。

在我看来，中国的人性类型带给你的整体印象便是温和，那是一种难以用语言表达的温和。当你对这种真正的中国人身上存在的不易言表的温和品质进行分析时，你会看到那是同情和智能这两种东西相结合得到的产物。我曾经将中国的人性类型和驯化动物相比，那么，是什么让驯化动物和野生动物如此不同呢？在那些驯化动物的身上，我们能够找到某种人类所特有的东西。而这种区别于动物的人类特性是什么呢？区别在于智能。驯化动物的智能并非是聪明才智，也不是那种通过推理而得来的理智。它

并不是与生俱来的本能，比如说狐狸的聪明，让其知道去哪儿能够找到小鸡吃。狐狸这种天生的智能是一切野生动物都具有的。可是，驯化动物身上具有的某种可以称为人类智能的东西，大大不同于狐狸抑或任何动物的智能。它既不是源于推理，也非天生，而是源自同情和一种依恋。纯种的阿拉伯马之所以可以明白它的英国主人的意图，不是由于它学过英语语法抑或它天生知晓英文，而是由于它对主人有着生就的爱和依恋。而这正是我所谓的人类智慧，它明显区别于狐狸以及其他动物的聪明。而驯化动物和野生动物的区别正在于是否具有这种人类品质。同样的道理，我要说明的，正是这种同情的智慧所予以中国的人性类型、真正的中国人难以形容的温和。

我曾经在某处读到一位外国朋友的评论，他在日本和中国这两个国家都住过。作为一个外国人，他发觉在日本居住的日子越久，就越对日本人感到厌烦；而在中国居住的日子越久，却越发喜欢起中国人来。对日本人的这种评价是不是真实我不知道。但是我认为，只要是在中国生活过的人，都能同我一般赞同这种对中国人的评价。大家都知道，外国人居住在中国的日子越久，那种可以称之为中国味的情感倾向就会越多。尽管他们（中国人）不怎么注意卫生和讲究生活，尽管他们的思想及性格中有很多缺点和不足，但他们身上有一种难以言表的东西，这种东西让他们获得了其他民族都无法获得的外国人的喜欢。我将这种难以形容的东西称之为温和，如果不加以正名，外国人心中便会将其误以为中国人身体以及道德上固有的缺陷，也即温顺与懦弱。就像我试图向你们表述的这样，那种温和便源自于被我称为的同情或真正的人类智慧，这种真正的人类智慧既非来自后天的推理也非与生俱来，而是源于一种同情，或者说是一种源于同情的力量。那么，中国人这种同情的力量是源于什么秘密呢？

在这儿，我冒昧给出一个中国人同情的力量的秘密是什么的回答，如若你愿意，也可将它称作一个假设，下面就是我的解释。中国人之所以具备这种力量——这种源于同情的巨大力量，是由于他们彻底，或者说几乎是彻底在用心灵生活。中国人对生活的态度完全是一种对生活的感觉，它既非那种来自身体器官的感觉意义上的感觉，也非你所想象的那种来自神

经系统的激情意义上的感觉，而是源于我们天性最深处也就是心灵的激情，或者也可以说是人类情爱意义上的感觉。实际上我是想说，真正的中国人生活在心灵和情感之中，这种生活可能让他变得更加超脱，甚至超脱于一个人生活在这个物质和灵魂所构成的世界上所必需的条件之外。这便很好地解释了中国人对诸如恶劣环境或不甚讲究这类物质上不便的漠然了。当然，这并不是我们此处要论述的问题。

我认为，中国人具备同情心的力量，是由于他们彻底生活在心灵或者说是人类情感之中。首先我给你们看两个实例，解释一下我所谓的过着一种心灵生活的含义。第一个例子是：你们中有些人可能会认识我在武昌的一个老朋友兼老同事梁敦彦先生，他曾做过北京的外务部长。梁先生对我说，在他首次接到汉口海关道台任命的时候，他渴望以及追求清朝大员的官职和顶戴花翎。他很欣然接受这道任命，不是由于他喜欢顶戴花翎，也不是由于他会因此而享有富贵荣华（而在武昌时我们都十分贫穷），而是因为他所受到的提拔能够让他远在广东的老母感到由衷的高兴。这便是我所谓的中国人生活在一种心灵、情感抑或说是人类之爱中的含义。

我要列举的另外一个例子是这样的。我的一个身在海关的苏格兰朋友对我说过，他曾有一个中国仆人，这个人是一个标准的流氓，他说谎、敲诈并且赌博。可是，当我的这位朋友在一个荒僻的渡口由于伤寒发作而病倒的时候，身旁并无其他外国朋友的照料，照顾他的正是这个中国仆人，这个平日里糟糕的流氓，并且比他能想到的关系最好的密友和亲戚的照料还要细微周到。实际上，我认为，《圣经》里用来描述一个女人的话也可以用来形容这个中国仆人，以及其他大部分中国人："要对他们多一些宽恕，因为他们的爱心也更多一些。"居住在中国的外国人看见并知晓中国人的品性以及性格中存在的缺点和不足，但是他的心已经被他们打动，这正是由于中国人富有爱心，或者像我所说的，他们生活在一种心灵、情感抑或人类之爱中。

在我看来，现在我们已经掌握了这条线索：中国人的同情心，而恰恰是这种同情的力量予以真正的中国人同情理解并获得真正的人类智慧，这就是让他们具备如此难以形容的温和的秘密。再让我们来对这一线索或者说是假设进行验证。让我们看一下用中国人生活在一种心灵之中这条线索能否对我在上面所给出的两个例子那样的事实给出解释，同时，还可以解释我们在中国人真实生活中所看见的那些普遍性特征。

我们首先来看一下中国的语言。因为中国人生活在一种心灵之中，故此我认为，中国的语言也属于一种心灵语言。众所周知，生活在中国的外国人里面，孩子以及还没有接受教育的人学习起汉语来十分容易，和成人以及接受过教育的人相比，难度要小很多。是什么原因呢？在我看来，原因就在于孩子以及没有接受教育的人，是在用心灵语言来进行思考和说话，而那些接受过教育的人，尤其是接受过欧洲现代知识的教育的人，是在用头脑或者说知识语言来进行思考和说话。实际上，受过教育的外国人之所以认为学习汉语十分困难，原因就在于他们受过太多的教育，受过太多知性以及科学的教育。而那些对天国的描述，我们也可将其用作对中国的语言的描述："除非你变成了小孩子，否则你便不可能了解。"

接着，我们来看一看中国人生活当中的另一个众人皆知的事实。大家都知道，中国人有让人惊叹的记忆力。这其中有什么样的秘密？秘密就是：中国人是在用心灵而非头脑来记事情。心灵具备善解人意的力量，用心灵记事能起到如胶似漆的作用，比那些枯燥的用头脑抑或知性的记事方法更能有效地记住和保存事情。比如，我们所有的人，当我们还是孩童时，在学习中所能记住事情的能力要远远胜于我们成年以后所记住事情的能力，这其中的原因是一样的。作为孩子，同中国人一样，我们是在用心灵而非头脑去记住事情。

紧接着，我们再来考察中国人生活中另一个得到广泛认可的事实，也就是他们的礼数。人们常常评价说，中国人十分讲究礼数。那么，什么是真正的礼数的本质呢？那便是能够考虑别人的感受。中国人之所以有礼数，是因为他们生活在一种心灵之中，他们洞悉自己的感受，因此也容易考虑到他人的感受。中国人的礼数，虽不像日本人那么周全，却让人感到很舒服，这是由于它是一种（正如法国人所完美表达的）心灵上的"礼数"。不同的是，日本人虽然礼数周全，却让人感到不那么舒服，而我也听一些外国朋友说到对这种礼数感到厌烦，这是因为它是一种经过排练的礼数，及那种类似于戏剧作品中用来学习的礼数。这不同于那种直接源于心灵的自发的礼数。实际上，日本的礼貌就像是没有香味的花朵，而真正的中国人的礼数则有一种芬芳，一种源自心灵的名贵膏油的芳香。

最后，我们来考察一下中国人的另外一个特征，那就是缺乏精确性，亚瑟·史密斯正是因向世人揭示了这一特征而名声大振。那么，是什么原因让中国人的生活方式缺乏精确性呢？我还是认为，原因是中国人生活在心灵当中。在心灵上，精细和敏感维持着一种微妙的平衡。它和那些坚硬的、僵化的、精密的仪器般的头脑或者理智不同。像用头脑或者理性一般，用心灵也做出那样稳定、严格的思考是不可能的。至少要做到这一点，是十分困难的。实际上，中国人用的毛笔，那种质地柔软的刷子，可以用作标记中国人心灵的符号。它原本是很难用于书写和绘画，但是一旦你掌握了它的用法，你便能够用它以一种硬钢笔所无法企及的美妙和优雅去进行书写和绘画。

以上是和中国人的生活息息相关的一些简单的小事情，任何一个人，即使他对中国人不了解，也可以通过调查这些事实观察并了解到这种特质。我想，我所说的中国人生活在一种心灵之中的这个假设是正确的。

也正是由于中国人生活在一种心灵之中，过着孩童一样的生活，因而他们的生活方式在很多方面都十分原始。实际上，作为一个历史悠久的大国，中国人的生活方式一直到今天在很多方面还非常原始，这是一个很值得关注的事实。这个事实让许多居住在中国的那些浅陋的外国留学生以为中国的文明没有进步，甚至认为中国的文明处于停滞状态。但是，我们应当承认，纯粹就智力生活来说，在一定程度上，中国人的确是属于发育不良的人。你们也都知道，中国人不仅在自然科学上没有进步，并且在纯粹的抽象科学，例如数学、逻辑以及形而上学方面也进步甚微甚至是没有任何进步。实际上，相对于欧洲语言中两个词“科学”和“逻辑”，汉语中并没有与之完全精准对应的词。像过着心灵生活的孩童一样，中国人对抽象的科学不感兴趣，因为心灵和感受参与不到这些领域之中。实际上，任何和心灵以及感受不相干的事情，例如统计报表，许多中国人都感到厌恶。可是，如果说统计报表与纯粹抽象的科学让中国人充满厌恶的话，那么欧洲正在研究中的自然科学，那种要求你将活的动物身体切碎毁灭以此去验证科学理论的行为，则让中国人从心底发出排斥和恐惧。

我要说的是，纯粹就智力生活而言，中国人在一定程度上属于发育不良。一直到今天，中国人还在过着孩童一样的生活，也就是那种心灵生活。从这方面看，中国人作为一个民族来说，虽然已经很古老，但至今依然还是孩童一般的民族。可是关键在于，你应当记住，这个生活在心灵生活之中、孩童一般的民族，虽然他们在生活方式的很多方面都十分原始，但却有着原始人身上所无法找到的心灵和理智的力量，这种心灵和理智的力量让他们可以成功地应对困难复杂的社会生活、政府以及文明中的问题。这里我大胆地说，古代以及现代的欧洲国家显然都没能达到如此这般的一种成功，而这种成功是这样的效果突出，以至于在理论实践上和社会现实中，都让亚洲大陆上的绝大多数人口在一个庞大的帝国中得以维持了和平与秩序。

实际上，这里我想要说的是，中国人的这种非同一般的特性并不仅仅是他们在过着一种心灵生活，因为所有的原始人过的都是一种心灵生活。据我们所知，中世纪的基督教徒过的也是心灵生活。马太·阿诺德说："中世纪基督教的诗人靠心灵和想象来生活。"而我在这里是想说，中国人的这种非同一般的特性，虽然在心灵中还像孩童一般生活着，可它同时仍旧具备心灵以及理性的力量，而这是在欧洲中世纪的基督教徒或其他原始人身上所无法找到的。换句话说，中国人的这种非同一般的特性，对于一个发展成熟的民族、一个具备成人理性并生活了如此长时间的民族来说，在于他们仍然过着一种孩童一般的生活，生活在一种心灵之中。

故此，与其说中国人属于发育不良，倒不如说中国人是永远年轻。一言以蔽之，中国人作为一个种族的非同一般的特性，就在于他们具备维持永远年轻的秘密。

至此，我们便可以解答刚开始提出的那个问题：真正的中国人是什么样的？现在我们可以看到，一个真正的中国人是这样的，他具备成年人的理性却拥有孩童一样的心灵，他们生活在这种状态之中。简而言之，一个真正的中国人同时拥有成年人的头脑以及孩童的心灵。故此，中国人精神

便是一种让青春得以永葆、民族得以不朽的精神。那么，什么才是中国人民族不朽的秘密呢？你应当还记得在刚开始论述时，我说过是被我称为同情抑或真正的人类智慧予以中国的人性类型——对于一个真正的中国人来说——一种难以形容的温和。我认为，这种真正的人类智慧中同情和智慧这两种东西相结合的产物，是心灵和头脑的一种和谐工作。简而言之，也就是灵魂与理智的美妙组合。如果说中国人的精神是一种让青春得以永葆、民族得以不朽的精神的话，那么，这种不朽的秘密便是这种灵魂与理智的美妙组合。

现在，你们便会问我，中国人是从何处以及如何获取这种让民族得以不朽，过着一种青春永葆的生活呢？答案自然是源于他们的文明。只是，你们不要在此希望我在这个已经安排好的时间中为你们演讲中国的文明。可是我想告知你们一些与我们这个论述的主题相关的中国文明的事情。

首先，我想要告诉诸位的是，据我来看，中国文明与现代欧洲文明有一个本质上的不同。这儿请允许我借用著名艺术评论家伯纳德·贝伦森先生的一种很妙的说法："我们欧洲人的艺术有一种发展成为科学的致命的趋势，我们几乎没有名作是在不存在利益分割的战场留存下来的痕迹。"在这里，我想要说明的是，正像贝伦森先生所说的欧洲艺术一样，欧洲文明也是一个利益分割的战场；一方面，科学和艺术在进行着利益分割的不息争战，另一方面，宗教和哲学在进行着战争；实际上这是头脑与心灵、灵魂与理智不断地发生着冲突的战场。而在中国文明进程中，最起码在最近的两千五百年中，没有发生过这样的冲突。我认为，这正是中国文明与欧洲文明的一个本质不同之处。

换一种说法，我想要表达的是，在现代的欧洲，人们有一种可以让他们心灵而非头脑得以满足的宗教，有一种可以让他们头脑而非心灵得以满足的哲学。在这里让我们看一下中国。曾有人说在中国不存在宗教。的确，在中国即便是普通民众也不曾认真地对待宗教，这里我指的是那种欧洲意义上的宗教。对于中国道教与佛教中的庙宇以及典礼与仪式而言，与其说它们是一种教化还不如说那是一种娱乐。可以这么说，他们所触动的只是中国人的美感而非他们的道德与宗教感。实际上他们更多地是诉诸想象而非他们的心灵抑或灵魂。可是，与其说中国人生活中没有宗教，不如更确切地说是中国人不需要宗教或者说是没有感到对宗教的需要。

那样一来，中国人即使是中国的普通民众都没有感到对宗教的需要，这个特殊的事实该怎样解释呢？于是，有一个英国人给出如此的解释。他就是伦敦大学的汉语教授罗伯特·肯纳韦·道格拉斯先生，他在他的儒教研究中说："四十多代中国人都完全地服从于一个人的权威。对于中国人来说，孔子的教义和其门徒的天性十分契合。蒙古人种的心灵十分平和感性，他们本能地排斥那种探究他们经验之外的事物的观念。正像孔子所论说的，一种将来的不可知的观念、素朴的注重事实的道德体系，就足以让中国人的一切需要得到满足。"

这位渊博的英国教授认为中国人之所以没有感到需要宗教，是因为他们拥有孔子的教导，在这一点上他是正确的，但是，当他断言中国人之所以不需要宗教是由于蒙古人种的心灵十分平和感性时，他就彻底地错了。首先，宗教和沉思没有关系。宗教属于感觉与感情上的事情，它是有关于人类灵魂的事情。即使是原始的野蛮的非洲人，当他脱离那种纯粹的动物性的生活之后，他灵魂中那种宗教需要的感觉也就随之苏醒了。故此，虽然蒙古人种心灵平和感性，但对蒙古人种的中国人而言，应当承认他要高于非洲的野人，并且也有灵魂，既然存在灵魂，那就会存在宗教需求感，除非他有其他的可以取代宗教的东西。

实际上，中国人之所以不存在宗教需要感是因为他们的儒教里有一套哲学与道德体系，一个能够取代宗教的人类社会与文明的结合。有人认为儒教不属于一种信仰。的确，在普通的欧洲意义上，儒教自然不属于一种宗教。但是，我要说明一下，儒教的伟大之处正是由于它不属于宗教。实际上，虽然它不属于宗教，可是它可以取代宗教，可以让人不需要宗教，儒教的伟大之处也正在于此。

在此，为了理解儒教如何可以将宗教取代，我们必定要尝试找到人类为何会有宗教需求感。据我来看，人类对宗教需求的感觉就同对科学、艺术以及哲学需求的感觉一样，因为人类是一种有灵魂的存在。这里让我们列举科学为例，当然我说的是自然科学。是什么原因促使人们从事科学研究呢？现在许多人以为人们之所以这样做，是由于他们想要得到铁路以及飞机一类的东西。但是，激励真正的有志于科学的人去从事科学研究的动机并非是由于他们想要得到铁路与飞机。那些如今所谓进步的中国人，如果他们从事科学的原因只是他们想要得到铁路与飞机的话，那他们就永远也无法得到科学的真谛。以前欧洲真正的有志于科学的人，都是为了科学的进步而去工作，将修建铁路与制造飞机从一种可能性变为现实，而实质上他们原本并没有考虑到铁路与飞机。那些让他们为了推动科学进步而做的工作获取成功的原因，正是他们在灵魂上有知晓我们所生活的这个奇幻宇宙中那些无穷无尽奥秘的需求。故此我认为，人类这种有宗教需求的感觉与有科学、艺术以及哲学需求的感觉都是出于同一个原因；而这个原因便是，人类是一种有灵魂的存在，正是由于他有灵魂，他才不单单探索当下而且还去探索过去以及未来——而不像动物那般只是生活在现当下——有了解他们所生活的宇宙的奥秘的需求感。除非人类了解大自然的某些规律，从宇宙中发现事物的各种目的和意图，否则他们就会和处在黑屋中的孩子一样，只会感觉到所有一切都是危险、不安全以及不稳定的。实际上，如同一个英国诗人所说的一样，神秘的宇宙正是压在人们身上的重担。故此，人类需要有科学、艺术以及哲学，而由于相同的原因也需要宗教，以便于减轻“神秘的负担”，那种整个难以理解的世界所带来的重负。

艺术与诗歌让艺术家和诗人发现了宇宙本身的美妙和秩序，这样一来也就减轻了这种神秘所带给他们的负担。故此诗人（如歌德就说过：“谁拥有艺术，谁也就拥有了宗教”）就不存在这种宗教需求感。而哲学同样也使哲学家发现了宇宙的秩序和条理，如此以来也就同样减轻了神秘带给他们的负担。因此哲学家（如斯宾诺莎就说过：“对他们来说，知识生活上的圆满便是解脱，而对于圣人来说，宗教生活上的圆满才是真正的解脱”）也就不存在宗教需求感。最后，科学也使科学家发现了宇宙的秩序和规律，这样同样也减轻了神秘带给他们的负担。故此，如达尔文和海克尔教授那样的科学家便不会有宗教需求感。

可是，对于那些并非诗人、艺术家、哲学家或科学家的人类众生而言；对于生活艰辛、时时刻刻都暴露于自然的威胁以及他们同类的冷酷无

情的狂热打击下的人类众生来说，什么能够减轻他们这种“整个难以了解的世界所赋予的神秘负担”呢？是宗教。可是，信仰是怎样减轻这种神秘所给予人类众生的负担呢？我认为，信仰是通过赋予人类众生安全感和永恒感的方式来减轻这种负担。在自然的威胁以及同类冷酷无情的狂热以及由此而产生的神秘与恐怖面前，宗教带给人类众生一个庇护——而在这种庇护下他们可以找寻到一种安全感；而这种庇护便是对某些超自然存在的信念，抑或是对那种有绝对力量并可以控制威胁人类的力量存在的信念。并且，当他们面对自己生活中的事物发生不断的变化、兴衰与变迁——出生期、孩童期、青春期、年老期和死亡期，以及由此而产生的神秘与不确定的时候，宗教便给人类众生提供了一种庇护——而在这种庇护下，他们可以找寻到一种永恒感；这种庇护便是对将来生活的信念。故此，我认为，信仰在他们生活中带给他们一种安全感与永恒感，以这么一种方式减轻了那些不是诗人、艺术家、哲学家或科学家的人类众生整个难以理解的世界所给予的神秘负担。耶稣说过：“我赐予你安宁，这种安宁，世界不能给予你，也无法将其从你身上剥夺。”而这就是我所说的信仰带给人类众生安全感与永恒感的含义。故此，除非你能找到一种东西带给人类以和平感，一种与宗教所能给予他们的和平感相同的东西，否则人类将永远会有宗教需求感。

但是，我要说一下儒教，虽然它不是信仰却可以取代信仰。故此，在儒教中必定也有一种东西可以带给人类众生一种宗教所可以给予的相同的安全感与永恒感。现在就让我们来找一找儒教中那种可以给予的与宗教所能给予的安全感与永恒感相同的东西是什么。

我常常被问到一个问题，那就是孔子为中华民族都做了些什么。在这里我可以告诉诸位，我认为孔子给中国人做了非常多的事情。可是今天我没有多余的时间，这里我只打算告诉大家孔子为中华民族所做的最重要，同时也是最主要的贡献。孔子自己曾说：“知我者其为《春秋》乎？”当我为你们将其解释清楚之后，你便能理解是儒教中的什么东西给了人类众生宗教所可以给予的相同的安全感与永恒感。为了解释清楚这一点，我请你们允许我首先稍稍详细地对孔子其人其事做一番介绍。

你们中有人可能已经知道，孔子生活的时代正是中国历史上所说的春秋战国时期——封建社会在当时已经走到了尽头；那时候，那种封建的、半家族式的社会秩序和政治体制正需要扩张和重构。这个重大变化所带来的必定不仅仅是世事的混乱，同时也造成了人们心灵上的混乱。我曾经谈到，在最近的两千五百年里，中国的文明没有出现那种心灵与头脑的冲突。但是，我必须告诉你们的是，在孔子所生活的春秋战国时期，中国像现在的欧洲一样，心灵与头脑之间发生了令人恐惧的冲突。而孔子时代的中国人处于一个系统庞大的社会制度体系中。确立的教条、习俗以及法律——实际上，是从他们的祖先那里继承下来的一种庞大的社会制度与文明系统。在这个系统里，他们的生活要继续下去；可是他们感觉到，这个系统并非他们所创造，因此也决不能符合他们生活中的实际需要；意思就是说，这些对他们而言只是沿袭惯例，而非理性的选择。两千五百年前中国人的这种理性觉醒便是今天欧洲所说的现代精神的觉醒——一种自由主义精神、探索主义精神、寻找事物因果的精神。中国人的这种现代性精神，让他们发现了社会与文明的旧秩序与现实生活已不很适应，为此他们不但重建了一种全新的社会秩序和文明，而且还进一步去找寻社会与文明的新秩序之基础。但是，在那个时代的中国，一切找寻社会与文明的新基础的尝试都遭遇失败。其中有一些，尽管使人们的头脑——即中国人的理性得到了满足，却没能让他们的心灵得到满足；而另外的一些，虽然使人们的心灵得到了满足，他们的头脑却没有得到满足，就像我说过的那样。因此在两千五百年前的中国所引发的头脑与心灵的冲突，和在今天的欧洲你们所看到的那样相同。人们所尝试重建的社会与文明新秩序里的心灵与头脑发生的冲突，让中国人对一切文明都感到失望，而这种失望又导致了苦恼和绝望的产生，以至于中国人想要将所有文明都摧毁。有一些人，例如老子，一个和今天欧洲的托尔斯泰相似的中国人，从心灵与头脑发生的冲突所导致的不幸的结果中认为，所有社会制度与文明存在某些基本性错误。老子与他最有才华的弟子庄子，奉劝中国人抛弃一切文明。老子对中国人说过：“放下所有和我走；跟我去往群山当中，走到群山中隐者的小屋中去，去那儿过真正的生活——一种纯粹的心灵上的生活、不朽的生活。”

对于孔子来说，虽然他也看到了那个时代社会与文明所带来的不幸与苦难，但他认为他所看到的罪恶并不是由于社会和文明的本身，而是由于社会和文明错误的发展方向，由于人们为社会和文明所建立起来的一种错误基础。孔子劝告中国人不要将文明抛弃——在具备真正基础的社会与文明中，人们也能过一种真正的心灵上的生活。实际上，孔子一辈子都在努力尝试着将社会与文明导向正途，给它创建一个真正的基础，以此来阻止文明的毁灭。在他生命的最后时光中，当他看见他无法阻止中国文明走向毁灭——他是如何做的呢？就像一个看见自己房屋着火、熊熊燃烧着将要掉下来砸在头顶上的建筑师，他确信已经不可能挽救房屋，但他知道他可以做的事情便是抢救出关于这所建筑的设计图纸，这样将来就能够有机会重建；于是，当孔子看见中国文明的建筑不可避免地走向毁灭的时候，便认为他应当抢救出设计图纸。这些被抢救出来的东西被保存在中国古老的经书中——即著名的五经。这便是我要说的孔子给中华民族所做出的一大贡献——他为其挽救出了文明的设计图纸。

我要说的是，当孔子为中国文明抢救出设计图纸时，他也就为中华民族做出了一大贡献。但这并非孔子给中华民族所做出的最主要的以及最伟大的贡献。他所做出的最伟大的贡献是，通过抢救文明的设计图纸，他对文明的设计做出了一个全新的整合与阐发，经他新的阐发，中国人有了真正的国家观念——为国家打下真正的、理性的、永久的、绝对的基础。

但是，古代的柏拉图与亚里士多德，以及现代的卢梭与赫伯特·斯宾塞也提供了一种文明的整合，并且尝试着去提出真正的国家观念。那么，我所谈及的欧洲伟人们所做出的这种哲学与文明的整合，和作为儒教的哲学与道德体系文明的整合有何不同？据我看来，有以下的不同。柏拉图与亚里士多德以及赫伯特·斯宾塞的哲学中不存在可以变成宗教抑或宗教的等价替代物，不能变成一个民族抑或国家民众可以接受的信仰，而儒教则变成了中国如此众多的民众的一种宗教抑或宗教的等价替代物。这里我所谓的宗教，不是在这个词的欧洲的狭义上的使用，而是在一种更为宽泛的意义上使用的。歌德说过：“唯有民众才懂得什么是真正的生活；唯有民

众过着一种真正的人的生活。”在这里，当我们在宗教这个词的宽泛的意义上使用它的时候，我们所要指的便是一种具备行为规范的教化体系，正像歌德所说的那样，是被人类大众（至少是被一个民族或国家的大众），作为真理与规则所普遍接受的东西。就这个词的宽泛的意义上而言，基督教与佛教都属于宗教。从这种宽泛的意义上说，正如你们所知，儒教变成了一种宗教，这是因为它的教化被当做是真理，他的行为规范也已被整个中国的种族及民族当做一种约束的规则，而对柏拉图、亚里士多德以及赫伯特·斯宾塞的哲学而言，即便是在这种宽泛的意义上，它们也没能成为宗教。我认为，这便是儒教和柏拉图、亚里士多德以及赫伯特·斯宾塞的哲学的不同之处——一种仍然属于学者式的哲学，另一种却成为了全中华民族的大众，包括学者在内的宗教或宗教的等价替代物。

就这个词的宽泛的意义上而言，我认为儒教与基督教或佛教一样都属于宗教。你们应当记得我曾说过，儒教并非欧洲意义上的那种宗教。那么，儒教和这个词的欧洲意义上的宗教有何区别呢？区别显然是：一个当中有一种超自然的起源与因素，而另一个则不具备。但是，除去这个超自然与非超自然的区别外，儒教和这个词的欧洲意义上的宗教（例如基督教与佛教）还有另一个区别，那就是：欧洲词义上的宗教只是教育人要成为一个好人；而儒教在这方面则做得更多，儒教教育一个人要成为一个好的公民。对一个人（并非单独的人，而是处在他与同胞以及国家关系中的人），基督教的教义是这样发问的：“什么是人的主要目标？”而在孔子的问答集《论语》中则是这样发问的：“什么是公民的主要目标？”基督教的回答是：“人的主要目标是去赞美上帝。”孔子的回答则是：人的主要目标是做孝子以及好公民。在《论语》中，孔子的弟子有若曾说过：“君子务本，本立而道生。孝悌也者，其为仁之本与！”简而言之，对于欧洲意义上的宗教的目标而言，是让人自己变成一个完美的理想式的人，变成一个圣徒、一个佛陀或者一个天使，而儒教则只限于让人变成一个好公民——像孝子和好公民那样去生活。意思也就是，欧洲的宗教说的是：“假如你要信教，你就必须得是一个圣徒、一个佛陀或一个天使。”而儒教说的则是：“假如你是一个孝子和好公民，你就有了信仰。”

实际上，儒教与欧洲意义上的宗教（例如基督教或佛教），它们间的真正区别在于，一个是单个人的信仰，或者也可以称之为教堂信仰；另一个则是社会信仰，或者也可以称之为国家信仰。我认为，孔子对中华民族所作出的最伟大的贡献，就是他给人们提供了一个真正意义上的国家观念，并通过提出这个真正的国家观念而创立了儒教。政治在欧洲是一门科学，可是在中国，从孔子的时代开始，政治就已经成了一种宗教。简而言之，我认为，孔子对中华民族所作出的最伟大的贡献，便是他给他们提供了一个社会的或者说是国家的信仰。孔子在一本写他生命临终之前的书中，对这种国家信仰进行了阐述，他将这本书命名为《春秋》。孔子之所以将这本书命名为《春秋》，是由于此书的目的是给出决定兴衰——如同国家的春天与秋天——的真正的道德方面的原因。我们也可以将这本书称之为中国的编年史，它类似于卡莱尔的小册子。在这本书中，孔子概述了整个社会和文明的错乱衰败状态下出现的困苦与不幸，指出其中的真正原因是由于人们缺少真正的国家观念；他们缺乏对国家、君主个人应该具有服从的责任的正确的认识。在一定程度上，孔子在这本书中讲述了君权神授。这里我知道你们诸位，或者起码是你们中大多数，现在是不会相信君权神授的。此处我不想和你们进行争论，我只是请你们不要马上给出判断，首先听我接着说下去。与此同时，请允许我在这儿引用卡莱尔的一句话："国王统治我们的权力，要么是君权神授，要么便是魔鬼的错误。"在这里我请你们，在这个君权神授的问题上，回忆并思考卡莱尔所说的这句话。

在《春秋》中，孔子教导人们说，像在人类社会中人的一切普通关系与行为一样，除了出于利益与恐惧的基本动机外，还有一种影响到他们行为的更为高尚、尊贵的动机，一种高于一切利益与恐惧忧虑的更为高尚、尊贵的动机，而这种动机便是责任；所以说在一切人类社会的这种重要关系里，在一个国家或民族的人民与其首领间的关系里，也会出现责任这种更为高尚、尊贵的动机去影响并鼓舞他们的行为。那么，如果一个国家或民族的人民忠于他们的首领的话，这种责任的理性基础又是什么呢？在早于孔子时代的封建时代里，因为那种半家族式的社会秩序与政府体制，或

多或少可以将国家看做是一个家庭，人们并不能强烈地感觉到他们对国家首领的责任需要一个十分清晰和坚实的基础，这是由于他们全是一个宗族或家庭的成员，血缘纽带或天生的感情已通过某种方式将他们与国家首领，同时也是他们的宗族或家庭的高一辈成员，连接在了一起。但是，就像我所说过的一样，在孔子的时代，封建社会已经走到了尽头；那个时候国家已经远远不是家庭所能比拟的了，那个时候国家的公民已不再是构成一个宗族或家庭的成员。故此，也就需要为国家或民族的人民忠于其首领——他们的统治者抑或是君王——的责任寻找一个崭新的、清晰的、理性的、坚实的基础。孔子给这个责任找到了一个什么样的新基础呢？名誉便是这种责任的新基础。

去年我在日本时，日本前文部大臣菊池男爵问过我，关于我说到过的孔子论述其国家信仰的那本书中的四个中国字该如何翻译。这四个字便是“名分大义”。我将其翻译成关于名誉与责任的重大原则。儒教和其他宗教区别就在于此。汉语中“教”常用来命名其他宗教，例如佛教、伊斯兰教以及基督教，而将儒学称为名教——名誉的宗教。在孔子的教导体系里还有另一个词“君子之道”，理雅各博士将“君子之道”这个术语译为“上等人的行为方式”，在欧洲语言中与之最为接近的等价词便是道德律法——单单从字面上看，道的含义也是用于君子的律法。实际上，可以用一个词来总结孔子教导下的整个哲学与道德的体系：即君子的律法。孔子将君子的律法撰写成文并将其发展成宗教——一种国家的宗教。在这种国家宗教的信仰中，第一条款便是名分大义——名誉与责任的原则——也可将其称之为：名誉的法典。

在这种国家信仰中，孔子教导人们说，不仅仅是国家，而且一切社会与文明的唯一真正的、理性的、永久的、绝对的基础便是这种君子的律法以及人的名誉感。现在，你们诸位，即便是相信政治中不存在道德的那些人——在我看来，你们诸位都已经知道并承认了人类社会中这种人的名誉感的重要性。可是我并不敢完全肯定你们所有人都已经意识到人的这种名誉感对于维持任何一种人类社会所具有的绝对必要性。实际上，如同谚语“盗亦有道”所要说明的那样，如果没有人的名誉感，一切社会与文明会马上崩溃，再也无法存在。在此，请准许我来为你们解释这其中的原因。我们可以举社会中的如赌博一类的琐事为例：除非人们坐下来赌博时都已承认并感觉到自己受制于某种名誉感，当出现某种规定颜色的纸牌或色子时就付钱，要不然赌博就无法再进行。商人——除非商人认可并感到了名誉感的约束而去履行契约，否则一切交易都将无法进行。可是，你们也许会说违反契约的商人将被送到法庭，的确如此，但是如若没有法庭的话，又将怎样？此外，法庭如何才可以让食言的商人去履行契约呢？答案是通过暴力。实际上，如果没有人们的名誉感约束，社会便只好通过暴力措施而暂时维持一段时间。但是，我觉得我可以向你揭示出，单单依靠暴力是无法将社会永久地结合在一起的。那些强迫商人去履行契约的警察们，他们可以使用暴力，可是对于律师、地方长官或共和国首领——他们该如何去让警察履行职责呢？你是知道的：他无法再用暴力去做这件事，那么又要用什么呢？答案便是要么利用警察的名誉感，要么就只好用欺骗。

现在的这个时代，整个世界——很遗憾地说中国也包括在内——律师、政客、地方长官以及共和国首领都是在通过欺骗的手段去让警察履行职责。当今的律师、政客、地方长官以及共和国首领告诉警察他们必须要去履行职责，因为这样做才能对社会、对国家有益；而对社会有益仅意味着，作为警察的他可以按时领取薪水，如果没有这份薪水的话，他和他的家人便会被饿死。我认为，律师、政客或共和国首领在告诉警察这些事情时，所使用的是欺骗。我之所以说它是欺骗，是由于或许对国家有益，但对警察的意味只是每周的十五先令薪水，这只够让他和他的家人免于遭受饥饿，而对律师、政客、地方长官以及共和国首领却意味着每年一万到两万镑的年薪，包括豪华的房子、电灯、汽车以及一切奢侈舒适的东西，而这都需要成千上万的人们通过血汗辛劳去供养。我之所以说它是欺骗，是因为如若人们没能认识到名誉感——赌徒不会将他口袋中最后一点钱拿出来向赢了他的人奉上；如果没有这种名誉感，一切导致社会贫富不均的财富转移与占有，像赌桌上金钱的转移一样，都会没有任何的合法性与约束力。故此，律师、政客、地方长官以及共和国首领，虽然他们满口说的都是社会利益与国家利益，实际上靠的却只是警察潜意识里的名誉感，这不

仅让他工作上尽职，还让他尊重社会上的财产权，一周十五先令的薪水就能让他感到满足，而律师、政客与共和国首领却每年都有两万镑的高额收入。故此，我认为这是一种欺骗，这是因为他们明确地要求警察需要有名誉感；而他们自己，这些当今社会的律师、政客、地方长官以及共和国首领，却相信并冠冕堂皇地按照政治中没有道德也没有名誉感的原则去进行言说与行动。

你们应该还记得，我之前说过卡莱尔的那句话——国王统治我们的权力，要么是君权神授，要么便是魔鬼的错误。而如今的律师、政客、地方长官以及共和国首领的这种欺骗便是卡莱尔所谓的“魔鬼的错误”。就是有了这种欺骗，当今社会公务人员的欺诈和伪善，自身按照在政治中没有道德也没有名誉感的原则去发表言说和采取行动，表面上却装模作样地标榜社会利益与国家利益；像卡莱尔所说的一样，正是这种伪善的耶稣会主义造成了当今社会文明所出现的“普遍的苦难、反抗、狂乱、激进主义狂热的起义、复辟专制冷酷的统治、众人兽性的堕落以及个人过度的愚昧”。简而言之，恰恰是这种欺骗与暴力的结合，耶稣会主义与军国主义，律师与警察，导致了当今社会上的无政府主义者和无政府主义。暴力与欺骗的结合强奸了公众的道德感，造就出了疯狂，这种疯狂让无政府主义者不惜以炸弹与炸药去表达他们对律师、政客、地方长官以及共和国首领的不满和反抗。

实际上，如果在一个社会里，它的民众没有名誉感，在政治上也缺乏道德，我认为它是无法结合在一起的，或者起码是无法持久的。这是因为，在一个这样的社会中的警察，依靠他们的律师、政客、地方长官以及共和国首领才可以实现欺骗，但是也会陷入到两难的悖论中。他会被告知他必须为了社会利益而去履行自己的责任。可是，他这个可怜的警察本身，也属于社会中的一部分——对他来说，自己与自己的家庭，起码也是社会中最为重要的一部分。如若有其他的谋生手段而非去做警察，譬如去做一个反警察分子，他可以获得更多的酬劳去改善他自身以及他的家人的生活条件，当然同时也意味着代表社会利益。如果的确那样的话，警察早晚会得出这样的结论：正是因为政治里没有名誉感这回事，如若可以获得

更好的酬劳，同时也意味着代表社会利益，那么他便没有理由不去做一个革命者抑或无政府主义者。而一旦这样的话社会也就走到了末日。孟子说："孔子成《春秋》，而乱臣贼子惧。"孔子在书中讲述了他自己的国家信仰并对他生活的那个时代的社会做了揭露。那个时代的社会，和如今的世界一样，公务人员缺少名誉感，政治上也缺少道德感，这就注定到社会走到了末日。

言归正传，我认为，缺少名誉感的社会是无法维持也是无法持久的。这是因为，我们已经发现，即便是人类社会中赌博与交易这一类琐碎甚至无足轻重的事情所关涉到的人际关系中，认可名誉感也是这么的重要与必要，那样的话，在已经建立起了家庭与国家这一类最本质制度的社会的人际关系里，它将是何等的至关紧要。就像你们所知道的一样，历史上一切国家的公民社会的兴起常常都是以婚姻制度为起点的。欧洲的教会宗教使婚姻变成了一种圣事，意思就是，成了某种神圣的不能违背的事物。教堂是欧洲的婚姻圣事的外在约束力，上帝则是其威信力。可是，这仅仅是一个表面上、形式上的，或者称之为法律的约束力。婚姻神圣不可侵犯的实质的、内在的、真正的约束力——如同我们在不存在教会宗教的国家中所看到的一样，则是名誉感，它是男人与女人之间的君子之道。孔子说："君子之道，造端乎夫妇。"换句话说，在一切公民社会的国家里都认同的名誉感——君子之道便是婚姻制度的基础。而正是在这种婚姻制度下家庭才得以建立。

我之前说过，孔子所教导的国家信仰是一则名誉法典，我对你们说过孔子是从君子之道得出这个法典。但是在这里，我必须要告诉诸位，在早于孔子时代的很长时期之前，中国就已经有较为模糊的、尚未成文的君子之道的法典的存在。在孔子时代之前的中国，这种较为模糊的、尚未成文的君子之道的法典便是所说的礼——礼仪、礼貌、礼节之类的法律。在稍稍早于孔子时代之前的历史时期里，一个杰出的政治家在中国诞生了，他是中国著名的法律制定者，后人一般将其称为周公（时间是前 1135 年）——他最早将君子之道加以确定、整理、制定，将其制成成文的法典，也就是中国的礼——礼仪、礼节、礼貌之类的律法。周公所制定的这

部中国最早的成文的君子法典就是周礼，即周公礼仪的法典。我们可以将周公所制定的礼法法典看成是孔子时代之前的中国的宗教，或者说犹如存在于基督教之前的犹太民族的摩西律法那样，也可将其称之为中国人的旧约信仰。恰恰是这个旧约信仰——所说的第一个成文的君子之道的法典，也称之为周公礼法——第一次给中国人的婚姻以神圣的不容侵犯的约束力。故此，至今中国人还将婚姻圣礼称作周公之礼，也就是周公的礼法。通过这种神圣的婚姻制度，在孔子时代之前或者说中国的旧约信仰时代，家庭得以建立。它一度给一切中国家庭的稳定与持久性提供了保证。周公的礼法、孔子之前的旧约时代的信仰，也可以称作一种家庭信仰，以此去和之后孔子所教导的国家信仰相区别。

如今可以这么说，孔子在其教导下的国家信仰中，相对和他之前时代的家庭信仰来说，提供了一个新制度。也就是说，孔子在其国家信仰中给君子之道提供了一个崭新的更普遍、更具包容力的阐述。而孔子所创立的新的神圣制度，不再被称作礼或者礼法，他将其称作名分大义，我已将其翻译为名誉与责任的重大原则，或者干脆译为名誉法典。孔子通过制定名分大义或者说名誉法典将之前的家庭信仰取代，给中国人提供了一个国家信仰。

孔子之前的时代，家庭中的妻子与丈夫接受周公礼法的制约——以保证他们的婚姻契约不受到侵犯并被绝对遵守。在孔子所教导的国家信仰的新制度里，中国的每个民众与他们的帝王都要遵守名分大义——关于名誉感与责任感的重要原则或称名誉法典，这是由君臣将其看成神圣的、不容侵犯的并且需要绝对遵守的契约。简而言之，过去周公是严婚姻之礼，孔子的名分或名誉法典确立的则是对忠诚的信仰。通过这种方式，就像我说过的一样，孔子让君子之道有了一个崭新的更普遍、更具包容力的应用，也给所谓的孔子时代之前的家庭信仰提供了一个新制度，并将其变成一种国家信仰。

意思是说，如同孔子之前的中国的家庭信仰订下婚姻誓约，孔子时代的国家信仰则是将对誓约的效忠变得神圣。如同家庭信仰所建立的婚姻誓约让妻子有义务要绝对忠实于他的丈夫一样，名分大义这种中国孔子教导

下的国家信仰所建立的名誉法典，让中国人有义务要绝对忠实于他的帝王。这样一来，在孔子教导下的国家信仰中的这种对誓约的效忠便能被称作对忠诚的信仰。你们应该还记得我曾说过，在某种程度上孔子所讲述的是君权神授。但是，与其说孔子教导的是君权神授，倒不如说孔子教导的是一种忠诚的神圣的职责。孔子在中国教导的对帝王的神圣或绝对的忠诚所产生的制约力，和欧洲的君权神授论（其约束力是来自于一种超自然的存在也就是上帝或者其他神秘的哲学）不同，而是来自于一种自发的君子之道——人们内心的名誉感，一切国家都有让妻子对丈夫效忠的名誉感。实际上，孔子教导下的中国人民具有的对帝王忠诚的绝对责任，其约束力来自于和商人遵守信用去履行合同、赌徒遵守规则去偿还赌债相类似的一种朴素的名誉感。

如同我所说家庭信仰是中国的旧约宗教一样，它是一切国家的教堂信仰，通过规定婚约的神圣不容侵犯而使家庭得以建立，我将孔子所教导下的中国称之为国家信仰，它通过规定忠诚的神圣性，进而使国家得以建立。如若你认为世界上第一个创立家庭宗教、建立起婚姻的神圣不容侵犯制度的人对人类社会文明的产生做出了伟大贡献的话，那么我认为，你就可以理解孔子创立对国家的信仰、确立对忠诚的信仰是多么巨大的贡献。这种婚姻的神圣，对家庭的稳定与持久提供了保证，如若没有它的存在人类就会走向灭绝。忠诚之道让国家的稳定与持久有了保证，如若没有它的存在人类社会以及文明就会走向毁灭，人类也会重返到一种野蛮的、动物的状态。故此我这样告诉你们，孔子对中国人做出的最伟大的贡献就是他提供了一种真正的国家观念，而这正是一个国家真正的、理性的、永久的、绝对性的基础，而且通过提供给他们这个观念，他让这种观念变成了一种信仰——一种国家信仰。

孔子曾在一本书中对这种国家信仰进行阐述，我已经对你们说，那本书是他在生命将要终结的时候写的，他将其命名为《春秋》。孔子在这本书中，首先确立了忠诚之道，也常常被称作春秋名分大义，或者更简单地说是“春秋大义”。在《春秋》中，孔子教导人们对忠诚的神圣的责任，就如同是中国人的大宪章。孔子通过它赋予一切中国人与国家对帝王绝对效忠的义务，在中国，这个契约或者说是名誉法典，是国家以及政府同时也是中华文明的唯一的真正的宪法。孔子在《春秋》中说，后人一定能够懂得他——懂得他对世界做出了什么。

为了说明我想要说明的这个问题，我已经说了这么多，恐怕这已让你们感到厌倦了。在这里总算是可以回到最初所提到的问题。你们应该还记得我曾说过，为何人类大众常常会有宗教需求感——这里我所说的是欧洲意义上的宗教——这是由于宗教给他们提供了一个庇护，而这个庇护，通过信仰一种非常强大的所谓上帝的存在，给他们提供了生存的永恒感。而我所说过孔子教导下的哲学与道德体系（即儒教），可以将宗教取代，可以让中国人乃至所有的人类大众都不再需要宗教。故此，我已说过，在儒教中必定会有某种东西可以给中国人，给所有人类大众以宗教所能给予的相同的安全与永恒感。在这里，我想我们已经将这种东西找到了：它就是孔子带给中华民族的国家信仰中效忠帝王的神圣职责。

你们应该理解，中国每个男人、女人以及孩子的这种对帝王绝对效忠的神圣职责，在中国大众的心灵中，赋予了帝王绝对而至高无上的、超越一切无所不能的权力，对这种权力的信任，给中国以及中国的民众类似其他国家里对上帝、对宗教的信仰所可以给予人类众生相同的安全感，也让中国人民心中对国家的绝对稳定和持久有了保证。而这种国家的绝对持久保证了社会得以无限延续与持久，最终社会的这种无限延续与持久在中国人民的心中对种族的不朽有了保证。故此，正是这种种族不朽的信念，这种来自于忠诚的神圣责任所产生的帝王权力万能的信念，赋予中国大众一种如同其他国家里宗教对人类众生所能给予的来生一样的永恒感。

此外，如同孔子所教导的忠诚的绝对神圣职责让国家的不朽有了保证一样，儒教中的对祖先的膜拜仪式让家庭种族的不朽有了保证。实际上，与其说中国人的祖先膜拜是建立在对拥有来生的信念上，倒不如说是建立在对拥有种族不朽的信念上。一个中国人，当他死了之后，令他感到安慰的并非是他相信死了以后会有来生，而是相信他的儿子、孙子、曾孙以及他所有的亲人，全都会永远地记着他、想着他、爱着他。在这种思维方式作用下，在他的想象中，死对中国人而言，如同一次漫长的旅行，即便是

没有希望，起码也会有很大的再次相会的“可能”。这样的话，通过对祖先的膜拜，以及那种忠诚的神圣职责，如同其他国家的宗教所给予人类众生的对来生的信念一样，儒教在中国人还活着的时候就已经给了他们相同的生命永恒感，而在他们死的时候也给了他们相同的安慰感。正是出于这个原因，中国人将对祖先的膜拜仪式看做是和对帝王的忠诚的神圣职责的原则一样重要。孟子说“不孝有三，无后为大”，这种孔子所教导的（被我称为中国的国家信仰的）整个体系，实际只有两个组成部分，对帝王的忠诚以及对父母的孝顺——用中文表达的话，那就是忠和孝。详细地说，忠诚的三个要素，中文中称之为三纲，儒教或中国国家信仰中的三纲按照其重要的程度依次是：一、对帝王的绝对效忠；二、对父母的孝顺和对祖先的膜拜；三、婚姻的神圣、不容侵犯与妻子对丈夫的无条件顺从。这三纲中的后两个我已经在所谓的家庭信仰，或者孔子之前的中国旧约信仰中表述过；而第一个——对帝王的绝对效忠——是孔子最先教导的，他也凭此让中华民族的国家信仰或者说是新的宗教信仰得以奠定。儒教中忠诚的第一要素——对帝王的绝对效忠——代替了一切宗教中的忠诚的第一要素（对上帝的信仰）。因为儒教中有宗教信仰中上帝的取代物，也就是像我所说的那样，儒教能够取代宗教，因此，中国人、中国这么众多的人口便不会有宗教需求感。

在这里，你们也许会问我，如果没有宗教教导中的对上帝的信念，如何可以让人类众生跟随并且遵循孔子所教导的道德准则，履行对帝王的绝对效忠呢？能够像你可以根据信仰上帝所给予的权威、宗教所给予的让众人遵循并服从道德准则同样吗？在我对你们这个问题做出回答之前，请允许我首先指出你的一大错误，人们确信神的威信所给予的约束力让人遵循道德行为的准则。我对你们说过，欧洲婚礼的神圣与不容侵犯的约束力是来自教会，但是关于约束力的威信，教会声称是源于上帝。可是，我也已经说过，这只是表面上的、形式上的外在约束力。婚姻的不容侵犯的真实的、真正的、内在的约束力（如同我们在缺少教会宗教的一切国家所发现的那样）却是名誉感，是男人与女人的一种君子之道。人的道德感是让道德行为准则的义务得以遵守的真正威信，也就是所谓的君子之道。因此我说，上帝的这种信念，并不一定能够让人遵守道德行为。

也正是由于这个事实，上个世纪的伏尔泰与汤姆·佩恩这些怀疑论者，以及如今的海勒姆·马克西姆这些理性主义者们指出：对上帝的信仰只是宗教建立者的发明，是由牧师们经营维持的一种欺骗或者说是一种欺诈。可这却是一种野蛮荒谬的诽谤。一切伟人以及一切有伟大思想的人，自始至终都相信上帝。孔子对上帝也是相信的，虽然他几乎不怎么提起它。而拿破仑那样的有极为伟大的实践与理智的人也相信上帝。如同赞美诗的作者所说的那样："只有傻瓜——野蛮的、肤浅的缺乏理性的人——才会真心说没有上帝。"可是，拥有伟大思想的人对上帝的这种信仰却和人类众生对上帝的信仰不同，他们所持的对上帝的信仰正如斯宾诺莎所说，是一种对宇宙间神圣秩序的信仰。孔子说过"五十知天命"——意思说的就是宇宙间的神圣秩序。拥有伟大思想的人对宇宙的这种神圣秩序的称呼各有不同。德国哲学家费希特将其称为宇宙的神圣理念。而在中国的哲学话语中则将其称为道。可是，不管拥有伟大思想的人怎样称呼宇宙的神圣秩序，这种宇宙的神圣秩序的知识，都让那些具有伟大思想的人认识到了遵循构成宇宙神圣秩序的道德准则（或者说是道德律）的绝对必要性。

故此，虽然对上帝的信仰并不一定可以让人遵循道德行为的法则，但是这种对上帝的信仰必定可以让人认识到遵循这些法则的绝对必要性。也正是这种关于遵循道德行为准则的绝对必要性的认识，可以让所有拥有伟大思想的人去遵循或服从这些法则。孔子说过："不知命，无以为君子也。"但是，那些不具备这种智慧的大众不能理解宇宙的神圣秩序，所以也就无法理解遵循道德律的绝对必要性。实际上，如同马太·阿诺德所说的一样："道德律，首先应该被当成理念，然后再作为律法被严格遵循，这种行为是并且只可能是圣人的所为。人类众生还不具备足够的思想力量去理解这种被称为理念的道德律，也不具备足够的人格力量将其作为律法来遵守。"也正是由于这个原因，柏拉图、亚里士多德以及赫伯特·斯宾塞所讲述的哲学与道德，只是对学者来说才具有价值。

而宗教的价值则在于，它可以让人包括让那些不具备理性力量与人格力量的人类众生，去严格地遵守并服从这种道德行为的准则。可是，宗教是怎么并通过哪些方法让人们做到这些呢？人们自己的想象是这样的：宗教可以让人遵循道德行为准则，是通过教导人们去信仰上帝的手段达到的。正像我向你们所揭示过的那样，这种想法是个大错误。唯一可以让人们真正遵循道德律或道德行为准则的权威力只是道德感，也就是他们所说的君子之道。孔子说过“道也者，不可须臾离也，可离非道也”，此外基督教的救世主在教导他的教徒时也说：“上帝在你心中。”因此我认为，宗教通过教导人们去信仰上帝，进而遵循道德行为准则的想法是个错误。马丁·路德在评论丹尼尔书的时候赞美说：“上帝就在人们心灵所信赖、忠实、希望以及爱所在的地方。心中有信赖、忠实、希望以及爱的话，上帝是真实的；否则，上帝也只是错觉。”所以，宗教所教导的这种对于上帝的信仰，仅仅是一种信仰，或者只是我所说的一个庇护。但路德也说过：“这种信念，即对上帝的信仰，肯定会是真实的；否则，信念，即信仰，也就是错觉。或者这么说，对上帝的信仰一定会是对上帝的真正的认识，也是对宇宙神圣秩序的真正的真实认识，而我们又都知道，这种认识只有拥有伟大思想的人可以达到而一般的人类众生却无法达到。”所以说，你所发现的这种宗教教导出的对上帝的信念（人们想象的是它使人类众生遵循以及服从道德律）只是一个错觉。人们应当将这种对上帝的信念（宗教所教导出来的对宇宙神圣秩序的信念）称呼为一个信仰或信任，或者是我所说的庇护。可是，这种庇护，这种宗教所教导的对于上帝的信念，尽管只是错觉，是一种幻象，却可以帮助人们很好地去遵守道德律，这是因为，正像我所说过的那样，这种对上帝的信念带给人们、人类大众一种生存的安全与永恒感。歌德说过：“虔诚，例如宗教所教导出来的对上帝的信念，并非是目的而仅仅是一种手段，通过它可以让心灵和情绪得到完美的平静，获取良好的修养以及完人的最高状态。”意思也就是，宗教教导所带来的这种对上帝的信念，通过带给人类生存的安全与永恒感，让他们得以平静，带给他们必需的心灵以及情绪上的平静，这样就有助于去感受他们的君子之道或者说是道德感。而我需要再一次说明的是，这也正是唯一可以让人真正地去遵循道德行为准则或道德律的权威。

可是，如若宗教教导出来的这种对上帝的信仰仅仅是对人们遵循道德律有帮助的话，那么，宗教主要是凭借什么让人类大众去遵循道德律的呢？答案就是凭借启示。马太·阿诺德明确地说过：“不论何种宗教，不论是使徒保罗还是异教徒，都主张必须依靠神的启示，依靠激发人们生命的感情来完善道德。”那么，对我来说，宗教主要凭借的使人类大众遵循道德行为准则或道德律的这种启示或者说这种强烈情感到底是什么？

你们应该还记得，我对你们说过，孔子教导下的整个体系可以用一个词来总结，那就是君子之道，孔子将君子之道当成一种秘密。孔子说过：“君子之道，费而隐。”但同时孔子也说过：“愚夫愚妇可以与知焉。”正是由于这个原因，歌德对孔子的这种君子之道的秘密也有所了解，将其称为“公开的秘密”。人类是在何处以及怎样发现这个秘密的呢？你们应当会记得，孔子曾说过的，同时我也告诉过你们的，对君子之道的认识是始于对夫妻关系的认识，也就是指婚姻中男女的真正关系。因此这个秘密、歌德声称的公开的秘密、孔子所谓的君子之道，首先是通过男人与女人而认识到的。那么，男人与女人又是怎样发现这个秘密（也就是孔子的君子之道）的呢？

我对你们说过，孔子所谓的君子之道在欧洲语言中与之意义最为接近的词便是道德律。那么，孔子的君子之道与道德律有什么不同呢——我所指的是哲学家与道德家的道德律或道德律法，和宗教主教教导的信仰或道德律法是不同的。为了了解这种孔子的君子之道和哲学家以及道德家的道德律法之间的差异，我们首先要找一找宗教和哲学家及道德家的道德律法之间的差异。孔子说过：“天命之谓性；率性之谓道；修道之谓教。”所以，按照孔子的说法，宗教与道德律——哲学家与道德家的道德律——两者的差异在于宗教是一种纯粹的、有序的道德律，是道德律更为深化和高尚的标准。

哲学家的道德律告诫我们一定要遵循我们人的律法，即理。而如同大家理解的一样，理意味着一种理性的力量，这是一种思想与理性缓慢发展的过程，让我们能够区分并认识事物的外在形式与名义上的属性及品质。故此，理或者说我们的理性力量，只能够让我们看见道德关系中的名义上的属性与品质，包括一些习俗、道德，也可将其称作外在的礼貌与古板的形式，或者说是对错或者正义的形式。理，单独就我们的理性而言，是无法让我们看见对错或者正义的内在的、鲜活的绝对性本质，也可以这么说，正义的生命或者是灵魂。也正是由于这个原因，老子说："道可道，非常道；名可名，非常名。"道德家的道德律告诫我们一定要遵循的我们作为人的律法，或者称之为良心，即我们的心。可是，像希伯莱圣经中的智者所说的那样，人的心中有很多机巧。故此，当我们将我们的良心，我们的心，当做我们人类的律法去遵守的时候，我们便可能更倾向于遵守而非违背，这并非是我所谓的正义的灵魂之声，正义的内在的绝对本质，而是因为人自己心中的很多机巧。

换句话说，宗教告诫我们一定要遵守的是人类的理性律法，即非圣保罗所说的世俗或肉体的律法，也不是奥古斯特·孔德的著名弟子利特先生说的自我保存以及繁殖后世的律法。而我们人类的真正律法，则是圣保罗所说的精神心灵的律法，也就是孔子所定义的君子之道。简而言之，我们人类的这种真正律法，正是宗教告诫我们去遵守的，也就是基督所声称的我们心灵的天国。故此，我们发现，如同孔子所说的一样，宗教是一种经过提炼的、精神化的、有序的道德律，与哲学家及道德家的道德律相比，有着更高更深的标准。故此，耶稣说："除非你的公正（或道德）超过了犹太法学家及法利赛教徒（即哲学家与道德学家）的公正（或道德），否则你将无法进入天国。"

同宗教一样，孔子所谓的君子之道也是一种经过提炼的、有序的道德律，和哲学家及道德家的道德律相比也有着更深更高的道德律标准。哲学家与道德家的道德律告诫我们一定要遵守我们人类的道德律，哲学家将其称作理，道德家将其称作良心。但是，同宗教一样，孔子所谓的君子之道告诫我们一定要遵守我们人的真正律法，并非大街上普通人或粗鄙肮脏者的律法，而是爱默生所说的拥有世界上"最率真最单纯的心灵"的人的律法。实际上，为了能够了解什么是君子之道，我们必须自己首先是君子，按照爱默生的话，就是在他自身中所展现出来的君子的率真与单纯的心灵。所以，孔子说："人能弘道，非道弘人。"

但是，孔子也说过，只要我们去学习并尝试去获取君子的细腻感情及品行，我们就能够知道君子之道是什么。在孔子的教义中，品行的中文表达是“礼”，曾被翻译为礼节、礼数或礼貌，实际上这个词的意思是品行。品行，当君子的细腻情感与好品行用于道德行为时，用欧洲语言表达的话就是名誉感。实际上，孔子的君子之道并非其他，其实就是名誉感。孔子将其称之为君子之道，它不是哲学家与道德家们所说的道德律——那不过是一种僵化的、古板的有关对错的形式或公式的知识——而是和基督教圣经中的正义相似，是一种对是非或正义的内在的绝对本质的把握和感知，也就是正义的生命及灵魂，或者称之为对名誉的感知。

此时，我们便能对这个问题做出回答：最早认识到夫妻关系的男人与女人，是如何认识到那个秘密也就是歌德所谓的公开的秘密、孔子所谓的君子之道的？男人与女人之所以能发现这个秘密，正是由于他们具备君子的细腻感情以及好品行，将其应用到道德行为上便是名誉感，这让他们可以发现对错或正义的内在的绝对本质，或者说是正义的生命和灵魂。那么，给予并激发男人与女人的这种细腻情感、好品行或者说名誉感的东西是什么呢？茹伯曾用一句美文对它做了解释，他说：“人除非懂得自爱，否则不可能会公正地看待他的邻居。”故此，这种让男人与女人发现茹伯所说的那种真正的公正（正义的灵魂）的东西就是名誉，而让他们得以发现其中的秘密——歌德所谓的公开的秘密、孔子所谓的君子之道——的灵感便是爱，一种男女之间的爱，意思就是，产生了一种君子之道；因为拥有了这个秘密，人类不仅建立了社会与文明，还建立了宗教，并通过宗教去发现上帝。现在你可以理解歌德借浮士德之口说出的忠实自白了，开头是这样说的：

我们头顶不是广阔的蓝天吗？我们脚下不是坚实的大地吗？

在这里，我要对你们说的是，宗教所教导出来的对上帝的信仰并不是能够让人们遵循道德行为的准则。真正让人们去遵循道德行为准则的，其实是宗教所诉诸的君子之道，也就是我们心灵的天国。所以说君子之道才是宗教真正的生命，而那种对上帝的信仰及宗教所教导出来的道德行为准

则，只是宗教的外在形式罢了。可是，如若说宗教的生命是君子之道的话，那么宗教的灵魂以及其启示之源就是爱。爱在这里不仅仅是指男女之爱这种人类最先发觉了的爱，而且包括了一切真实的人类情感，包括父母子女间的感情和对一切生命的情感以及善良、同情、怜悯、仁慈等种种情感；实际上，一切真实的人类情感都被包含在中国汉字“仁”当中，假若要用意义最为接近的欧洲语言，用基督教的话语来说，那便是神性。因为它是人类和神灵最为类似的品质，用当前的话来形容，那便是人性，或者说是人性的爱，或者单单用一个字来表达——爱。简而言之，中国的汉字“仁”是宗教的灵魂及启示之源，爱——你也可以将它称作任何别的名字——最早是以男女之爱的方式在世界上出现的。而后，这就成了宗教的启示，宗教的最高美德，上面我已经说过，宗教主要是凭借它让人类大众可以遵循构成宇宙的神圣秩序的道德行为准则或者说道德律。孔子也说过：“君子之道，造端夫妇；及其至也，察乎天地。”

在这里，我们在宗教中看到了一种激情和感染力。而宗教中的这种激情和感染力不单单是在宗教里能被发现——这里我指的是教会中的宗教。每一个曾感到让他超越自我利益的进行思考或者有一种恐惧的冲动的人，都可以感知到这种激情和感染力。实际上，宗教中的这种激情和感染力，在人的任一种（并非是基于自我利益或恐惧的动机而是由于责任与名誉感受到驱动的）行为中都可以找到。我认为，宗教中的这种激情和感染力不单是能在信仰中找到。宗教的价值就在于，一切伟大信仰的创立者所留下的有关道德行为准则的话中（哲学家与道德家的道德准则中所不具备的）这种激情和感染力，如同马太·阿诺德所说的一样，它将准则照亮，并变得让人们容易去遵守。而宗教的道德行为准则中的激情和感染力却不单单在信仰中可以找到。一切文学大师，尤其是诗人，他们的作品中也充满了信仰里的激情和感染力。例如，我曾引用过的歌德所说的话，也含有这种激情和感染力。然而遗憾的是，文学大师的话无法传达给大众，因为一切文学大师所使用的都是受过教育的人所采用的语言，而这却是大众所无法明白理解的。世界上一切伟大宗教的建立者都具备一个优势，那就是他们大部分人都没能接受过良好教育，故此，他们所采用的是未曾受过教育者

所用的朴素语言，而这样就可以让大众能够理解他们。因此说，宗教，世界上一切伟大宗教的真正价值就在于，它能够对大众传播它所蕴含的激情和感染力。为了理解这种激情和感染力是如何得以进入宗教，我们就要来看一下宗教是怎样进入到世界的。

就像我们所知道的一样，世界上一切伟大宗教的建立者，都是具备特殊甚至是超凡的强烈情感秉性的人。这种超乎常人的情感天性使他们感觉到了强烈的爱的情感或者说是人类感情，就像我所说过的那样，这就是宗教的感染力之源，即所谓宗教的灵魂。这种强烈的情感（爱的情感、人类的情感）让他们认识到了我所说的对错或正义的内在不外露的绝对的本质，也就是他们所谓的公正的正义的灵魂。而这种对正义绝对本质的形象理解使他们认识到了对错律法与道德律的统一。因为他们具备十分强烈的情感天性，他们具备丰富的想象力，这就无意中将道德律的统一人格转化成一种完美的超自然存在。他们将这种超自然的完美的存在，以及他们想象中的人格化的道德律的统一称之为上帝，他们认为，他们感受到的强烈的爱以及人类感情的情感抑或激情是从那里得来的。于是，这种宗教中的感染力和激情便得以进入宗教；这种感染力打动大众，唤醒人们的宗教情感，使人们对简明扼要的教义奉若神明。可是如今看来，宗教的价值不仅仅是其具有使大众理解、遵守规范的感染力和激情。宗教，其价值在于有一个组织去唤醒、激发并鼓励人类的这种激情，以有助于他们去遵循道德行为准则。而教堂就是世界上一切伟大宗教中的这种组织。

许多人认为，教堂建立的目的是用来引导人们去信仰上帝的。但这种想法是个大错误。目前这个大错误让那些诚实的人对现代基督教堂感到厌恶。弗劳德先生说过："在英国我听过上百个布道，关于忠实的秘密、关于神职人员的神圣使命、关于罗马教皇的继承等等，说实话，没有一个能够让我想起诚实、朴素的戒律以及'不可撒谎'，'不可偷窃'。"对弗劳德先生我十分敬重，但是，我认为他在谈到教堂（基督教堂）应当引导人们的道德时，他的看法是错误的。建立教堂的目的无疑是让人培养道德，让人遵守像"不可撒谎"、"不可偷窃"一类的道德行为准则。可是，世界上最伟大的宗教的教堂的功能——真正的功能，并非是教导人们具备良好的

道德，而是教导人们要有信仰。我曾对你们说过，并非是古板方正的诸如“不可撒谎”、“不可偷窃”之类的教条，而是以一种去打动人们遵守这些准则。换句话说，世界上一切伟大宗教的教堂都是一个组织，以其感染力和激情唤醒人们，让他们去自觉遵守道德行为准则。那么，教堂是如何唤醒并打动人的呢？

大家都知道，世界上一切伟大宗教的建立者不单给他们教导的道德行为准则提供了激情和感染力，还激励着他们的直系门人以无穷赞美、热爱以及狂热的情感去善待他们自身。当这些伟大导师死了以后，其直系门徒为了保持他们对导师无穷的赞美、热爱以及狂热的情感，便会为此而建立起一个教堂。就像我们所知道的一样，这便是世界上一切伟大宗教的教堂兴起的来源。教徒们对宗教的创立者的人格及个性的无穷赞美、热爱以及狂热的情感被教堂不断地激发并世代保持下去，从而使人们受感动而去遵守道德行为准则。人们不仅正确地将其称作是对上帝的信仰，同时也将其称作是对宗教的一种信仰，即献出一份忠诚；那么，这种信任是对谁而言的呢？是对他们宗教的祖师以及建立者的信任，也就是伊斯兰教的先知以及基督教的耶稣。假如你向一个称职的伊斯兰教徒询问，他为什么信神并去遵守道德行为准则的话，他会很正确回答你说，他之所以这么做是因为他信任先知默罕默德。假如你向一个称职的基督徒询问，他为什么信上帝并去遵守道德行为准则的话，他也会正确回答你说，他这样做是因为他对耶稣的爱。因此，你就能看到，对默罕默德的信仰以及对耶稣的爱，实际上就是我所指的对宗教的祖师以及建立者的无穷赞美、热爱以及狂热的情感。教堂不断激发这种感情，并将其世代保持下来。世界上一切伟大宗教的真正伟力、其感染力的源泉正是这种激情，通过它可以让人类众生去遵循道德行为准则。孟子在谈及中国历史上两个最为纯粹也最基督式的人物时说道：“人们听到伯夷和叔齐的故事和精神之后，放荡的恶棍将不再自私，懦弱的人也就有了勇气。”

我说了如此之多，现在能够回答之前你们向我提出的问题了。你们应当还记得，你们问过我，如果没有宗教教导出来的对上帝的信念——一个人如何可以让人类大众，跟随并遵循孔子在国家信仰中教导出来的道德准则也就是对帝王的绝对效忠呢？我已经为你们揭示了并非是宗教所教导出来的对上帝的信仰让人类去真正地遵循道德法则或道德律。我已经对你们表明，宗教之所以可以让人类服从道德行为法则，原因主要是一个被称作教堂的组织唤醒并激发人类的情感，而正是这种情感让他们去自觉地遵循那些法则。在这里为了解答你们的问题，我会对你们说明，儒教是孔子的教义体系，中国人拥有的国家信仰，如同其他国家宗教的教堂一样，让人们去遵守道德行为准则的方式也是通过与教堂相当的这一类组织。在中国的儒教里面，这种国家信仰中的组织便是学校。学校就相当于中国孔子的国家信仰中的教堂。正如你们所知的一样，汉语中宗教信仰的这个“教”是和教育的教一样的。实际上，因为中国的教堂其实就是学校，信仰在中国也就意味着教育和修养。中国建立学校的目的及目标，并非像如今现代欧洲和美国那样为了教人谋生，而是和宗教教堂的目的及目标相同，是为了教导人们理解弗劳德先生所说的基本戒律，诸如“不要撒谎”、“不要偷窃”之类；实际上也就是教导人要做个好人，而“不管我们是否言行有素”。约翰逊博士说过：“我们最根本是要有明是非的虔诚的道德认识，然后再去了解人类历史，以及那些体现了真理、被事实所证明的观点。”

现在我们已经发现了教堂宗教让人自觉地去遵守道德行为准则，主要是通过激励和唤起对宗教的祖师与建立者的无穷赞美、热爱以及狂热的情感。那样，学校——也就是中国的国家信仰中的教堂——和其他国家宗教中的教堂便有不同。学校的确是可以通过唤醒及激发人们的热情去让人自觉地遵循道德行为的准则，就像和教堂宗教里的教堂那样。可是中国的学校所用的唤醒及激发人们的热情的方法和其他国家的教堂宗教中所使用的方法不同。学校并非是通过激励、煽动对孔子狂热的无穷敬仰、热爱去唤醒及激发人们的热情的。孔子在其一生中确实在他的直系弟子中激发出了一种无穷敬仰、热爱以及狂热的情感，并且在他死了以后，在那些研究并了解他的一切伟人中也同样地激发出了一种无穷敬仰、热爱以及狂热的情感。可是我们都知道，在孔子活着以及他死后的一段时间里，并没有像世界上其他伟大宗教的创立者一样，将人类众生一样的赞美、热爱以及狂热的情感激发出来。中国的普通民众，也没有像伊斯兰国家的普通民众赞美崇拜默罕默德，或者是像欧洲国家的普通民众赞美爱戴耶稣基督那样去赞美崇拜孔子。从这方面来看，孔子就和宗教建立者那类人有着本质的不同。为了能够成为欧洲词语意义上的宗教建立者，一个人必须要有十分甚至是超乎寻常强烈的情感天性。而实际上孔子是商王室的后裔，在孔子所生活的朝代之前，这个王朝统治着中国，而这个种族拥有和希伯莱人民一样强烈的情感天性。可是孔子自己却是生活在周王室的朝代中，周王室则是具有类似于希腊人的良好的理智天性的种族，周公自己就是这个种族中的一员，我已经说过，他是孔子时代之前的信仰建立者，或者说他是中国旧约信仰时期的典型代表。故此，如果做一个比较的话，孔子便是拥有希伯莱人的出身，具备了希伯莱种族的强烈情感天性，同时又受到了最佳的理智教育，具备了希腊文明所赐予的最佳的理性修养。实际上，就像现代欧洲出现了伟大的歌德一样，终究会有一天，欧洲人将认识到伟大的歌德所拥有的是最为完美的人格，他是欧洲文明作用下所产生的真正意义的欧洲人，如同中国人认识到孔子拥有最为完美的人格一样，孔子是中国文明作用下所产生的真正意义的中国人。我认为，和伟大的歌德一样，孔子接受过教育并且很有教养，因此便不属于宗教建立者那类人。实际上，在孔子活着时，他并没能得到人们的理解，除了那些和他关系最亲密的人以及他最直系的弟子之外。

我认为，中国的学校——孔子的国家信仰中的教堂，它并非是通过激发对孔子的赞美、热爱以及狂热的情感来让人遵守道德行为准则。那么，中国的学校是怎样激发人们的热情，从而让人去遵守道德行为准则的呢？孔子说过：“兴于诗，立于礼，成于乐。”学校是通过教给他们诗歌去培养人们美好的情感，从而让他们去遵守道德行为准则的。实际上，一切真正的文学大师的作品，就像我所说过的那样，都像宗教一样能使人感动。马太·阿诺德在谈及荷马及其诗歌的高贵品质时说过：“荷马诗歌以及少数文学大师的作品中的高贵品质，能够让蒙昧的人得以净化，能够将其改造。”实际上，无论什么都是真实的、正直的、纯洁的、可爱的、有好名声的，如果有任何一种美德或者任何一种赞誉的话，学校都是会让人去思考这些事情的，通过让他们对这些事情的思考，将他们向善的情感激发出来，从而让他们去自觉地遵循道德行为的准则。

然而你们也都记得，我对你们说过，文学大师们的真正著作（例如荷马的诗歌）是无法传达给大众的，因为文学大师们使用的都是接受过教育的人的话语，这无法被大众所理解。事实既然这样，那么，在儒教这个孔子教导的体系中，中国的国家信仰是怎样激发中国的普通民众的向善的情感，从而让他们去自觉遵循道德行为准则的呢？是的，我曾对你们说过，在中国，和其他国家宗教中的教堂组织相对应的是学校，然而这并不绝对正确。在中国的孔子教导的国家信仰中，真正和其他国家的教堂宗教中的教堂相对应的真正组织其实是家庭。真正的教堂（学校只是它的一个附属物）是这样的：每一个房屋中都设有祖先的牌位和祖先拜堂，每一个村镇中都有修建起祖先庙堂的家庭。我曾对你们说过，世界上一切伟大宗教让人类众生去遵循道德行为准则的真正动力，是教会所激励、唤起的人们对宗教的祖师及创立者的无穷赞美、热爱以及狂热的情感。那样来看，在中国的国家信仰中，让中国的普通民众去遵循道德行为准则的真正动力便是来自于“对父母的爱”。基督教的教会说“爱基督”，中国孔子教导下的国家信仰的教堂（每个家庭里所设的祖先牌位）则说“爱你的父母”。圣保罗说：“让每一个人都呼唤基督之名，远离一切不公正。”而写于汉朝的《孝经》，它的作者是一个类似于基督的中国人，他说的是：“让爱父母的人远离一切不公正。”简而言之，就像基督教教堂的真正的力量，它的感染力之源是对基督的爱一样，国家信仰中中国儒教的真正的力量，它的感染力之源则是“对父母的爱”，也就是孝顺，以及对祖先的膜拜仪式。

孔子说过：“践其位，行其礼，奏其乐，敬其所尊，爱其所亲，事死如事生，事亡如事存，孝之至也。”孔子还说过：“慎终追远，民德归属矣。”这些话就是中国的国家信仰。儒教就是这样打动人心，从而让他们去自觉地遵守道德行为准则的。在这些法则中，最重要最关键的一条就是对帝王的绝对效忠，这就如同世界上一切伟大宗教中最重要最关键的准则是畏惧上帝一样。换句话说，基督教的教会宗教信奉的是“畏惧上帝，服从他”。但孔子的国家信仰也就是儒教信奉的则是“尊敬帝王，效忠于他”；基督教教会宗教信奉的是“如果你畏惧上帝并且服从他，那么首先要爱基督”，孔子的国家信仰也就是儒教信奉的则是：“如果你想尊敬帝王并且效忠于他，那么首先要爱你的父母”。

至此，我已经向你们揭示出了中国的文明为何从孔子时代以来的两千五百年中都没有发生过心灵与头脑冲突的原因。之所以没发生这种冲突，原因就由于中国人、包括中国的普通民众都没有宗教需求感——这里我所说的是欧洲话语意义上的宗教；中国人之所以没有宗教需求感，原因正是中国人在儒教中有某种东西可以将宗教取而代之。至于这种东西，我已对你们说明了，即孔子在他给中国的国家信仰中教导出来的对帝王的绝对效忠也就是称之为名分大义的名誉法典。我说过孔子对中国人民所做的最伟大的贡献，就是让他们拥有了国家信仰，从而教导他们对帝王绝对效忠。

故此，我认为探讨孔子以及他对中华民族所做的贡献是十分必要的，因为它和我们现在所讨论的问题（即中国人的精神）是息息相关的。我想对你们说，并且你们也能够从我所说的这些话中理解到，中国人尤其是接受过教育的中国人，是故意地忘记并抛弃了他一度效忠过的名誉法典——中国孔子教导出的国家信仰的名分大义、对帝王的绝对效忠，这样的中国人已将中国人的精神丢掉了，而一旦丢掉这种民族及种族的精神，他也就不再算得上一个真正的中国人了。

现在，我简单地对我们讨论的题目——中国人的精神或者说是真正的中国人做一个总结。我想要说的是什么呢？我对你们说过，一个真正的中国人，是过着同时具有成年人的理智以及孩童的单纯心灵的生活的人，这种灵魂和理性的巧妙结合正是中国人的精神。现在，如果你对中国人的心灵在最出色的艺术文学作品里的产品做一个考察的话，你就能发现它正是灵魂和理性的巧妙结合，因此这些作品也就让人感到喜悦欢欣。马太·阿诺德对于荷马诗歌的评论同样可以适用于中国所有的最出色的文学作品：“具有深刻的触动人类自然心灵的力量，这是伏尔泰的作品无法企及的，并且还具备伏尔泰那样令人惊叹的朴素与理性。”

马太·阿诺德将那位最好的希腊诗人的诗歌称作极富想象力的理性女祭司。而中国人的精神，就像最好的标本即他们的艺术和文学作品中所看到的那样，也正具备了马太·阿诺德所声称的极富想象力的理性。马太·

阿诺德说过："后世异教徒的诗歌凭借感觉和理智生活；中世纪基督徒的诗歌凭借心灵和想象生活。而现代的精神生活，如今的现代欧洲精神中的主要因素，既非感觉和理智，也非心灵和想象，而是那极富想象力的理智。"

如果马太·阿诺德在这里所说的话是符合现实的，如今欧洲人民的现代精神的因素是极富想象力的理性的话，那么，你就能够发现中国人的精神对欧洲人而言，具有何等巨大的价值，因为这种精神就是马太·阿诺德所声称的极富想象力的理性。我认为，它具有十分重要的价值，十分的重要，值得去被研究、被理解，并且受到人们的热爱，而不是对它进行忽略、轻视，甚至试图毁灭。

可是现在，在我做出最后的结论之前，我想先给你们一个劝告。在思考我给你们所阐述的这种中国人的精神时，你们必须要记住，它不是科学、哲学、神学，或者其他什么主义，例如勃拉瓦茨基夫人或贝赞特夫人所谓的神学或主义。中国人的精神甚至不是一种心理活动——那种大脑与心灵的活跃运转。我想对你们说的是，中国人的精神是一种心灵的状态，一种灵魂式的性情，你们无法像学速记或其他世界语一样去对它进行学习。简单地说，它就是一种心态，或者用诗人的话语来说，它是一种宁静的祥和的心态。

最后，请允许我向你们朗诵英国诗人华兹华斯的几行十分中国化的诗，它将胜过我本人已经说过的或者能说的一切言词，它将给你们描述这种中国人的精神里面宁静的祥和的心态。这几行英国诗将以我所无法企及的手法向你们呈现中国式的人性中灵魂与理性的绝妙结合，并赋予真正中国人那种无法言表的温和的宁静与祥和。华兹华斯在《丁登修道院》这首诗里是这样说的：

我同样坚信，正是这些自然景物
给予我一份高尚的恩赐——
一种祥和的心态
难以了解的，神秘的负担，
幽晦、沉重又恼人的重压，

得以缓解；在宁静祥和的心态下
温情将引导我们缓缓前行，
——直到我们的肉体仿佛停止了呼吸
直到我们的血液仿佛停止了流动
都停下了，我们的躯壳已经
熟睡，化做活的灵魂；
我们的眼睛则在和谐的力量下变得
宁静，在快乐的力量下变得深邃，
以此，我们得以洞察了万物的生命。

宁静祥和的心态让我们洞察了万物的生命，这正是一种充满了想象力的理性，也正是中国人的精神。

第二章
中国学（一）

前不久，一个传教士为了赶时髦在他的一些文章的封面称自己为“宿儒”，招致了很多笑话。毋庸置疑，这个想法自然是十分荒谬的。在整个中国，可以很确定地说，还没有一个人敢大声标榜自己是宿儒。“宿”在中文中的意思是一个文人学者所可以达到的最高境界。然而，我们时常可以听到，某个欧洲人被称作中国学家。《中国评论》中的广告语说：“在传教士中间，高深的中国学正在被辛勤地耕耘着。”接着它便罗列了一堆撰稿者的名字，并且声称他们相信这些学者的一切研究都是可信和可靠的。

在这里，如果仅仅是试图了解所说的在华传教士勤劳耕耘的学问的高深程度，我们就没有必要将德国人费希特在其演讲《文人》中，或者美国人爱默生在《文学伦理学》中所言及的高标准去进行衡量。前任美国驻德公使泰勒先生被人公认为大德国学家，实际上，他却仅仅是一个读过席勒的几个剧本，在杂志上发表过几首海涅诗歌的译文的英国人，虽然他在其社交圈中被尊捧为德国学家，然而他自己是决不会在印刷品中如此自诩的。那些生活在中国的欧洲人，一旦他出版了几个省市方言的些许对话或者是收集了一百条中文谚语，就会马上被予以汉语学者的称号。当然取一个名字实际上是无关紧要的，在不违背条约的治外法权条款的前提下，只要自己乐意，一个在中国的英国人可以将其称作孔子而不受任何惩罚。

由于一些人认为中国学已经走过了最初的开拓期，立刻要进入一个新阶段了，因此我们被引导着去对这个问题进行思考。在新阶段，从事中国研究的人将不单单满足于字典编撰那样的简单工作，他们想要写出专著，翻译中华民族文学中最优秀的作品。他们不单十分理智并且论据充分地对它们进行评判，还决定挑战那些中国文学殿堂中最受人推崇的著作。下面，我将从如下几个方面进行考察。首先，考察一下那些经历了上述变化的欧洲人，他们究竟具备何等程度的中国知识；其次，之前的中国学家都做了什么样的工作；再次，考察现在中国学的具体的实际情况；最后，指出怎样的中国学才是我们研究发展的方向。俗话说，一个站在巨人肩上的侏儒，很容易将自己想象得比巨人还要伟大。然而，有一点必须要承认，既然侏儒拥有了位置上的优势，也一定能够具有更加广阔的视野。所以，我们将站在先人的肩上，对中国学的过去、现在以及未来进行一番审查。如果在这个过程中我们提出了和先人相左的意见，希望我们不会被认为是在炫耀，我们只是自己利用了自己所处位置的优势而已。

首先，我们认为欧洲人具备的中国知识已经发生了变化，这也就表明学习一门语言知识所具有的困难已经被克服。翟理斯博士说过："以前人们普遍认为会说一门语言，尤其是汉语中的方言是十分困难的。这种现象很早就在其他的历史小说中就有所表述了。"的确，即便是对书面语言来说也是这样。现在一个英国领事馆的学生，一旦在北京生活两年、在领事馆工作一两年，就可以大致看懂一封普通电报了。故此我们十分乐意地看到，现在生活在中国的外国人，他们的中国知识构成已经发生了很大程度的变化。可是对那些超过这个界限的夸张之语，我们则感到十分怀疑。

在最初的耶稣会传教士以后，马礼逊博士的那本著名字典的出版被公认为一切已经完成了的中国学研究的新起点。的确，那部著作可以看做是一座初期新教传教士的认真、热情，以及尽职尽责的纪念碑。在马礼逊博士之后的那批学者里，应当以德庇时爵士、郭士腊博士等人为代表。德庇时爵士对中国毫无所知，这一点他自己也直言不讳。他一定会讲官话，并可以不是很费劲地翻阅那种方言的小说。可是他所拥有的那些知识，在今天恐怕只够胜任一个领事馆中的普通职员的职务。但是，有一点值得注意，至今大部分英国人对于中国知识的了解还是源于德庇时爵士的书本。郭士腊博士或许会比德庇时爵士对中国的了解更多一点，但他却不计划去做进一步深入的了解。已经故去的托马斯·麦多士先生在后来揭露郭士腊的自负方面做了较好的工作，同样作出贡献的还有传教士古伯察与杜赫德。在此之后，我们诧异地看到了蒲尔杰先生，他在自己的新著《中国历史》中，将上述人物的观点视作权威。

在所有欧洲大学里最早获得汉学讲座教授称号的是法国的雷慕沙。我

们现在还不能对他的工作给出适当的评价。可是他有一本很引人注意的书——法译中文小说《双堂妹》。利·亨德读过这本书后，将其推荐给了卡莱尔，又由卡莱尔推荐给了约翰·史特林。这些人读过这本书后，都极为高兴，并声称此书的作者必定是“一个天才的龙的传人”。这本书的中文名字便是《玉娇梨》，它的确是一本让人读起来感到愉悦的书。可它在中国文学殿堂里仅仅够得上是一个二流作品，即便是在二流作品中也没有太高的地位。不过令人欣喜的是，源自中国人大脑的思考和想象，实际上已经通过了卡莱尔与利·亨德等人心灵上的验证。

雷慕沙以后的汉学家是儒莲与波迪埃。德国诗人海涅曾说过，儒莲有一个令人惊奇的重要发现，那就是蒙斯·波茨尔对汉语一无所知；而波迪埃还发现儒莲压根就不懂梵语。但是，这些著作所做工作的开拓性却是相当巨大的。他们具备的优势是他们对本国的语言完全精通。另一个也许需要提及的应当是法国作家德理文，他做了一项前无古人的工作，那就是他所翻译的唐诗是进入中国文学的一个突破性开始。

德国慕尼黑的帕拉特博士出版了一本名为《满族》的关于中国的书。如同所有别的德国著作一样，这是一本不容挑剔的书。书的明确意图就是要描绘展现中国满族王朝起源的历史。但据我们所知，这本书后半部分所涉及的一些中国问题，是其他同样用欧洲文字书写的书里无法找到的。即便是卫三畏博士的那本《中国总论》与《满族》比起来，也不过算是本小人书罢了。德国另外一位汉学家是史特劳斯，一位普鲁士吞并前的小德意志公国的大臣，这位老臣在辞官以后的乐趣就是研究汉学。他曾出版过一本《老子》的译作，最近还出版了一本《诗经》的译作。按照广东的花之安先生作出的评价，其《老子》译本中的某些部分还是可以的，他所翻译的《首领颂》也被广泛流传，得到了不错的评价。遗憾的是，我们现在不能获取到这些书。

上述所说的这些学者都是公认的早期汉学家，第一阶段始于马礼逊博士字典的出版，第二阶段始于两本权威的著作——威妥玛爵士的《自迩集》以及理雅格博士翻译的《中国经典》。

对于《自迩集》，那些中国知识已经超出了能讲官话阶段的西方人可能会对它不以为然。尽管这样，它在全部已出版的有关中国语言的书籍中，在力所能及的范围内依然是做得较为完美的著作。而且它也是和时代呼唤相应的产物。这一类书必须要写出来，看！它现在已经被写出来了，在一定意义上可以说，它已将现代和未来所有的竞争机会都给夺去了。

那些必须要做的中国经典的翻译，也属于时代的必然产物。理雅格博士的著作已经完工了，呈现出来的是一打厚得吓人的卷册。无论质量怎样，仅仅从工作的量上来说的确是十分巨大的。在这些卷帙浩繁的译作前，我们甚至谈论起来都有些吃惊。可是坦白地说，这些译作尚无法让我们满意。巴尔福先生对其做出了公正的评价：这些经典在翻译时大量依靠的都是译者自己生造的专业术语。如今给我们的感觉是，理雅格博士所使用的术语是粗糙、拙劣、不充分的，并且在一些地方甚至不符合语言习惯。这单单是就形式来说，至于内容，我们不敢冒昧地评论，还是借用广东的花之安牧师的话。他说："理雅格博士对于孟子所作的注解，表明他缺乏对作者哲学的理解。"可以肯定的是，如果理雅格博士没能实现在其头脑中对孔子及其教义的完整理解与把握的话，他是很难做到阅读并翻译这些作品的。尤其特殊的是，不管是在他的注解里，还是在其专门研究里，都做到了不漏掉一个词组与句子，以此来表明他是以哲学整体来理解孔子教义的。所以，概括地说，理雅格博士对这些作品做出的价值判断，不管怎样都是无法作为最后的定论让人接受的，并且这些中国经典作品的译者还将不断地更换。在上述两本著作问世之后，又出现了很多关于中国经典的著作。其中确实也有几部具有重要的学术意义。但还没有任何一部让我们觉得，它的出现能够表明中国学已发生了重要转折。

首先要说的是伟列亚力先生的《中国文学札记》。但它只是一个目录，并且压根不是一本具备文学特质的书。另一本是已经故去的梅辉立先生的《汉语指南》。它当然还不能被认作是十分完善的东西。虽然这样，它的确是一部伟大的作品，是一切关于中国的作品里最为严谨与认真的。而且它所起到的实际作用也仅仅次于威妥玛的《自迩集》。

另外一个值得注意的汉学家是英国领事馆的翟理斯先生。和别的初期法国汉学家一样，翟理斯先生具备让人羡慕的清晰、有力、优美的文风优势。每个问题在他的笔下，都马上变得清晰易懂。但也有一两个例外之处：他在选择和其文笔相称的作品时并不是十分幸运。《聊斋志异》的翻译就是一个例外。这一翻译应被看做中译英的典范。然而，虽然《聊斋志异》是十分优美的作品，却算不上中国文学作品中的一流之作。

紧承理雅格博士的翻译工作后，最近巴尔福先生所作的关于庄子《南华经》的翻译，确实是抱负最大的作品。老实地说，当我们首次听到这个宣告时，我们的期待和欣喜程度，如同一个英国人进入翰林院时所作的宣告。《南华经》是公认的中国文学作品中最完美的代表之一。在公元前二世纪此书诞生以后，它对中国文学产生的影响基本上不亚于儒家及其学说。对于历朝历代的诗歌以及其他浪漫主义文学来说，它所产生的是主导性的影响，就像四书五经对中国哲学所产生的影响一样。可是，巴尔福先生的著作根本算不上是翻译，确切地说，那就是胡乱翻译。我们也承认，就我们而言，对巴尔福先生付出那么多年艰辛劳作的作品给出如此评价，我们自己也感到十分沉重。可我们已经对它做了妄言，并且希望我们可以做出更恰当的评价。相信如果我们提出对庄子哲学的解释问题的话，巴尔福先生将很难能参与到我们的讨论中去。我们在此引用一下《南华经》最新中文本编辑林希冲在序言中所说的话："准备阅读一本书时，必须要弄清每一个字的意思；这样你才可以去分析句子；在弄清句子的结构之后，你才可以去理解文章的段落结构；只有这样，最后才可以抓住整个章节的核心思想。"而现在，巴尔福先生所翻译的每一页都存在硬伤，这就表明他既没能弄清每一个单字的意思，也没能正确分析每个句子的结构，并且没能准确了解段落结构。如果我们以上所做的假设可以被证实的话，如同他们本身就很难被证实一样，那只需看一下语法规则，就可以十分清楚地明白巴尔福先生同样也没能把握好整篇作品的核心思想。

可是，现在一切汉学家都倾向于将广东的花之安牧师置于第一位，虽然我们并不认为花之安先生的工作比别人的作品更具备学术或文学价值，可我们看到，他的每一个句子都揭示了他对文学以及哲学原则性的把握，而这在如今别的学者身上是不多见的。至于这些原则应当是什么，这个问题就应当留在本篇的下一部分去谈论了。在下文里，我们希望可以将中国学的方法、目的以及对象阐明。

第三章
中国学（二）

花之安先生曾经说过，中国人不懂任何一种科学研究的系统方法。但是，在中国的经典著作《大学》中（大多数外国学者将这部著作看成是“陈词滥调”）提出了学者想要进行系统研究应当遵守的一系列程序。在所有研究中国学的著作里也许再也没有比这部著作中所提及的程序更好的了。这种程序就是，首先从个体研究开始，接着从个体研究进入家庭研究，最后再从家庭研究进入政府研究。

所以，对于一个研究中国学的人而言，不可或缺的一步是首先要了解关于中国单个人的行为原则方面的最基本知识。其次，他还需要观察一下，在中国人错综复杂的社会关系以及具体的家庭生活中，这些原则是怎样被运用和贯彻的。再次，做完上述工作后，他才可以将国家的行政及管理制度当做他的注意对象与研究方向。当然，如同我们所指出的那样，这个研究程序仅仅是可以大概地得以贯彻。如果想要将其完全贯彻，那就需要耗费学者大概一辈子的精力，锲而不舍地去实行。可是，毋庸置疑的是，一个人只有在对上述那些原则十分熟悉之后，才会有资格算得上汉学家或者说自诩有很深厚的学问。德国诗人歌德曾经说过：“如同在自然的造化中一样，在人的作品里，意愿才是真正值得注意并且超越一切之上的东西。”在研究民族性格时，最重要以及最值得注意的也在于此。那就是不单单要关注一个民族的活动与实践，也要关注他们的理论与观念。必须弄清楚他们是怎样区分好和坏，以及这个民族是以什么样的标准去进行正义和非正义的划分，他们是怎样区分美和丑，智慧和愚蠢等等。意思就是，那些研究中国学的人应当去考察个人的行为准则。换言之，我们想要说明的是，研究中国学时，你一定要懂得中国人的民族观念。如果有人问

你：怎样才可以做到这一点呢？答案就是去研究这个民族的文学，从中去透视抓住他们民族中最优秀的特征，同时也可以看到他们性格中最坏的一面。所以说，中国人那些最权威的民族文学，应当是吸引那些研究中国学的人的所致力的对象之一。这种作为预备的研究是必要的，不管是作为一种研究的必经过程，还是作为一种实现目标的手段。接着，我们去看一看应该怎样去研究中国文学。

一位德国作家曾经说过："欧洲文明的基础是希腊、罗马以及巴勒斯坦文明，印度人、欧洲人及波斯人都是雅利安人种，所以从种族上说他们就是亲戚关系。中世纪欧洲文明的发展受到与阿拉伯人交往的影响。乃至今天，这种影响依然还存在。"可是中国文明的起源、发展以及存在的前提，都和欧洲文化没有一点关系。因此，对于研究中国学的外国人而言，必须要克服这种因为不了解中国的基本观念以及概念群所造成的不便。这些外国人必须要运用和本民族不同的中国的民族观念与概念，而且应当在本族语言里找到它们的对应物。如果实在缺少其对应物，那就应该将它们分解，以便将其归到普遍人性里去。比如，中国的经典中到处出现的"仁"、"义"和"礼"，英文一般将其译为"benevolence"、"justice"和"propriety"。可是，如果我们对这些词语的内涵进行仔细推敲的话，就会发现其实这种翻译不是很恰当。英文的对应词无法囊括汉语所蕴含的所有含义。另外，"humanity"一词可能是中文中被译为"benevolence"的"仁"字的最恰切的英文翻译。但这里的"humanity"，不应当从英语词义的习惯用法上去理解。大胆的翻译者，大概会用《圣经》中的"love"以及"righteousness"翻译"仁"。可能这种翻译会比任何其他更好表达了词的含义，并且也更为符合语言习惯的翻译，更加妥当一些。但是，如果我们现在将这些词所表达的含义分解成普遍的人性，那么我们就可以得到他们的所有含义，也就是"真"、"善"、"美"。

另外，研究一个民族的文学的时候，必须要将其当做一个有机的整体去进行研究，而不能和当前绝大多数的外国学者那样，将整体分割零散，没有任何计划和程序地去进行研究。马太·阿诺德先生曾经说过："不管是人类全部的精神历史，也就是全部文学，还是单单一部伟大的文学作品，要想体现出文学的真正力量，就一定要将它们当做一个有机的统一体去进行研究。”可是，现在我们所看见的那些研究中国学的外国人，他们当中几乎没有人是在将中国文学当做一个整体去展开研究！也正因这样，他们几乎认识不到其价值与意义，实际上基本上没人是真正的行家。而那些用来了解中国民族性格力量的手段也非常之少！除去理雅格等极少数学者，欧洲人主要是通过翻译一些非一流的、极普通的小说去了解中国文学。这就如同一个外国人在对英国文学进行评价时，凭借的却是布劳顿女士的著作，或者那些小孩和保姆所喜欢阅读的小说一样荒唐好笑。当威妥玛爵士疯狂地贬斥中国人“智力匮乏”的时候，毋庸置疑，他头脑中所装着的肯定是中国文学中的最下等的东西。

另外一种批评中国文学的奇怪言论是，他们认为中国文学是极为不道德的。实际上这是在指中国人本身不道德，同时，绝大部分外国人也一致声称中华民族是一个缺乏信用的民族。但实际却并不是这样。除了上述那些非常一般的翻译小说外，之前的那些研究中国学的外国人在翻译的时候，都是将儒家经典著作排除在外的。除去道德外，这些儒家经典著作里当然还包含别的东西。出于对巴尔福先生尊重的考虑，我们认为这些著作中“令人敬佩的教义”并不是他所评论的那种“功利和世故”。在这里，我只引用两句话来向巴尔福先生讨教它们是不是真的“功利和世故”。孔子曾对一位大臣说过：“罪获于天，无所祷也。”另外孟子说过：“生，我所欲也；义，我所欲也，二者不可兼得，舍生而取义者也。”

我认为非常有必要将话题说得更远一些，以表示对巴尔福先生所作评论的抗议。我们都知道，在中国那种诸如“上古的奴隶”、“诡辩的老手”一类尖酸刻薄的话语，是从不会被用来评判一部哲学著作的，更不要说用其去批判那些圣贤了。巴尔福先生可能是被他自己对“南华”先知的盲目敬仰导向了歧途。而且他所期望的是道教可以优越于别的一切传统学派，因此他在表达上误入了歧途。我们相信，他的那些所谓沉着的评判应当受到严格的声讨。

现在我们回到正题。我之前已经说过，一定要将中国文学当做一个整体去进行研究。而且我们也已经指出，欧洲人习惯于单单从和孔子名字有

关联的那些作品里得出他们的判断。但事实上，孔子所做的工作只是意味着中国文学的起步，在其之后，又历经了十八个朝代、两千多年的发展，孔子时代对写作中文学形式的理解自然还没达到十分完善的境地。

在这里，我们来谈一谈在文学研究中必须要注意的最重要一点，迄今为止，这一点却已被研究中国学的人忽略了，那就是文学作品的形式。诗人华兹华斯说过："可以肯定，内容的确非常重要，但内容总是要以一种文字形式表现出来。"的确是这样，那些和孔子的名字相关的文学作品，仅仅从形式来说，并没有谎称它们已经达到完美的境界。他们之所以被公认为经典及权威之作，是由于它们内容上所蕴含的价值，而不是它们文体优美或者是文学形式完美的缘故。宋代人苏东坡的父亲曾经说过，散文体的最初形式可以追溯到《孟子》中的对话体。只是，从那以后的包括散文以及诗歌在内的中国文学作品已经发展出了多种形式和风格。例如，西汉的文章和宋代的散文不同，这如同培根的散文和爱迪生、歌尔斯密的散文不同一样。六朝诗歌里的那种粗放的夸张和朴素的措辞与唐诗的纯洁、生气勃勃和绚丽多彩完全不同，这就如同济慈早年诗歌的粗浅和不成熟，与丁尼生诗歌的刚健、清新与色彩正当不同一样。

如同上面所说的一样，一个研究人员只有用合乎人民的基本原则和观念去武装自己，才可以将自己的研究对象设为此民族的社会关系。然后，再去观察这些原则是怎样被运用与贯彻的。然而社会制度、民族的礼仪风俗并不是像蘑菇那样可以一夜生成的，它们是经历若干个世纪的发展才成为今日之情状。所以说，对这个民族的人民的历史进行研究是必要的。可是如今的欧洲学者对中华民族的历史依然毫无所知。蒲尔杰博士的新作，那本所谓的《中国历史》，或许可以算得上是书写出来的关于中国人那样的文明人的最差劲的历史了。这样的一种历史，如果写的是像南非的霍屯督那样的人，或许还能够被容忍。而出现了如此版本的中国历史的著作却得以出版的事实，也只能说明欧洲人的中国学知识是如何的浅薄鄙陋。因此说，如果连中国的历史都不了解的话，那么在此基础上对中国社会制度所做出的评判又怎么能够正确呢？基于这种粗浅认识上的作品，例如卫三畏博士的《中国总论》以及别的一些关于中国的书，它们不单对学者来说全无价值，而且还将误导普通读者。以民族的社会礼仪这个例子来看，中国是一个地道的礼仪之邦，这一点无须怀疑，即便是将其归因于儒家的教化功能也没有错。当然巴尔福先生可以尽情地贬斥礼仪生活中一些看起来虚伪的惯例。但即便是翟理斯先生所批判的那种“外在礼节中的鞠躬作揖”，它也是深植于人性之中的，也就是我们将其定义为美感的人性层面。孔子的一个弟子曾说过：“礼之用，和为贵，先王之道斯为美。”别的经书上也说过：“礼者，敬也。”如今我们应当很明显地认识到，对一个民族的礼仪和风俗所作的评价，应当是建立在对此民族的道德原则充分认知的基础上的。另外，我们研究一个国家的政府和政治体制（也就是我们所谈及的研究者最后研究的工作）也应当是建立在对其哲学原理与历史知识的充分理解的基础上的。

最后我们将引用《大学》（或外国人所谓的“陈词滥调”）里的一段话来结束此文。《大学》中说：“古之欲明明德于天下者，先治其国；欲治其国者，先齐其家；欲齐其家者，先修其身。”这就是本文所要表达的中国学的主要含义。

·第二篇·

蔡元培讲国学

蔡元培（1868～1940 年），中国著名的民主革命家、教育家，对发展中国教育文化事业功绩卓著。毛泽东称他为“学界泰斗，人世楷模”。1917 年任北京大学校长后，提出“思想自由”、“兼容并包”的办学方针，对北大进行全面改革，使之成为新文化运动的中心，成为研究学术、传播新思想、培养新人才的基地。蔡元培的教育主张，能根据本国需要，兼采各国所长，“食而化之”。这在当时的历史条件下，对中国教育的发展，特别是高等教育的革新，起了推动作用。

第一章 修 己

第一节 总 论

道德

人之生也，不能无所为，而为其所当为者，是谓道德。道德者，非可以猝然而袭取也，必也有理想，有方法。修身一科，即所以示其方法者也。

修己之道

夫事必有序，道德之条目，其为吾人所当为者同，而所以行之之方法，则不能无先后。其所谓先务者，修己之道是已。

行之于社会

吾国圣人，以孝为百行之本，小之一人之私德，大之国民之公义，无不由是而推演之者，故曰惟孝友于兄弟，施于有政，由是而行之于社会，则宜尽力于职分之所在，而于他人之生命若财产若名誉，皆护惜之，不可有所侵毁。行有余力，则又当博爱及众，而勉进公益，由是而行之于国家，则于法律之所定，命令之所布，皆当恪守而勿违。而有事之时，又当致身于国，公尔忘私，以尽国民之义务，是皆道德之教所范围，为吾人所不可不勉者也。

夫道德之方面，虽各各不同，而行之则在己。知之而不行，犹不知也；知其当行矣，而未有所以行此之素养，犹不能行也。怀邪心者，无以行正义；贪私利者，无以图公益。未有自欺而能忠于人，自侮而能敬于人

者。故道德之教，虽统各方面以为言，而其本则在乎修己。

康强　知能　德性

修己之道不一，而以康强其身为第一义。身不康强，虽有美意，无自而达也。康矣强矣，而不能启其知识，练其技能，则奚择于牛马：故又不可以不求知能。知识富矣，技能精矣，而不率之以德性，则适以长恶而遂非，故又不可以不养德性。是故修己之道，体育、知育、德育三者，不可以偏废也。

第二节
体　育

修己以体育为本　身不康强不能尽孝　身不康强不能尽忠

凡德道以修己为本，而修己之道，又以体育为本。

忠孝，人伦之大道也，非康健之身，无以行之。人之事父母也，服劳奉养，惟力是视，羸弱而不能供职，虽有孝思奚益？况其以疾病贻父母忧乎？其于国也亦然。国民之义务，莫大于兵役，非强有力者，应征而不及格，临阵而不能战，其何能忠？且非特忠孝也。一切道德，殆皆非羸弱之人所能实行者。苟欲实践道德，宣力国家，以尽人生之天职，其必自体育始矣。

体育与智育之关系

且体育与智育之关系，尤为密切。西哲有言：康强之精神，必寓于康强之身体。不我欺也。苟非狂易，未有学焉而不能知，习焉而不能熟者。其能否成立，视体魄如何耳。也尝有抱非常之才，且亦富于春秋，徒以体魄孱弱，力不逮志，奄然与凡庸伍者，甚至或盛年废学，或中道夭逝，尤可悲焉。

身体康强与家族社会国家之关系

夫人之一身，本不容以自私，盖人未有能遗世而独立者。无父母则无我身，子女之天职，与生俱来。其他兄弟夫妇朋友之间，亦各以其相对之地位，而各有应尽之本务。而吾身之康强与否，即关于本务之尽否，故人之一身，对于家族若社会若国家，皆有善自摄卫之责。使傲然曰：我身之不康强，我自受之，于人无与焉。斯则大谬不然者也。

卫生之概要

人之幼也，卫生之道，宜受命于父兄。及十三四岁，则当躬自注意矣。请述其概：一曰节其饮食；二曰洁其体肤及衣服；三曰时其运动；四曰时其寝息；五曰快其精神。

饮食过量之害

少壮之人，所以损其身体者，率由于饮食之无节。虽当身体长育之时，饮食之量，本不能以老人为比例，然过量之忌则一也。使于饱食以后，尚歆于旨味而恣食之，则其损于身体，所不待言。且既知饮食过量之为害，而一时为食欲所迫，不及自制，且致养成不能节欲之习惯，其害尤大，不可以不慎也。

杂食果饵之害

少年每喜于闲暇之时，杂食果饵，以致减损其定时之餐饭，是亦一弊习。医家谓成人之胃病，率基于是。是乌可以不戒欤？

饮酒之害　吸烟之害　节制食欲

酒与烟，皆害多而利少。饮酒渐醉，则精神为之惑乱，而不能自节。能慎之于始而不饮，则无虑矣。吸烟多始于游戏，及其习惯，则成癖而不能废。故少年尤当戒之。烟含毒性，卷烟一枚，其所含毒分，足以毙雀二十尾。其毒性之剧如此，吸者之受害可知矣。

凡人之习惯，恒得以他习惯代之。饮食之过量，亦一习惯耳。以节制食欲之法矫之，而渐成习惯，则旧习不难尽去也。

清洁

清洁为卫生之第一义，而自清洁其体肤始。世未有体肤既洁，而甘服垢污之衣者。体肤衣服洁矣，则房室庭园，自不能任其芜秽，由是集清洁之家而为村落为市邑，则不徒足以保人身之康强，而一切传染病，亦以免焉。

且身体衣服之清洁，不徒益以卫生而已，又足以优美其仪容，而养成善良之习惯，其裨益于精神者，亦复不浅。盖身体之不洁，如蒙秽然，以是接人，亦不敬之一端。而好洁之人，动作率有秩序，用意亦复缜密，习与性成，则有以助勤勉精明之美德。借形体以范精神，亦缮性之良法也。

运动

运动亦卫生之要义也。所以助肠胃之消化，促血液之循环，而爽朗其精神者也。凡终日静坐偃卧而怠于运动者，身心辄为之不快，驯致食欲渐减，血色渐衰，而元气亦因以消耗。是故终日劳心之人，尤不可以不运动。运动之时间，虽若靡费，而转为勤勉者所不可吝，此亦犹劳作者之不能无休息也。

游散　游历

凡人精神抑郁之时，触物感事，无一当意，大为学业进步之阻力。此虽半由于性癖，而身体机关之不调和，亦足以致之。时而游散山野，呼吸新鲜空气，则身心忽为之一快，而精进之力顿增。当春夏假期，游历国中名胜之区，此最有益于精神者也。

运动不可无节

是故运动者，所以助身体机关之作用，而为勉力学业之预备，非所以恣意而纵情也。故运动如饮食然，亦不可以无节。而学校青年，于蹴鞠竞渡之属，投其所好，则不惜注全力以赴之，因而毁伤身体，或酿成疾病者，盖亦有之，此则失运动之本意矣。

睡眠

凡劳动者，皆不可以无休息。睡眠，休息之大者也，宜无失时，而少壮尤甚。世或有勤学太过，夜以继日者，是不可不戒也。睡眠不足，则身体为之衰弱，而驯致疾病，即幸免于是，而其事亦无足取。何则？睡眠不足者，精力既疲，即使终日研求，其所得或尚不及起居有时者之半，徒自苦耳。惟睡眠过度，则亦足以酿惰弱之习，是亦不可不知者。

精神

精神者，人身之主动力也。精神不快，则眠食不适，而血气为之枯竭，形容为之憔悴，驯以成疾，是亦卫生之大忌也。夫顺逆无常，哀乐迭生，诚人生之常事，然吾人务当开豁其胸襟，清明其神志，即有不如意事，亦当随机顺应，而不使留滞于意识之中，则足以涵养精神，而使之无害于康强矣。

自杀之罪　杀身成仁

康强身体之道，大略如是。夫吾人之所以斤斤于是者，岂欲私吾身哉？诚以吾身者，因对于家族若社会若国家，而有当尽之义务者也。乃昧者，或以情欲之感，睚眦之忿，自杀其身，罪莫大焉。彼或以一切罪恶，得因自杀而消灭，是亦以私情没公义者。惟志士仁人，杀身成仁，则诚人生之本务，平日所以爱惜吾身者，正为此耳。彼或以衣食不给，且自问无益于世，乃以一死自谢，此则情有可悯，而其薄志弱行，亦可鄙也。人生至此，要当百折不挠，排艰阻而为之，精神一到，何事不成？见险而止者，非夫也。

第三节
习　惯

习惯为第二之天性　习惯不可不慎

习惯者，第二之天性也。其感化性格之力，犹朋友之于人也。人心随时而动，应物而移，执毫而思书，操缦而欲弹，凡人皆然，而在血气未定之时为尤甚。其于平日亲炙之事物，不知不觉，浸润其精神，而与之为至密之关系，所谓习与性成者也。故习惯之不可不慎，与朋友同。

北美洲罪人　道德之本在卑近

江河成于涓流，习惯成于细故。昔北美洲有一罪人，临刑慨然曰：吾所以罹兹罪者，由少时每日不能决然蚤起故耳。夫蚤起与否，小事也，而此之不决，养成因循苟且之习，则一切去恶从善之事，其不决也犹是，是其所以陷于刑戮也。是故事不在小，苟其反复数四，养成习惯，则其影响至大，其于善否之间，乌可以不慎乎？第使平日注意于善否之界，而养成其去彼就此之习惯，则将不待勉强，而自进于道德。道德之本，固不在高远而在卑近也。自洒扫应对进退，以及其他一事一物一动一静之间，无非道德之所在。彼夫道德之标目，曰正义，曰勇往，曰勤勉，曰忍耐，要皆不外乎习惯耳。

礼仪能造就习惯

礼仪者，交际之要，而大有造就习惯之力。夫心能正体，体亦能制心。是以平日端容貌，正颜色，顺辞气，则妄念无自而萌，而言行之忠信笃敬，有不期然而然者。孔子对颜渊之问仁，而告以非礼勿视，非礼勿听，非礼勿言，非礼勿动。由礼而正心，诚圣人之微旨也。彼昧者，动以礼仪为虚饰，袒裼披猖，号为率真，而不知威仪之不摄，心亦随之而化，渐摩既久，则放僻邪侈，不可收拾，不亦谬乎。

第四节
勤　勉

勤勉为良习惯　怠惰为众恶之母

勤勉者，良习惯之一也。凡人所勉之事，不能一致，要在各因其地位境遇，而尽力于其职分，是亦为涵养德性者所不可缺也。凡勤勉职业，则习于顺应之道，与节制之义，而精细寻耐诸德，亦相因而来。盖人性之受害，莫甚于怠惰。怠惰者，众恶之母。古人称小人闲居为不善，盖以此也。不惟小人也，虽在善人，苟其饱食终日，无所事事，则必由佚乐而流于游惰。于是鄙猥之情，邪僻之念，乘间窃发，驯致滋蔓而难图矣。此学者所当戒也。

幸福由勤勉而生

人之一生，凡德行才能功业名誉财产，及其他一切幸福，未有不勤勉而可坐致者。人生之价值，视其事业而不在年寿。尝有年登期耋，而悉在醉生梦死之中，人皆忘其为寿。亦有中年丧逝，而树立卓然，人转忘其为夭者。是即勤勉与不勤勉之别也。夫桃梨李栗，不去其皮，不得食其实。

不勤勉者，虽小利亦无自而得。自昔成大业，享盛名，孰非有过人之勤力者乎？世非无以积瘁丧其身者，然较之汩没于佚乐者，仅十之一二耳。勤勉之效，盖可睹矣。

第五节
自　制

情欲　节制情欲

自制者，节制情欲之谓也。情欲本非恶名，且高尚之志操，伟大之事业，亦多有发源于此者。然情欲如骏马然，有善走之力，而不能自择其所向，使不加控御，而任其奔逸，则不免陷于沟壑，撞于岩墙，甚或以是而丧其生焉。情欲亦然，苟不以明清之理性，与坚定之意志节制之，其害有不可胜言者。不特一人而已，苟举国民而为情欲之奴隶，则夫政体之改良，学艺之进步，皆不可得而期，而国家之前途，不可问矣。此自制之所以为要也。

自制之目有三：节体欲，一也；制欲望，二也；抑热情，三也。

体欲

饥渴之欲，使人知以时饮食，而荣养其身体。其于保全生命，振作气力，所关甚大。然耽于厚味而不知餍饫，则不特妨害身体，且将汩没其性灵，昏惰其志气，以酿成放佚奢侈之习。况如沉湎于酒，荒淫于色，贻害尤大，皆不可不以自制之力预禁之。

欲望

欲望者，尚名誉，求财产，赴快乐之类是也。人无欲望，即生涯甚觉无谓。故欲望之不能无，与体欲同，而其过度之害亦如之。

骄之害　谄之害

豹死留皮，人死留名，尚名誉者，人之美德也。然急于闻达，而不顾其他，则流弊所至，非骄则谄。骄者，务扬己而抑人，则必强不知以为知，訑訑然拒人于千里之外，徒使智日昏，学日退，而虚名终不可以久假。即使学识果已绝人，充其骄矜之气，或且凌父兄而傲长上，悖亦甚矣。谄者，务屈身以徇俗，则且为无非无刺之行，以雷同于污世，虽足窃一时之名，而不免为识者所窃笑，是皆不能自制之咎也。

用财之道　鄙吝之弊　奢侈之弊

小之一身独立之幸福，大之国家富强之基础，无不有借于财产。财产之增殖，诚人生所不可忽也。然世人徒知增殖财产，而不知所以用之之道，则虽藏镪百万，徒为守钱虏耳。而矫之者，又或靡费金钱，以纵耳目之欲，是皆非中庸之道也。盖财产之所以可贵，为其有利己利人之用耳。使徒事蓄积，而不知所以用之，则无益于己，亦无裨于人，与赤贫者何异？且积而不用者，其于亲戚之穷乏，故旧之饥寒，皆将坐视而不救，不特爱怜之情浸薄，而且廉耻之心无存。当与而不与，必且不当取而取，私买窃贼之赃，重取债家之息，凡丧心害理之事，皆将行之无忌，而驯致不齿于人类。此鄙吝之弊，诚不可不戒也。顾知鄙吝之当戒矣，而矫枉过正，义取而悖与，寡得而多费，则且有丧产破家之祸。既不能自保其独立之品位，而于忠孝慈善之德，虽欲不放弃而不能，成效无存，百行俱废，此奢侈之弊，亦不必逊于鄙吝也。二者实皆欲望过度之所致，折二者之衷，而中庸之道出焉，谓之节俭。

寡欲则不为物役

节俭者，自奉有节之谓也。人之处世也，既有贵贱上下之别，则所以持其品位而全其本务者，固各有其度，不可以执一而律之，要在适如其地位境遇之所宜，而不逾其度耳。饮食不必多，足以果腹而已；舆服不必善，足以备礼而已。绍述祖业，勤勉不怠，以其所得，撙节而用之，则家有余财，而可以恤他人之不幸。为善如此，不亦乐乎？且节俭者必寡欲，寡欲则不为物役，然后可以养德性，而完人道矣。

奢俭与国家之关系　善享快乐

家人皆节俭，则一家齐；国人皆节俭，则一国安。盖人人以节俭之故，而赀产丰裕，则各安其堵，敬其业，爱国之念，油然而生。否则奢侈之风弥漫，人人滥费无节，将救贫之不暇，而遑恤国家？且国家以人民为分子，亦安有人民皆穷，而国家不疲苶者。自古国家，以人民之节俭兴，而以其奢侈败者，何可胜数！如罗马之类是已。爱快乐，忌苦痛，人之情也；人之行事，半为其所驱迫，起居动作，衣服饮食，盖鲜不由此者。凡人情可以徐练，而不可以骤禁。昔之宗教家，常有背快乐而就刻苦者，适足以戕贼心情，而非必有裨于道德。人苟善享快乐，适得其宜，亦乌可厚非者。其活泼精神，鼓舞志气，乃足为勤勉之助。惟荡者流而不返，遂至放弃百事，斯则不可不戒耳。

不快莫甚于欲望过度

快乐之适度，言之非艰，而行之维艰，惟时时注意，勿使太甚，则庶几无大过矣。古人有言：欢乐极兮哀情多。世间不快之事，莫甚于欲望之过度者。当此之时，不特无活泼精神、振作志气之力，而且足以招疲劳，增疏懒，甚且悖德非礼之行，由此而起焉。世之堕品行而冒刑辟者，每由于快乐之太过，可不慎欤！

人，感情之动物也，遇一事物，而有至剧之感动，则情为之移，不遑顾虑，至忍掷对己对人一切之本务，而务达其目的，是谓热情。热情既现，苟非息心静气，以求其是非利害之所在，而有以节制之，则纵心以往，恒不免陷身于罪戾，此亦非热情之罪，而不善用者之责也。利用热情，而统制之以道理，则犹利用蒸气，而承受以精巧之机关，其势力之强大，莫能御之。

忿怒

热情之种类多矣，而以忿怒为最烈。盛怒而欲泄，则死且不避，与病狂无异。是以忿怒者之行事，其贻害身家而悔恨不及者，常十之八九焉。

怯弱之行　养成忍耐之力

忿怒亦非恶德，受侮辱于人，而不敢与之校，是怯弱之行，而正义之士所耻也。当怒而怒，亦君子所有事。然而逞忿一朝，不顾亲戚，不恕故旧，辜恩谊，悖理性以酿暴乱之举，而贻终身之祸者，世多有之。宜及少时养成忍耐之力，即或怒不可忍，亦必先平心而察之，如是则自无失当之

忿怒，而诟詈斗殴之举，庶乎免矣。

对人之道

忍耐者，交际之要道也。人心之不同如其面，苟于不合吾意者而辄怒之，则必至父子不亲，夫妇反目，兄弟相阋，而朋友亦有凶终隙末之失，非自取其咎乎？故对人之道，可以情恕者恕之，可以理遣者遣之。孔子曰："躬自厚而薄责于人。"即所以养成忍耐之美德者也。

傲慢　嫉妒

忿怒之次曰傲慢，曰嫉妒，亦不可不戒也。傲慢者，挟己之长，而务以凌人；嫉妒者，见己之短，而转以尤人，此皆非实事求是之道也。夫盛德高才，诚于中则形于外。虽其人抑然不自满，而接其威仪者，畏之象之，自不容已。若乃不循其本，而摹拟剽窃以自炫，则可以欺一时，而不能持久，其凌蔑他人，适以自暴其鄙劣耳。至若他人之才识闻望，有过于我，我爱之重之，察我所不如者而企及之可也。不此之务，而重以嫉妒，于我何益？其愚可笑，其心尤可鄙也。

情欲之不可不制，大略如是。顾制之之道，当如何乎？情欲之盛也，往往非理义之力所能支，非利害之说所能破，而惟有以情制情之一策焉。

以情制情

以情制情之道奈何？当忿怒之时，则品弄丝竹以和之；当抑郁之时，则登临山水以解之。于是心旷神怡，爽然若失，回忆忿怒抑郁之态，且自觉其无谓焉。

制情之善法

情欲之炽也，如燎原之火，不可向迩，而移时则自衰，此其常态也。故自制之道，在养成忍耐之习惯。当情欲炽盛之时，忍耐力之强弱，常为人生祸福之所系，所争在顷刻间耳。昔有某氏者，性卞急，方盛怒时，恒将有非礼之言动，几不能自持，则口占数名，自一至百，以抑制之。其用意至善，可以为法也。

第六节
勇　敢

人生学业非轻易得之

勇敢者，所以使人耐艰难者也。人生学业，无一可以轻易得之者。当艰难之境而不屈不沮，必达而后已，则勇敢之效也。

勇敢不在体力

所谓勇敢者，非体力之谓也。如以体力，则牛马且胜于人。人之勇敢，必其含智德之原质者，恒于其完本务彰真理之时见之。曾子曰：自反而缩，虽千万人，吾往矣。是则勇敢之本义也。

苏格拉底　百里诺　加里沙

求之历史，自昔社会人文之进步，得力于勇敢者为多，盖其事或为豪强所把持，或为流俗所习惯，非排万难而力支之，则不能有为。故当其冲者，非不屈权势之道德家，则必不徇嬖幸之爱国家，非不阿世论之思想家，则必不溺私欲之事业家。其人率皆发强刚毅，不慭不悚。其所见为善为真者，虽遇何等艰难，决不为之气沮。不观希腊哲人苏格拉底乎？彼所持哲理，举世非之而不顾，被异端左道之名而不惜，至仰毒以死而不改其操，至今伟之。又不观意大利硕学百里诺及加里沙乎？百氏痛斥当代伪学，遂被焚死。其就戮也，从容顾法吏曰：公等今论余以死，余知公等之恐怖，盖有甚于余者。加氏始倡地动说，当时教会怒其戾教旨，下之狱，而加氏不为之屈。是皆学者所传为美谈者也。若而人者，非特学识过人，其殉于所信而百折不回，诚有足多者。虽其身穷死于缧绁之中，而声名洋溢，传之百世而不衰，岂与夫屈节回志，忽理义而徇流俗者，同日而语哉？

逆境

人之生也，有顺境，即不能无逆境。逆境之中，跋前疐后，进退维谷，非以勇敢之气持之，无由转祸而为福，变险而为夷也。且勇敢亦非待逆境而始著，当平和无事之时，亦能表见而有余。如壹于职业，安于本分，不诱惑于外界之非违，皆是也。

不能果断之咎

人之染恶德而招祸害者，恒由于不果断。知其当为也，而不敢为；知其不可不为也，而亦不敢为。诱于名利而丧其是非之心，皆不能果断之咎也。至乃虚炫才学，矫饰德行，以欺世而凌人，则又由其无安于本分之勇，而入此歧途耳。

独立　独立非离群索居　独立非矫情立异　真独立

勇敢之最著者为独立。独立者，自尽其职而不倚赖于人是也。人之立于地也，恃己之足，其立于世也亦然。以己之心思虑之，以己之意志行之，以己之资力营养之，必如是而后为独立，亦必如是而后得谓之人也。夫独立，非离群索居之谓。人之生也，集而为家族，为社会，为国家，乌能不互相扶持，互相挹注，以共图团体之幸福。而要其交互关系之中，自一人之方面言之，各尽其对于团体之责任，不失其为独立也。独立亦非矫情立异之谓。不问其事之曲直利害，而一切拂人之性以为快，是顽冥耳。与夫不问曲直利害，而一切徇人意以为之者奚择焉。惟不存成见，而以其良知为衡，理义所在，虽刍荛之言，犹虚己而纳之，否则虽王公之命令，贤哲之绪论，亦拒之而不惮，是之谓真独立。

独立之要有三：一曰自存；二曰自信；三曰自决。

自存

生计者，万事之基本也。人苟非独立而生存，则其他皆无足道。自力不足，庇他人而糊口者，其卑屈固无足言；至若窥人鼻息，而以其一颦一笑为忧喜，信人之所信而不敢疑，好人之所好而不敢忤，是亦一赘物耳。是皆不能自存故也。

自信

人于一事，既见其理之所以然而信之，虽则事变万状，苟其所以然之理如故，则吾之所信亦如故，是谓自信。在昔旷世大儒，所以发明真理者，固由其学识宏远，要亦其自信之笃，不为权力所移，不为俗论所动，故历久而其理大明耳。

自决

凡人当判决事理之时，而俯仰随人，不敢自主，此亦无独立心之现象也。夫智见所不及，非不可咨询于师友，惟临事迟疑，随人作计，则鄙劣之尤焉。

要之无独立心之人，恒不知自重。既不自重，则亦不知重人，此其所以损品位而伤德义者大矣。苟合全国之人而悉无独立心，乃冀其国家之独立而巩固，得乎？

义勇

勇敢而协于义，谓之义勇。暴虎凭河，盗贼犹且能之，此血气之勇，何足选也。无适无莫，义之与比，毁誉不足以淆之，死生不足以胁之，则义勇之谓也。

国民之义务

义勇之中，以贡于国家者为最大。人之处斯国也，其生命，其财产，其名誉，能不为人所侵毁。而仰事俯畜，各适其适者，无一非国家之赐，且亦非仅吾一人之关系，实承之于祖先，而又将传之于子孙，以至无穷者也。故国家之急难，视一人之急难，不啻倍蓰而已。于是时也，吾即舍吾之生命财产，及其一切以殉之，苟利国家，非所惜也，是国民之义务也。使其人学识虽高，名位虽崇，而国家有事之时，首鼠两端，不敢有为，则大节既亏，万事瓦裂，腾笑当时，遗羞后世，深可惧也。是以平日必持炼意志，养成见义勇为之习惯，则能尽国民之责任，而无负于国家矣。

然使义与非义，非其知识所能别，则虽有尚义之志，而所行辄与之相畔，是则学问不足，而知识未进也。故人不可以不修学。

第七节 修学

知识与道德之关系

身体壮佼，仪容伟岸，可以为贤乎？未也。居室崇闳，被服锦绣，可以为美乎？未也。人而无知识，则不能有为，虽矜饰其表，而鄙陋龌龊之

状，宁可掩乎？

知识与道德，有至密之关系。道德之名尚矣，要其归，则不外避恶而行善。苟无知识以辨善恶，则何以知恶之不当为，而善知当行乎？知善之当行而行之，知恶之不当为而不为，是之谓真道德。世之不忠不孝、无礼无义、纵情而亡身者，其人非必皆恶逆悖戾也，多由于知识不足，而不能辨别善恶故耳。

寻常道德，有寻常知识之人，即能行之。其高尚者，非知识高尚之人，不能行也。是以自昔立身行道，为百世师者，必在旷世超俗之人，如孔子是已。

知识——人事之本

知识者，人事之基本也。人事之种类至繁，而无一不有不赖于知识。近世人文大开，风气日新，无论何等事业，其有待于知识也益殷。是以人无贵贱，未有可以不就学者。且知识所以高尚吾人之品格也，知识深远，则言行自然温雅而动人歆慕。盖是非之理，既已了然，则其发于言行者，自无所凝滞，所谓诚于中形于外也。彼知识不足者，目能睹日月，而不能见理义之光；有物质界之感触，而无精神界之欣合，有近忧而无远虑。胸襟之隘如是，其言行又乌能免于卑陋欤？

知识与国家之关系

知识之启发也，必由修学。修学者，务博而精者也。自人文进化，而国家之贫富强弱，与其国民学问之深浅为比例。彼欧美诸国，所以日辟百里，虎视一世者，实由其国中硕学专家，以理学工学之知识，开殖产兴业之端，锲而不已，成此实效。是故文明国所恃以竞争者，非武力而智力也。方今海外各国，交际频繁，智力之竞争，日益激烈。为国民者，乌可不勇猛精进，旁求知识，以造就为国家有用之材乎？

耐久

修学之道有二：曰耐久；曰爱时。

物愈贵得愈难

锦绣所以饰身也，学术所以饰心也。锦绣之美，有时而敝；学术之

益，终身享之，后世诵之，其可贵也如此。凡物愈贵，则得之愈难，曾学术之贵，而可以浅涉得之乎？是故修学者，不可以不耐久。

古今硕学之耐久

凡少年修学者，其始鲜或不勤，未几而惰气乘之，有不暇自省其功候之如何，而咨嗟于学业之难成者。岂知古今硕学，大抵抱非常之才，而又能精进不已，始克抵于大成，况在寻常之人，能不劳而获乎？而不能耐久者，乃欲以穷年莫殚之功，责效于旬日，见其未效，则中道而废，如弃敝屣然。如是，则虽薄技微能，为庸众所可跂者，亦且百涉而无一就，况于专门学艺，其理义之精深，范围之博大，非专心致志，不厌不倦，必不能窥其涯涘，而乃鲁莽灭裂，欲一蹴而几之，不亦妄乎？

爱时

庄生有言：吾生也有涯，而知也无涯，夫以有涯之生，修无涯之学，固常苦不及矣。自非惜分寸光阴，不使稍縻于无益，鲜有能达其志者。故学者尤不可以不爱时。

勿谓今年不学而有来年

少壮之时，于修学为宜，以其心气尚虚，成见不存也。及是时而勉之，所积之智，或其终身应用而有余。否则以有用之时间，养成放僻之习惯，虽中年悔悟，痛自策励，其所得盖亦仅矣。朱子有言曰：勿谓今日不学而有来日；勿谓今年不学而有来年，日月逝矣，岁不延吾，呜呼老矣，是谁之愆？其言深切著明，凡少年不可不三复也。

盗时之贼

时之不可不爱如此，是故人不特自爱其时，尤当为人爱时。尝有诣友终日，游谈不经，荒其职业，是谓盗时之贼，学者所宜戒也。

读书为有效

修学者，固在入塾就师，而尤以读书为有效。盖良师不易得，借令得之，而亲炙之时，自有际限，要不如书籍之惠我无穷也。

读书宜择有益者

人文渐开，则书籍渐富，历代学者之著述，汗牛充栋，固非一人之财力所能尽致，而亦非一人之日力所能遍读，故不可不择其有益于我者而读之。读无益之书，与不读等，修学者宜致意焉。

修普通学者以课程为本　修专门学者当择合程度之书

凡修普通学者，宜以平日课程为本，而读书以助之。苟课程所受，研究未完，而漫焉多读杂书，虽则有所得，亦泛滥而无归宿。且课程以外之事，亦有先后之序，此则修专门学者，尤当注意。苟不自量其知识之程度，取高远之书而读之，以不知为知，沿讹袭谬，有损而无益，即有一知半解，沾沾自喜，而亦终身无会通之望矣。夫书无高卑，苟了彻其义，则虽至卑近者，亦自有无穷之兴味。否则徒震于高尚之名，而以不求甚解者读之，何益？行远自迩，登高自卑，读书之道，亦犹是也。未见之书，询于师友而抉择之，则自无不合程度之虑矣。

朋友之益

修学者得良师，得佳书，不患无进步矣。而又有资于朋友，休沐之日，同志相会，凡师训所未及者，书义之可疑者，各以所见，讨论而阐发之，其互相为益者甚大。有志于学者，其务择友哉。

学问之成立在信，而学问之进步则在疑。非善疑者，不能得真信也。读古人之书，闻师友之言，必内按诸心，求其所以然之故。或不能得，则辗转推求，必逮心知其意，毫无疑义而后已，是之谓真知识。若乃人云亦云，而无独得之见解，则虽博闻多识，犹书簏耳，无所谓知识也。至若预存成见，凡他人之说，不求其所以然，而一切与之反对，则又怀疑之过，殆不知学问为何物者。盖疑义者，学问之作用，非学问之目的也。

第八节
修　德

德性

人之所以异于禽兽者，以其有德性耳。当为而为之之谓德，为诸德之源；而使吾人以行德为乐者之谓德性。体力也，知能也，皆实行道德者之所资。然使不率之以德性，则犹有精兵而不以良将将之，于是刚强之体力，适以资横暴；卓越之知能，或以助奸恶，岂不惜欤？

德性之基本，一言以蔽之曰：循良知。一举一动，循良知所指，而不挟一毫私意于其间，则庶乎无大过，而可以为有德之人矣。今略举德性之概要如下：

信义

德性之中，最普及于行为者，曰信义。信义者，实事求是，而不以利害生死之关系枉其道也。社会百事，无不由信义而成立。苟蔑弃信义之人，遍于国中，则一国之名教风纪，扫地尽矣。孔子："言忠信，行笃敬，虽蛮貊之邦行矣。"言信义之可尚也。人苟以信义接人，毫无自私自利之见，而推赤心于腹中，虽暴戾之徒，不敢忤焉。否则不顾理义，务挟诈术以遇人，则虽温厚笃实者，亦往往报我以无礼。西方之谚曰：正直者，上乘之机略。此之谓也。世尝有牢笼人心之伪君子，率不过取售一时，及一旦败露，则人亦不与之齿矣。

妄语

入信义之门，在不妄语而无爽约。少年癖嗜新奇，往往背事理真相，而构造虚伪之言，冀以耸人耳目。行之既久，则虽非戏谑谈笑之时，而不知不觉，动参妄语，其言遂不能取信于他人。盖其言真伪相半，是否之间，甚难判别，诚不如不信之为愈也。故妄语不可以不戒。

爽约　意久之爽约　通信以解约　立约宜慎

凡失信于发言之时者为妄语，而失信于发言以后为爽约。二者皆丧失信用之道也。有约而不践，则与之约者，必致靡费时间，贻误时机，而大受其累。故其事苟至再至三，则人将相戒不敢与共事矣。如是，则虽置身人世，而枯寂无聊，直与独栖沙漠无异，非自苦之尤乎？顾世亦有本无爽约之心，而迫于意外之事，使之不得不如是者。如与友人有游散之约，而猝遇父兄罹疾，此其轻重缓急之间，不言而喻，苟舍父兄之急，而局限于小信，则反为悖德，诚不能弃此而就彼。然后起之事，苟非促促无须臾暇者，亦当通信于所约之友，而告以其故，斯则虽不践言，未为罪也。又有既经要约，旋悟其事之非理，而不便遂行者，亦以解约为是。此其爽约之罪，乃原因于始事之不慎。故立约之初，必确见其事理之不谬，而自审材力之所能及，而后决定焉。中庸曰："言顾行，行顾言。"此之谓也。

慎言

言为心声，而人之处世，要不能称心而谈，无所顾忌，苟不问何地何时，与夫相对者之为何人，而辄以己意喋喋言之，则不免取厌于人。且或炫己之长，揭人之短，则于己既为失德，于人亦适以招怨。至乃讦人阴私，称人旧恶，使听者无地自容，则言出而祸随者，比比见之。人亦何苦逞一时之快，而自取其咎乎？

恭俭

交际之道，莫要于恭俭。恭俭者，不放肆，不僭滥之谓也。人间积不相能之故，恒起于一时之恶感，应对酬酢之间，往往有以傲慢之容色，轻薄之辞气，而激成凶隙者。在施者未必有意以此侮人，而要其平日不恭不俭之习惯，有以致之。欲矫其弊，必循恭俭，事尊长，交朋友，所不待言。而于始相见者，尤当注意。即其人过失昭著而不受尽言，亦不宜以意气相临，第和色以谕之，婉言以导之，赤心以感动之，如是而不从者鲜矣。不然，则倨傲偃蹇，君子以为不可与言，而小人以为鄙己，蓄怨积愤，鲜不藉端而开衅者，是不可以不慎也。

恭俭所以保声名富贵

不观事父母者乎？婉容愉色以奉朝夕，虽食不重肉，衣不重帛，父母乐之；或其色不愉，容不婉，虽锦衣玉食，未足以悦父母也。交际之道亦然，苟容貌辞令，不失恭俭之旨，则其他虽简，而人不以为忤，否则即铺张扬厉，亦无效耳。

名位愈高，则不恭不俭之态易萌，而及其开罪于人也，得祸亦尤烈。故恭俭者，即所以长保其声名富贵之道也。

卑屈　谦逊

恭俭与卑屈异。卑屈之可鄙，与恭俭之可尚，适相反焉。盖独立自主之心，为人生所须臾不可离者。屈志枉道以迎合人，附合雷同，阉然媚世，是皆卑屈，非恭俭也。谦逊者，恭俭之一端，而要其人格之所系，则未有可以受屈于人者。宜让而让，宜守而守，则恭俭者所有事也。

礼仪

礼仪，所以表恭俭也，而恭俭则不仅在声色笑貌之间，诚意积于中，而德辉发于外，不可以伪为也。且礼仪与国俗及时世为推移，其意虽同，而其迹或大异，是亦不可不知也。

恭俭之要，在能容人。人心不同，苟以异己而辄排之，则非合群之道矣。且人非圣人，谁能无过？过而不改，乃成罪恶。逆耳之言，尤当平心而察之，是亦恭俭之效也。

第九节
交　友

朋友之关系

人情喜群居而恶离索，故内则有家室，而外则有朋友。朋友者，所以为人损痛苦而益欢乐者也。虽至快之事，苟不得同志者共赏之，则其趣有限；当抑郁无聊之际，得一良友慰其寂寞，而同其忧戚，则胸襟豁然，前后殆若两人。至于远游羁旅之时，兄弟戚族，不遑我顾，则所需于朋友者尤切焉。

朋友相规

朋友者，能救吾之过失者也。凡人不能无偏见，而意气用事，则往往不遑自返，斯时得直谅之友，忠告而善导之，则有憬然自悟其非者，其受益孰大焉。

朋友相助

朋友又能成人之善而济其患。人之营业，鲜有能以独力成之者，方今交通利便，学艺日新，通功易事之道愈密，欲兴一业，尤不能不合众志以成之。则所需于朋友之助力者，自因之而益广。至于猝遇疾病，或值变故，所以慰藉而保护之者，自亲戚家人而外，非朋友其谁望耶？

朋友之有益于我也如是。西哲以朋友为在外之我，洵至言哉。人而无友，则虽身在社会之中，而胸中之岑寂无聊，曾何异于独居沙漠耶？

择交宜慎

古人有言，不知其人，观其所与。朋友之关系如此，则择交不可以不慎也。凡朋友相识之始，或以乡贯职业，互有关系；或以德行才气，素相钦慕，本不必同出一途，而所以订交者，要不为一时得失之见，而以久要不渝为本旨。若乃任性滥交，不顾其后，无端而为胶漆，无端而为冰炭，则是以交谊为儿戏耳。若而人者，终其身不能得朋友之益矣。

信义

既订交矣，则不可以不守信义。信义者，朋友之第一本务也。苟无信义，则猜忌之见，无端而生，凶终隙末之事，率起于是。惟信义之交，则无自而离间之也。

规谏朋友之道　听朋友之规劝

朋友有过，宜以诚意从容而言之，即不见从，或且以非理加我，则亦姑恕宥之，而徐俟其悔悟。世有历数友人过失，不少假借，或因而愤争者，是非所以全友谊也。而听言之时，则虽受切直之言，或非人所能堪，而亦当温容倾听，审思其理之所在，盖不问其言之得当与否，而其情要可感也。若乃自讳其过而忌直言，则又何异于讳疾而忌医耶？

经营实业必借朋友　讨论学问必借朋友

夫朋友有成美之益，既如前述，则相为友者，不可以不实行其义。有如农工实业，非集巨资合群策不能成立者，宜各尽其能力之所及，协而图之。及其行也，互持契约，各守权限，无相诈也，无相诿也，则彼此各享其利矣。非特实业也，学问亦然。方今文化大开，各科学术，无不理论精微，范围博大，有非一人之精力所能周者。且分科至繁，而其间乃互有至密之关系。若专修一科，而不及其他，则孤陋而无藉，合各科而兼习焉，则又泛滥而无所归宿，是以能集同志之友，分门治之，互相讨论，各以其所长相补助，则学业始可抵于大成矣。

共患难

虽然，此皆共安乐之事也，可与共安乐，而不可与共患难，非朋友也。朋友之道，在扶困济危，虽自掷其财产名誉而不顾。否则如柳子厚所言，平日相征逐、相慕悦，誓不相背负；及一旦临小利害若毛发，辄去之若浼者，人生又何贵有朋友耶？

屈私从公

朋友如有悖逆之征，则宜尽力谏阻，不可以交谊而曲徇之。又如职司所在，公尔忘私，亦不得以朋友之请谒若关系，而有所假借。申友谊而屈公权，是国家之罪人也。朋友之交，私德也；国家之务，公德也。二者不能并存，则不能不屈私德以从公德。此则国民所当服膺者也。

第十节
从　师

欲成才德必须从师

凡人之所以为人者，在德与才。而成德达才，必有其道。经验，一也；读书，二也；从师受业，三也。经验为一切知识及德行之渊源，而为之者，不可不先有辨别事理之能力。书籍记远方及古昔之事迹，及各家学说，大有裨于学行，而非粗谙各科大旨，及能甄别普通事理之是非者，亦读之而茫然。是以从师受业，实为先务。师也者，授吾以经验及读书之方法，而养成其自由抉择之能力者也。

师代父母任教育

人之幼也，保育于父母。及稍长，则苦于家庭教育之不完备，乃入学亲师。故师也者，代父母而任教育者也。弟子之于师，敬之爱之，而从顺之，感其恩勿谖，宜也。自师言之，天下至难之事，无过于教育。何则？童子未有甄别是非之能力，一言一动，无不赖其师之诱导，而养成其习惯，使其情绪思想，无不出于纯正者，师之责也。他日其人之智德如何，能造福于社会及国家否，为师者不能不任其责。是以其职至劳，其虑至周，学者而念此也，能不感其恩而图所以报答之者乎？

信从师教

弟子之事师也，以信从为先务。师之所授，无一不本于造就弟子之念，是以见弟子之信从而勤勉也，则喜，非自喜也，喜弟子之可以造就耳。盖其教授之时，在师固不能自益其知识也。弟子念教育之事，非为师而为我，则自然笃信其师，而尤不敢不自勉矣。

弟子知识稍进，则不宜事事待命于师，而常务自修，自修则学问始有兴趣，而不至畏难，较之专恃听授者，进境尤速。惟疑之处，不可武断，就师而质焉可也。

从师者事半功倍

弟子之于师，其受益也如此，苟无师，则虽经验百年，读书万卷，或未必果有成效。从师者，事半而功倍者也。师之功，必不可忘，而人乃以为区区脩脯已足偿之，若购物于市然。然则人子受父母之恩，亦以服劳奉养为足偿之耶？为弟子者，虽毕业以后，而敬爱其师，无异于受业之日，则庶乎其可矣。

第二章 家 族

第一节 总 论

人与人相接之道　增进各人之幸福

凡修德者，不可以不实行本务。本务者，人与人相接之道也。是故子弟之本务曰孝弟，夫妇之本务曰和睦。为社会之一人，则以信义为本务；为国家之一民，则以爱国为本务。能恪守种种之本务，而无或畔焉，是为全德。修己之道，不能舍人与人相接之道而求之也。道德之效，在本诸社会国家之兴隆，以增进各人之幸福。故吾之幸福，非吾一人所得而专，必与积人而成之家族，若社会，若国家，相待而成立，则吾人于所以处家族社会及国家之本务，安得不视为先务乎？

以家族社会国家之幸福为幸福

有人于此，其家族不合，其社会之秩序甚乱，其国家之权力甚衰，若而人者，独可以得幸福乎？内无天伦之乐，外无自由之权，凡人生至要之事，若生命，若财产，若名誉，皆岌岌不能自保，若而人者，尚可以为幸福乎？于是而言幸福，非狂则奸，必非吾人所愿为也。然则吾人欲先立家族社会国家之幸福，以成吾人之幸福，其道如何？无他，在人人各尽其所以处家族社会及国家之本务而已。是故接人之道，必非有妨于吾人之幸福，而适所以成之，则吾人修己之道，又安得外接人之本务而求之耶？

家族　社会　国家

接人之本务有三别：一、所以处于家族者；二、所以处于社会者：

三、所以处于国家者。是因其范围之大小而别之。家族者，父子兄弟夫妇之伦，同处于一家之中者也。社会者，不必有宗族之系，而惟以休戚相关之人集成之者也。国家者，有一定之土地及其人民，而以独立之主权统治之者也。吾人处于其间，在家则为父子，为兄弟，为夫妇，在社会则为公民，在国家则为国民，此数者，各有应尽之本务，并行而不悖，苟失其一，则其他亦受其影响，而不免有遗憾焉。

虽然，其事实虽同时并举，而言之则不能无先后之别。请先言处家族之本务，而后及社会、国家。

家族为社会国家之基本　家族与社会国家之关系

家族者，社会、国家之基本也。无家族，则无社会，无国家。故家族者，道德之门径也。于家族之道德，苟有缺陷，则于社会、国家之道德，亦必无纯全之望，所谓求忠臣必于孝子之门者此也。彼夫野蛮时代之社会，殆无所谓家族，即曰有之，亦复父子无亲，长幼无序，夫妇无别。以如是家族，而欲其成立纯全之社会及国家，必不可得。蔑伦悖理，盖近于禽兽矣。吾人则不然，必先有一纯全之家族，父慈子孝，兄友弟悌，夫义妇和，一家之幸福，无或不足。由是而施之于社会，则为仁义，由是而施之于国家，则为忠爱。故家族之顺戾，即社会之祸福，国家之盛衰，所由生焉。

不爱家则不能爱国

家族者，国之小者也。家之所在，如国土然，其主人如国之有元首，其子女什从，犹国民焉，其家族之系统，则犹国之历史也。若夫不爱其家，不尽其职，则又安望其能爱国而尽国民之本务耶？

家族之幸福即社会国家之幸福

凡人生之幸福，必生于勤勉，而吾人之所以鼓舞其勤勉者，率在对于吾人所眷爱之家族，而有增进其幸福之希望。彼夫非常之人，际非常之时，固有不顾身家以自献于公义者，要不可以责之于人人。吾人苟能亲密其家族之关系，而养成相友相助之观念，则即所以间接而增社会、国家之幸福者矣。

家族三伦

凡家族所由成立者，有三伦焉，一曰亲子；二曰夫妇；三曰兄弟姊妹。三者各有其本务，请循序而言之。

第二节
子 女

无父母则无身

凡人之所贵重者，莫身若焉。而无父母，则无身。然则人子于父母，当何如耶？

保护胎儿之劬劳　保护婴儿之劬劳　父母终身为子劬劳

父母之爱其子也，根于天性，其感情之深厚，无足以尚之者。子之初娠也，其母为之不敢顿足，不敢高语，选其饮食，节其举动，无时无地，不以有妨于胎儿之康健为虑。及其生也，非受无限之劬劳以保护之，不能全其生。而父母曾不以是为烦，饥则忧其食之不饱，饱则又虑其太过；寒则恐其凉，暑则惧其暍。不惟此也，虽婴儿之一啼一笑，亦无不留意焉，而同其哀乐。及其稍长，能匍匐也，则望其能立；能立也，则又望其能行。及其六七岁而进学校也，则望其日有进境。时而罹疾，则呼医求药，日夕不遑，而不顾其身之因而衰弱。其子远游，或日暮而不归，则倚门而望之，惟祝其身之无恙。及其子之毕业于普通教育，而能够独立之事业也，则尤关切于其成败。其业之隆，父母与喜；其业之衰，父母与忧焉。盖终其身无不为子而劬劳者。呜呼！父母之恩，世岂有足以比例之者哉！

世人于一饭之恩，且图报焉，父母之恩如此，将何以报之乎？

惟人类能孝亲　人类之长成最难

事父母之道，一言以蔽之，则曰孝。亲之爱子，虽禽兽犹或能之，而子之孝亲，则独见之于人类。故孝者，即人之所以为人者也。盖历久而后能长成者，惟人为最。其他动物，往往生不及一年，而能独立自营，其沐恩也不久，故子之于亲，其本务亦随之而轻。人类则否，其受亲之养护也最久，所以劳其亲之身心者亦最大，然则对于其亲之本务，亦因而重大焉。是自然之理也。

且夫孝者，所以致一家之幸福者也。一家犹一国焉，家有父母，如国有元首，元首统治一国，而人民不能从顺，则其国必因而衰弱；父母统治一家，而子女不尽孝养，则一家必因而乖戾。一家之中，亲子兄弟，日相阋而不已，则由如是之家族，而集合以为社会，为国家，又安望其协和而致治乎？

孝者百行之本

古人有言，孝者百行之本。孝道不尽，则其余殆不足观。盖人道莫大于孝，亦莫先于孝。以之事长则顺，以之交友则信。苟于凡事皆推孝亲之心以行之，则道德即由是而完。《论语》曰：“其为仁人也孝弟，而好犯上者鲜矣。”“君子务本，本立而道生。孝弟也者，其为仁之本与！”此之谓也。

然则吾人将何以行孝乎？孝道多端，而其要有四：曰顺；曰爱；曰敬；曰报德。

顺命

顺者，谨遵父母之训诲及命令也。然非不得已而从之也，必有诚恳欢欣之意以将之。盖人子之信其父母也至笃，则于其所训也，曰：是必适于德义；于其所戒也，曰：是必出于慈爱，以为吾遵父母之命，其必可以增进吾身之幸福无疑也，曾何所谓勉强者？彼夫父母之于子也，即遇其子之不顺，亦不能恝然置之，尚当多为指导之术，以尽父母之道，然则人子安可不以顺为本务者。世有悲其亲不慈者，率由于事亲之不得其道，其咎盖多在于子焉。

年幼时须顺命

子之幼也，于顺命之道，无可有异辞者，盖其经验既寡，知识不充，决不能循己意以行事。当是时也，于父母之训诲若命令，当悉去成见，而婉容愉色以听之，毋或有抗言，毋或形不满之色。及渐长，则自具辨识事理之能力，然于父母之言，亦必虚心而听之。其父母阅历既久，经验较多，不必问其学识之如何，而其言之切于实际，自有非青年所能及者。苟非有利害之关系，则虽父母之言，不足以易吾意，而吾亦不可以抗争。其或关系利害而不能不争也，则亦当和气怡色而善为之辞，徐达其所以不敢苟同于父母之意见，则始能无忤于父母矣。

年长亦须顺命

人子年渐长，智德渐备，处世之道，经验渐多，则父母之干涉之也渐宽，是亦父母见其子之成长而能任事，则渐容其自由之意志也。然顺之迹，不能无变通。而顺之意，则为人子所须臾不可离者。凡事必时质父母之意见，而求所以达之。自恃其才，悍然违父母之志而不顾者，必非孝子也。至于其子远离父母之侧，而临事无遑请命，抑或居官吏兵士之职，而不能以私情参预公义，斯则事势之不得已者也。

乱命不可从　父为子隐　子为父隐

人子顺亲之道如此，然亦有不可不变通者。今使亲有乱命，则人子不惟不当妄从，且当图所以谏阻之。知其不可为，以父母之命而勉从之者，非特自罹于罪，且因而陷亲于不义，不孝之大者也。若乃父母不幸而有失德之举，不密图补救，而辄暴露之，则亦非人子之道。孔子曰："父为子隐，子为父隐。"是其义也。

亲子之情发于天性

爱与敬，孝之经纬也。亲子之情，发于天性，非外界舆论，及法律之所强。是故亲之为其子，子之为其亲，去私克己，劳而无怨，超乎利害得失之表，此其情之所以为最贵也。本是情而发见者，曰爱曰敬，非爱则驯至于乖离；非敬则渐流于狎爱。爱而不敬，禽兽犹或能之，敬而不爱，亲疏之别何在？二者失其一，不可以为孝也。

能顺能爱能敬，孝亲之道毕乎？曰：未也。孝子之所最尽心者，图所以报父母之德是也。

一生最大之恩在于父母　不报亲恩无异禽兽

受人之恩，不敢忘焉，而必图所以报之，是人类之美德也。而吾人一生最大之恩，实在父母。生之育之饮食之教诲之，不特吾人之生命及身

体，受之于父母，即吾人所以得生存于世界之术业，其基本亦无不为父母所畀者，吾人乌能不日日铭感其恩，而图所以报答之乎？人苟不容心于此，则虽谓其等于禽兽可也。

子成长而父母衰劳　父母余年无几宜及时孝养

人之老也，余生无几，虽路人见之，犹起恻隐之心，况为子者，日见其父母老耄衰弱，而能无动于衷乎？昔也，父母之所以爱抚我者何其挚；今也，我之所以慰藉我父母者，又乌得而苟且乎？且父母者，随其子之成长而日即于衰老者也。子女增一日之成长，则父母增一日之衰老，及其子女有独立之业，而有孝养父母之能力，则父母之余年，固已无几矣。犹不及时而尽其孝养之诚，忽忽数年，父母已弃我而长逝，我能无抱终天之恨哉？

吾人所以报父母之德者有二道：一曰养其体；二曰养其志。

养体

养体者，所以图父母之安乐也。尽我力所能及，为父母调其饮食，娱其耳目，安其寝处，其他寻常日用之所需，无或缺焉而后可。夫人子既及成年，而尚缺口体之奉于其父母，固已不免于不孝，若乃丰衣足食，自恣其奉，而不顾父母之养，则不孝之尤矣。

侍奉父母事宜躬亲

父母既老，则肢体不能如意，行止坐卧，势不能不待助于他人，人子苟可以自任者，务不假手于婢仆而自任之。盖同此扶持抑搔之事，而出于其子，则父母之心尤为快足也。父母有疾，苟非必不得已，则必亲侍汤药。回思幼稚之年，父母之所以鞠育我者，劬劳如何，即尽吾力以为孝养，亦安能报其深恩之十一欤？为人子者，不可以不知此也。

养志

人子既能养父母之体矣，尤不可不养其志。父母之志，在安其心而无贻以忧。人子虽备极口体之养，苟其品性行为，常足以伤父母之心，则父母又何自而安乐乎？口体之养，虽不肖之子，苟有财力，尚能供之。至欲安父母之心而无贻以忧，则所谓一发言一举足而不敢忘父母，非孝子不能也。养体，末也；养志，本也。为人子者，其务养志哉。

保身

养志之道，一曰卫生。父母之爱子也，常祝其子之康强。苟其子孱弱而多疾，则父母重忧之。故卫生者，非独自修之要，而亦孝亲之一端也。若乃冒无谓之险，逞一朝之忿，以危其身，亦非孝子之所为。有人于此，虽赠我以至薄之物，我亦必郑重而用之，不辜负其美意也。我身者，父母之遗体，父母一生之劬劳。施于吾身者为多，然则保全之而摄卫之，宁非人子之本务乎？孔子曰：身体发肤，受之父母，不敢毁伤，孝之始也。此之谓也。

立名　国之良民即家之孝子

虽然，徒保其身而已，尚未足以养父母之志。父母者，既欲其子之康强，又乐其子之荣誉者也。苟其子庸劣无状，不能尽其对于国家、社会之本务，甚或陷于非僻，以贻羞于其父母，则父母方愧愤之不遑，又何以得其欢心耶？孔子曰：事亲者，居上不骄，为下不乱，在丑不争。居上而骄则亡；为下而乱则刑；在丑而争则兵。不去此三者，虽日用三牲之养，犹不孝也。正谓此也。是故孝者，不限于家族之中，非于其外有立身行道之实，则不可以言孝。谋国不忠，莅官不敬，交友不信，皆不孝之一。至若国家有事，不顾其身而赴之，则虽杀其身而父母荣之。国之良民，即家之孝子。父母固以其子之荣誉为荣誉，而不愿其苟生以取辱者也。此养志之所以重于养体也。

翼赞父母之行为，而共其忧乐，此亦养志者之所有事也。故不问其事物之为何，苟父母之所爱敬，则己亦爱敬之；父母之所嗜好，则己亦嗜好之。

继志述事　显扬父母之名

凡此皆亲在之时之孝行也。而孝之为道，虽亲没以后，亦与有事焉。父母没，葬之以礼，祭之以礼；父母之遗言，没身不忘，且善继其志，善述其事，以无负父母。更进而内则尽力于家族之昌荣；外则尽力于社会、国家之业务，使当世称为名士伟人，以显扬其父母之名于不朽。必如是而孝道始完焉。

第三节
父　母

父母之道

子于父母，固有当尽之本务矣，而父母之对于其子也，则亦有其道在。人子虽未可以此责善于父母，而凡为人子者，大抵皆有为父母之时，不知其道，则亦有贻害于家族、社会、国家而不自觉其非者。精于言孝，而忽于言父母之道，此亦一偏之见也。

父母之道虽多端，而一言以蔽之曰慈。子孝而父母慈，则亲子交尽其道矣。

溺爱非慈

慈者，非溺爱之谓，谓图其子终身之幸福也。子之所嗜，不问其邪正是非而辄应之，使其逞一时之快，而或贻百年之患，则不慈莫大于是。故父母之于子，必考察夫得失利害之所在，不能任自然之爱情而径行之。

养子教子为父母之本务

养子教子，父母第一之本务也。世岂有贵于人之生命者？生子而不能育之，或使陷于困乏中，是父母之失其职也。善养其子，以至其成立而能够独立之生计，则父母育子之职尽矣。

养子之道

父母既有养子之责，则其子身体之康强与否，亦父母之责也。卫生之理，非稚子所能知。其始生也，蠢然一小动物耳，起居无力，言语不辨，且不知求助于人，使非有时时保护之者，殆无可以生存之理。而保护之责，不在他人，而在生是子之父母，固不待烦言也。

教子之道

既能养子，则又不可以不教之。人之生也，智德未具，其所具者，可以吸受智德之能力耳。故幼稚之年，无所谓善，无所谓智，如草木之萌蘖然，可以循人意而矫揉之，必经教育而始成有定之品性。当其子之幼稚，而任教训指导之责者，舍父母而谁？此家庭教育之所以为要也。

家庭为人生最初之学校

善良之家庭为社会国家隆盛之本。

家庭者，人生最初之学校也。一生之品性，所谓百变不离其宗者，大抵胚胎于家庭之中。习惯固能成性，朋友亦能染人，然较之家庭，则其感化之力远不及者。社会、国家之事业，繁矣，而成此事业之人物，孰非起于家庭中呱呱之小儿乎？虽伟人杰士，震惊一世之意见及行为，其托始于家庭中幼年所受之思想者，盖必不鲜。是以有为之士，非出于善良之家庭者，世不多有。善良之家庭，其社会、国家所以隆盛之本欤？

一生事业决于婴孩

幼儿受于家庭之教训，虽薄物细故，往往终其生而不忘。故幼儿之于长者，如枝干之于根本然。一日之气候，多定于崇朝；一生之事业，多决于婴孩。甚矣，家庭教育之不可忽也。

家庭之模范

家庭教育之道，先在善良其家庭。盖幼儿初离襁褓，渐有知觉，如去暗室而见白日然。官体之所感触，事事物物，无不新奇而可喜。其时经验既乏，未能以自由之意志，择其行为也。则一切取外物而摹仿之，自然之势也。当是时也，使其家庭中事事物物，凡萦绕幼儿之旁者，不免有腐败之迹，则此儿清洁之心地，遂纳以终身不磨之瑕玷。不然，其家庭之中，悉为敬爱正直诸德之所充，则幼儿之心地，又何自而被玷乎？有家庭教育之责者，不可不先正其模范也。

家庭教育之利害　宽严适中　为子择业

为父母者，虽各有其特别之职分，而尚有普通之职分，行止坐卧，无可以须臾离者，家庭教育是也。或择其业务，或定其居所，及其他言语饮食衣服器用，凡日用行常之间，无不考之于家庭教育之利害而择之。昔孟母教子，三迁而后定居，此百世之师范也。父母又当乘时机而为训诲之事。子有疑问，则必以真理答之，不可以荒诞无稽之言塞其责；其子既有

辨别善恶是非之知识，则父母当监视而以时劝惩之，以坚其好善恶恶之性质。无失之过严，亦无过宽，约束与放任，适得其中而已。凡母多偏于慈，而父多偏于严。子之所以受教者偏，则其性质亦随之而偏。故欲养成中正之品性者，必使受宽严得中之教育也。其子渐长，则父母当相其子之材器，为之慎择职业，而时有以指导之。年少气锐者，每不遑熟虑以后之利害，而定目前之趋向，故于子女独立之始，知能方发，阅历未深，实为危险之期，为父母者，不可不慎监其所行之得失，而以时劝戒之。

第四节
夫　妇

夫妇为人伦之始

国之本在家，家之本在夫妇。夫妇和，小之为一家之幸福，大之致一国之富强。古人所谓人伦之始，风化之原者，此也。

夫妇者，本非骨肉之亲，而配合以后，苦乐与共，休戚相关，遂为终身不可离之伴侣。而人生幸福，实在于夫妇好合之间。然则夫爱其妇，妇顺其夫，而互维其亲密之情义者，分也。夫妇之道苦，则一家之道德失其本，所谓孝弟忠信者，亦无复可望，而一国之道德，亦由是而颓废矣。

爱情

爱者，夫妇之第一义也。各舍其私利，而互致其情，互成其美，此则夫妇之所以为夫妇，而亦人生最贵之感情也。有此感情，则虽在困苦颠沛之中，而以同情者之互相慰藉，乃别生一种之快乐。否则感情既薄，厌忌嫉妒之念，乘隙而生，其名夫妇，而其实乃如路人，虽日处华朊之中，曾何有人生幸福之真趣耶？

婚姻之礼

夫妇之道，其关系如是其重也，则当夫妇配合之始，婚姻之礼，乌可以不慎乎！是为男女一生祸福之所系，一与之齐，终身不改焉。其或不得已而离婚，则为人生之大不幸，而彼此精神界，遂留一终身不灭之疮痍。

人生可伤之事，孰大于是。

爱情非境遇所能移

婚姻之始，必本诸纯粹之爱情。以财产容色为准者，决无以持永久之幸福。盖财产之聚散无常，而容色则与年俱衰。以是为准，其爱情可知矣。纯粹之爱情，非境遇所能移也。

何谓纯粹之爱情？曰生于品性。男子之择妇也，必取其婉淑而贞正者；女子之择夫也，必取其明达而笃实者。如是则必能相信相爱，而构成良善之家庭矣。

夫妇分业　夫之本务　妻之本务　男妇性质不同　刚柔相济

既成家族，则夫妇不可以不分业。男女之性质，本有差别：男子体力较强，而心性亦较为刚毅；女子则体力较弱，而心性亦毗于温柔。故为夫者，当尽力以护其妻，无妨其卫生，无使过悴于执业，而其妻日用之所需，不可以不供给之。男子无养其妻之资力，则不宜结婚。既婚而困其妻于饥寒之中，则失为夫者之本务矣。女子之知识才能，大抵逊于男子，又以专司家务，而社会间之阅历，亦较男子为浅。故妻子之于夫，苟非受不道之驱使，不可以不顺从。而贞固不渝，忧乐与共，则皆为妻者之本务也。夫唱妇随，为人伦自然之道德。夫为一家之主，而妻其辅佐也，主辅相得，而家政始理。为夫者，必勤业于外，以赡其家族；为妻者，务整理内事，以辅其夫之所不及。是各因其性质之所近而分任之者。男女平权之理，即在其中。世之持平权说者，乃欲使男女均立于同等之地位，而执同等之职权，则不可通者也。男女性质之差别，第观于其身体结构之不同，已可概见：男子骼格伟大，堪任力役，而女子则否；男子长于思想，而女子锐于知觉；男子多智力，而女子富感情；男子务进取，而女子喜保守。是以男子之本务，为保护，为进取，为劳动；而女子之本务，为辅佐，为谦让，为巽顺，是刚柔相济之理也。

生子以后，则夫妇即父母，当尽教育之职，以绵其家族之世系，而为社会、国家造成有为之人物。子女虽多，不可有所偏爱，且必预计其他日对于社会、国家之本务，而施以相应之教育。以子女为父母所自有，而任意虐遇之，或骄纵之者，是社会、国家之罪人，而失父母之道者也。

第五节
兄弟姊妹

兄弟姊妹之情

有夫妇而后有亲子，有亲子而后有兄弟姊妹。兄弟姊妹者，不惟骨肉关系，自有亲睦之情，而自其幼时提挈于父母之左右。食则同案，学则并几，游则同方，互相扶翼，若左右手然，又足以养其亲睦之习惯。故兄弟姊妹之爱情，自有非他人所能及者。

兄弟姊妹之爱情，亦如父母夫妇之爱情然，本乎天性，而非有利害得失之计较，杂于其中。是实人生之至宝，虽珠玉不足以易之，不可以忽视而放弃者也。是以我之兄弟姊妹，虽偶有不情之举，我必当宽容之，而不遽加以责备，常有因彼我责善，而伤手足之感情者，是亦不可不慎也。

兄弟姊妹之情不以异业异居而改

盖父母者，自其子女视之，所能朝夕与共者，半生耳。而兄弟姊妹则不然，年龄之差，远逊于亲子，休戚之关，终身以之。故兄弟姊妹者，一生之间，当无时而不以父母膝下之情状为标准者也。长成以后，虽渐离父母，而异其业，异其居，犹必时相过从，祸福相同，忧乐与共，如一家然。即所居悬隔，而岁时必互通音问，同胞之情，虽千里之河山，不能阻之。远适异地，而时得见爱者之音书，实人生之至乐。回溯畴昔相依之状，预计他日再见之期，友爱之情，有油然不能自已者矣。

弟妹之道兄姊之道　兄弟姊妹不和则伤父母之心　家族不和国家亦受其害

兄姊之年，长于弟妹，则其智识经验，自较胜于幼者，是以为弟妹者，当视其兄姊为两亲之次，遵其教训指导而无敢违。虽在他人，幼之于长，必尽谦让之礼，况于兄姊耶？为兄姊者，于其弟妹，亦当助父母提撕劝戒之责，毋得挟其年长，而以暴慢恣睢之行施之。浸假兄姊凌其弟妹，或弟妹慢其兄姊，是不啻背于伦理，而彼此交受其害，且因而伤父母之心，以破一家之平和，而酿社会、国家之隐患。家之于国，如细胞之于有机体，家族不合，则一国之人心，必不能一致，人心离畔，则虽有亿兆之众，亦何以富强其国家乎？

兄弟贵于财产

昔西哲苏格拉底，见有兄弟不睦者而戒之曰："兄弟贵于财产。何则？财产无感觉，而兄弟有同情；财产赖吾人之保护，而兄弟则保护吾人者也。凡人独居，则必思群，何独疏于其兄弟乎？且兄弟非同其父母者耶？"不见彼禽兽同育于一区者，不尚互相亲爱耶？而兄弟顾不互相亲爱耶？其言深切著明，有兄弟者，可以鉴焉。

兄姊举动不可不慎

兄弟姊妹，日相接近，其相感之力甚大。人之交友也，习于善则善，习于恶则恶。兄弟姊妹之亲善，虽至密之朋友不能及焉，其习染之力何如耶？凡子弟不从父母之命，或以粗野侮慢之语对其长者，率由于兄弟姊妹间，素有不良之模范。故年长之兄姊，其一举一动，悉为弟妹所属目而摹仿，不可以不慎也。

兄弟对姊妹之本务　姊妹对兄弟之本务

兄弟之于姊妹，当任保护之责。盖妇女之体质既纤弱，而精神亦毗于柔婉，势不能不倚于男子。如昏夜不敢独行；即受谗诬，亦不能如男子之慷慨争辨，以申其权利之类是也。故姊妹未嫁者，助其父母而扶持保护之，此兄弟之本务也。而为姊妹者，亦当尽力以求有益于其兄弟。少壮之男子，尚气好事，往往有凌人冒险，以小不忍而酿巨患者，谏止之力，以姊妹之言为最优。盖女子之情醇笃，而其言尤为蕴藉，其所以杀壮年之客气者，较男子之抗争为有效也。兄弟姊妹能互相扶翼，如是，则可以同休戚而永续其深厚之爱情矣。

父母既没兄弟姊妹相待之道

不幸而父母早逝，则为兄姊者，当立于父母之地位，而抚养其弟妹。当是时也，弟妹之亲其兄姊，当如父母，盖可知也。

第六节
族戚及主仆

家族姻戚　外族戚之道

家族之中，既由夫妇而有父子，由父子而有兄弟姊妹，于是由兄弟之所生，而推及于父若祖若曾祖之兄弟，及其所生之子若孙，是谓家族。且也，兄弟有妇，姊妹有夫，其母家婿家，及父母以上凡兄弟之妇之母家，姊妹之婿家，皆为姻戚焉。既为族戚，则溯其原本，同出一家，较之无骨肉之亲，无葭莩之谊者，关系不同，交际之间，亦必视若家人，岁时不绝音问，吉凶相庆吊，穷乏相振恤，此族戚之本务也。天下滔滔，群以利害得失为聚散之媒，而独于族戚间，尚互以真意相酬答，若一家焉，是亦人生之至乐也。

族戚之关系

人之于邻里，虽素未相识，而一见如故。何也？其关系密也。至于族戚，何独不然？族戚者，非惟一代之关系，而实祖宗以来历代之关系，即不幸而至流离颠沛之时，或朋友不及相救，故旧不及相顾，当此之时，所能援手者，非族戚而谁？然则平日之宜相爱相扶也明矣。

主仆之关系

仆之于主，虽非有肺腑之亲，然平日追随既久，关系之密切，次于家人，是故忠实驯顺者，仆役之务也；恳切慈爱者，主人之务也。

仆役之本务

为仆役者，宜终始一心，以从主人之命，不顾主人之监视与否，而必尽其职，且不以勤苦而有怏怏之状。同一事也，怡然而为之，则主人必尤为快意也。若乃挟诈慢之心以执事，甚或讦主人之阴事，以暴露于邻保，是则不义之尤者矣。

主人之本务

夫人莫不有自由之身体，及自由之意志，不得已而被役于人，虽有所取偿，然亦至可悯矣。是以为主人者，宜长存哀矜之心，使役有度，毋任意斥责，若犬马然。至于仆役佣资，即其人沽售劳力之价值，至为重要，必如约而畀之。夫如是，主人善视其仆役，则仆役亦必知感而尽职矣。

仆役与子女之关系

仆役之良否，不特于一家之财政有关，且常与子女相驯，苟品性不良，则子女辄被其诱惑，往往有日陷于非僻而不觉者。故有仆役者，选择不可不慎，而监督尤不可不周。

自昔有所谓义仆者，常于食力以外，别有一种高尚之感情，与其主家相关系焉。或终身不去，同于家人；或遇其穷厄，艰苦共尝而不怨；或以身殉主自以为荣。有是心也，推之国家，可以为忠良之国民。虽本于其天性之笃厚，然非其主人信爱有素，则亦不足以致之。

第三章
社　会

第一节
总　论

社会　国家

凡趋向相同利害与共之人，集而为群，苟其于国家无直接之关系，于法律无一定之限制者，皆谓之社会。是以社会之范围，广狭无定，小之或局于乡里，大之则亘于世界，如所谓北京之社会，中国之社会，东洋之社会，与夫劳工社会，学者社会之属，皆是义也。人生而有合群之性，虽其种族大别，国土不同者，皆得相依相扶，合而成一社会，此所以有人类社会之道德也。然人类恒因土地相近种族相近者，建为特别之团体，有统一制裁之权，谓之国家，所以弥各种社会之缺憾，而使之互保其福利者也。故社会之范围，虽本无界限，而以受范于国家者为最多。盖世界各国，各有其社会之特性，而不能相融，是以言实践道德者，于人类社会，固有普通道德，而于各国社会，则又各有其特别之道德，是由于其风土人种习俗历史之差别而生者，而本书所论，则皆适宜于我国社会之道德也。

喜群之性不以家族为限

人之组织社会，与其组织家庭同，而一家族之于社会，则亦犹一人之于家族也。人之性，厌孤立而喜群居，是以家族之结合，终身以之。而吾人喜群之性，尚不以家族为限。向使局处家庭之间，与家族以外之人，情不相通，事无与共，则此一家者，无异在穷山荒野之中，而其家亦乌能成立乎？

体魄与社会之关系　精神与社会之关系

盖人类之体魄及精神，其能力本不完具，非互相左右，则驯至不能生存。以体魄言之，吾人所以避风雨寒热之苦，御猛兽毒虫之害，而晏然保其生者，何一非社会之赐？以精神言之，则人苟不得已而处于孤立之境，感情思想，一切不能达之于人，则必有非常之苦痛，甚有因是而病狂者。盖人之有待于社会，如是其大也。且如语言文字之属，凡所以保存吾人之情智而发达之者，亦必赖社会之组织而始存。然则一切事物之关系于社会，盖可知矣。

报效社会

夫人食社会之赐如此，则人之所以报效于社会者当如何乎？曰：广公益，开世务，建立功业，不顾一己之利害，而图社会之幸福，则可谓能尽其社会一员之本务者矣。盖公尔忘私之心，于道德最为高尚，而社会之进步，实由于是。故观于一社会中志士仁人之多寡，而其社会进化之程度可知也。使人人持自利主义，而漠然于社会之利害，则其社会必日趋腐败，而人民必日就零落，卒至人人同被其害而无救，可不惧乎？

国家与社会之关系　道德与法律

社会之上，又有统一而制裁之者，是为国家。国家者，由独立之主权，临于一定之土地、人民，而制定法律以统治之者也。凡人既为社会之一员，而持社会之道德，则又为国家之一民，而当守国家之法律。盖道德者，本以补法律之力之所不及；而法律者，亦以辅道德之功之所未至，二者相须为用。苟悖于法律，则即为国家之罪人，而决不能援社会之道德以自护也。惟国家之本领，本不在社会。是以国家自法律范围以外，决不干涉社会之事业，而社会在不违法律之限，亦自有其道德之自由也。

人之在社会也，其本务虽不一而足，而约之以二纲：曰公义；曰公德。

公义　生命　财产　名誉

公义者，不侵他人权利之谓也。我与人同居社会之中，人我之权利，非有径庭，我既不欲有侵我之权利者，则我亦决勿侵人之权利。人与人互

不相侵，而公义立矣。吾人之权利，莫重于生命财产名誉。生命者一切权利之本位，一失而不可复，其非他人之所得而侵犯，所不待言。财产虽身外之物，然人之欲立功名享福利者，恒不能徒手而得，必有借于财产。苟其得之以义，则即为其人之所当保守，而非他人所能干涉者也。名誉者，无形之财产，由其人之积德累行而后得之，故对于他人之谗诬污蔑，亦有保护之权利。是三者一失其安全，则社会之秩序，即无自而维持。是以国家特设法律，为吾人保护此三大权利。而吾人亦必尊重他人之权利，而不敢或犯。固为谨守法律之义务，抑亦对于社会之道德，以维持其秩序者也。

虽然，人仅仅不侵他人权利，则徒有消极之道德，而未足以尽对于社会之本务也。对于社会之本务，又有积极之道德，博爱是也。

博爱

博爱者，人生最贵之道德也。人之所以能为人者以此。苟其知有一身而不知有公家，知有一家而不知有社会，熟视其同胞之疾苦颠连，而无动于衷，不一为之援手，则与禽兽奚择焉？世常有生而废疾者，或有无辜而罹缧绁之辱者，其他鳏寡孤独，失业无告之人，所在多有，且文化渐开，民智益进，社会之竞争日烈，则贫富之相去益远，而世之素无凭借，因而沉沦者，与日俱增，此亦理势之所必然者也。而此等沉沦之人，既已日趋苦境，又不敢背戾道德法律之束缚，以侵他人之权利，苟非有赈济之者，安得不束手就毙乎？夫既同为人类，同为社会之一员，不忍坐视其毙而不救，于是本博爱之心，而种称〔种〕慈善之业起焉。

图公益　开世务

博爱可以尽公德乎？未也。赈穷济困，所以弥缺陷，而非所以求进步；所以济目前，而非所以图久远。夫吾人在社会中，决不以目前之福利为已足也，且目前之福利，本非社会成立之始之所有，实吾辈之祖先，累代经营而驯致之，吾人既已沐浴祖先之遗德矣，顾不能使所承于祖先之社会，益臻完美，以遗诸子孙，不亦放弃吾人之本务乎？是故人在社会，又当各循其地位，量其势力，而图公益，开世务，以益美善其社会。苟能以一人而造福于亿兆，以一生而遗泽于百世，则没世而功业不朽，虽古之圣贤，蔑以加矣。

公义公德不可偏废

夫人既不侵他人权利，又能见他人之穷困而救之，举社会之公益而行之，则人生对于社会之本务，始可谓之完成矣。吾请举孔子之言以为证。孔子曰："己所不欲，勿施于人。"又曰："己欲立而立人，己欲达而达人。"是二者，一则限制人，使不可为；一则劝导人，使为之。一为消极之道德，一为积极之道德。一为公义，一为公德，二者不可偏废。我不欲入侵我之权利，则我亦慎勿侵人之权利，斯己所不欲勿施于人之义也。我而穷也，常望人之救之，我知某事之有益于社会，即有益于我，而力或弗能举也，则望人之举之，则吾必尽吾力所能及，以救穷人而图公益，斯即欲立而立人欲达而达人之义也。二者，皆道德上之本务，而前者又兼为法律上之本务。人而仅欲不为法律上之罪人，则前者足矣；如欲免于道德上之罪，又不可不躬行后者之言也。

第二节 生　命

生命为一切权利义务之基本

人之生命，为其一切权利义务之基本。无端而杀之，或伤之，是即举其一切之权利义务而悉破坏之，罪莫大焉。是以杀人者死，古今中外之法律，无不著之。

正当之防卫

人与人不可以相杀伤。设有横暴之徒，加害于我者，我岂能坐受其害？势必尽吾力以为抵制，虽亦用横暴之术而杀之伤之，亦为正当之防卫。正当之防卫，不特不背于严禁杀伤之法律，而适所以保全之也。盖彼之欲杀伤我也，正所以破坏法律，我苟束手听命，以至自丧其生命，则不特我自放弃其权利，而且坐视法律之破坏于彼，而不尽吾力以相救，亦我之罪也。是故以正当之防卫而至于杀伤人，文明国之法律，所不禁也。

正当防卫为不得已　刑罚之权属于国家

以正当之防卫，而至于杀伤人，是出于不得已也。使我身既已保全矣，而或余怒未已，或挟仇必报，因而杀伤之，是则在正当防卫之外，而我之杀伤为有罪。盖一人之权利，即以其一人利害之关系为范围，过此以往，则制裁之任在于国家矣。犯国家法律者，其所加害，虽或止一人，而实负罪于全社会。一人即社会之一分子，一分子之危害，必有关于全体之平和，犹之人身虽仅伤其一处，而即有害于全体之健康也。故刑罚之权，属于国家，而非私人之所得与。苟有于正当防卫之外，而杀伤人者，国家亦必以罪罪之，此不独一人之私怨也，即或借是以复父兄戚友之仇，亦为徇私情而忘公义，今世文明国之法律多禁之。

决斗之野蛮

决斗者，野蛮之遗风也。国家既有法律以断邪正，判曲直，而我等乃以一己之私愤，决之于格斗，是直彼此相杀而已，岂法律之所许乎？且决斗者，非我杀人，即人杀我，使彼我均为放弃本务之人。而求其缘起，率在于区区之私情，如（且）其一胜一败，亦非曲直之所在，而视乎其技术之巧拙，此岂可与法律之裁制同日而语哉？

法律亦有杀人之事，大辟是也。大辟之可废与否，学者所见，互有异同。今之议者，以为今世文化之程度，大辟之刑，殆未可以全废。盖刑法本非一定，在视文化之程度而渐改革之。故昔日所行之刑罚，有涉于残酷者，诚不可以不改，而悉废死刑之说，尚不能不有待也。

征战为国家正当防卫

因一人之正当防卫而杀伤人，为国家法律所不禁，则以国家之正当防卫而至于杀伤人，亦必为国际公法之所许，盖不待言，征战之役是也。兵凶战危，无古今中外，人人知之，而今之持社会主义者，言之尤为痛切。然坤舆之上，既尚有国界，各国以各图其国民之利益，而不免与他国相冲突，冲突既剧，不能取决于樽俎之间，而决之以干戈，则其国民之躬与兵役者，发枪挥刃，以杀伤敌人，非特道德法律皆所不禁，而实出于国家之命令，且出公款以为之准备者也。惟敌人之不与战役，或战败而降服者，则虽在两国开战之际，亦不得辄加以危害，此著之国际公法者也。

第三节
财　产

夫生命之可重，既如上章所言矣。然人固不独好生而已，必其生存之日，动作悉能自由，而非为他人之傀儡，则其生始为可乐，于是财产之权起焉。盖财产者，人所辛苦经营所得之，于此无权，则一生勤力，皆为虚掷，而于己毫不相关，生亦何为？且人无财产权，则生计必有时不给，而生命亦终于不保。故财产之可重，次于生命，而盗窃之罪，次于杀伤，亦古今中外之所同也。

财产之重次于生命

财产之可重如此，然则财产果何自而始乎？其理有二：曰先占；曰劳力。

先占

有物于此，本无所属，则我可以取而有之。何则？无主之物，我占之，而初非有妨于他人之权利也，是谓先占。

先占以劳力为基本

先占者，劳力之一端也。田于野，渔于水，或发见无人之地而占之，是皆属于先占之权者，虽其事难易不同，而无一不需乎劳力。故先占之权，亦以劳力为基本，而劳力即为一切财产权所由生焉。

凡不待劳力而得者，虽其物为人生所必需，而不得谓之财产。如空气弥纶大地，任人呼吸，用之而不竭，故不可以为财产。至于山禽野兽，本非有畜牧之者，故不属于何人，然有人焉捕而获之，则得据以为财产，以其为劳力之效也。其他若耕而得粟，制造而得器，其须劳力，便不待言，而一切财产之权，皆循此例矣。

财产权

财产者，所以供吾人生活之资，而俾得尽力于公私之本务者也。而吾人之处置其财产，且由是而获赢利，皆得自由，是之谓财产权。财产权之确定与否，即国之文野所由分也。盖此权不立，则横敛暴夺之事，公行于社会，非特无以保秩序而进幸福，且足以阻人民勤勉之心，而社会终于堕落也。

财产权之规定，虽恃乎法律，而要非人人各守权限，不妄侵他人之所有，则亦无自而确立，此所以又有道德之制裁也。

财产蓄积之权　财产遗赠之权

人既得占有财产之权，则又有权以蓄积之而遗赠之，此自然之理也。蓄积财产，不特为己计，且为子孙计，此亦人情敦厚之一端也。苟无蓄积，则非特无以应意外之需，所关于己身及子孙者甚大，且使人人如此，则社会之事业，将不得有力者以举行之，而进步亦无望矣。遗赠之权，亦不过实行其占有之权。盖人以己之财产遗赠他人，无论其在生前，在死后，要不外乎处置财产之自由，而家产世袭之制，其理亦同。盖人苟不为子孙计，则其所经营积蓄者，及身而止，无事多求，而人顾毕生勤勉，丰取啬用，若不知止足者，无非为子孙计耳。使其所蓄不得遗之子孙，则又谁乐为勤俭者？此即遗财产之权之所由起，而其他散济戚友捐助社会之事，可以例推矣。

财产权之所由得，或以先占，或以劳力，或以他人之所遗赠，虽各不同，而要其权之不可侵则一也。是故我之财产，不愿为他人所侵，则他人之财产，我亦不得而侵之，此即对于财产之本务也。

关于财产之本务有四，一曰，关于他人财产直接之本务；二曰，关于贷借之本务；三曰，关于寄托之本务；四曰，关于市易之本务。

诱取财物　貌为廉洁阴占厚利

盗窃之不义，虽三尺童子亦知之，而法律且厉禁之矣。然以道德衡之，则非必有穿窬劫掠之迹，而后为盗窃也。以虚伪之术，诱取财物，其间或非法律所及问，而揆诸道德，其罪亦同于盗窃。又有貌为廉洁，而阴

占厚利者，则较之窃盗之辈，迫于饥寒而为之者，其罪尤大矣。

假贷　通财之义

人之所得，不必与其所需者时时相应，于是有借贷之法，有无相通，洵人生之美事也。而有财之人，本无必应假贷之义务，故假贷于人而得其允诺，则不但有偿还之责任，而亦当感谢其恩意。且财者，生利之具，以财贷人，则并其贷借期内可生之利而让之，故不但有要求偿还之权，而又可以要求适当之酬报。而贷财于人者，既凭借所贷，而享若干之利益，则割其一部分以酬报于贷我者，亦当尽之本务也。惟利益之多寡，随时会而有赢缩，故要求酬报者，不能无限。世多有乘人困迫，而胁之以过当之息者，此则道德界之罪人矣。至于朋友亲戚，本有通财之义，有负债者，其于感激报酬，自不得不引为义务，而以财贷之者，要不宜计较锱铢，以流于利交之陋习也。

贷财宜守期限

凡贷财于人者，于所约偿还之期，必不可以不守也。或有仅以偿还及报酬为负债者之本务，而不顾其期限者，此谬见也。例如学生假师友之书，期至不还，甚或转假于他人，则驯致不足以取信，而有书者且以贷借于人相戒，岂非人己两妨者耶？

保守他人财物尤宜慎重

受人之属而为之保守财物者，其当慎重，视己之财物为尤甚，苟非得其人之预约，及默许，则不得擅用之。自天灾时变非人力所能挽救外，苟有损害，皆保守者之责，必其所归者，一如其所授，而后保守之责为无忝。至于保守者之所费，与其当得之酬报，则亦物主当尽之本务也。

市易　正直

人类之进化，由于分职通功，而分职通功之所以行，乃基本于市易。故市易者，大有造于社会者也。然使为市易者，于货物之精粗，价值之低昂，或任意居奇，或乘机作伪，以为是本非法律所规定也，而以商贾之道德绳之，则其事已谬。且目前虽占小利而顿失其他日之信用，则所失正多。西谚曰：正直者，上乘之策略。洵至言也。

人于财产，有直接之关系，自非服膺道义恪守本务之人，鲜不为其所诱惑，而不知不觉，躬犯非义之举。盗窃之罪，律有明文，而清议亦复綦严，犯者尚少。至于贷借寄托市易之属，往往有违信背义，以占取一时之利者，斯则今之社会，不可不更求进步者也。夫财物之当与人者，宜不待其求而与之，而不可取者，虽见赠亦不得受，一则所以重人之财产，而不敢侵；一则所以守己之本务，而无所歉。人人如是，则社会之福利，宁有量欤？

第四节
名　誉

精神之嗜欲

人类者，不徒有肉体之嗜欲也，而又有精神之嗜欲。是故饱暖也，富贵也，皆人之所欲也，苟所得仅此而已，则人又有所不足，是何也？曰：无名誉。

爱重名誉　杀身成名

豹死留皮，人死留名，言名誉之不朽也。人既有爱重名誉之心，则不但宝之于生前，而且欲传之于死后，此即人所以异于禽兽。而名誉之可贵，乃举人人生前所享之福利，而无足以尚之，是以古今忠孝节义之士，往往有杀身以成其名者，其价值之高为何如也。

名誉难得

夫社会之中，所以互重生命财产而不敢相侵者，何也？曰：此他人正当之权利也。而名誉之所由得，或以天才，或以积瘁，其得之之难，过于财产，而人之所爱护也，或过于生命。苟有人焉，无端而毁损之，其与盗人财物、害人生命何异？是以生命、财产、名誉三者，文明国之法律，皆严重保护之。惟名誉为无形者，法律之制裁，时或有所不及，而爱重保护之本务，乃不得不偏重于道德焉。

名誉之敌有二：曰谗诬；曰诽谤。二者，皆道德界之大罪也。

谗诬甚于盗窃

谗诬者，虚造事迹，以污蔑他人名誉之谓也。其可恶盖甚于盗窃。被盗者，失其财物而已；被谗诬者，或并其终身之权利而胥失之。流言一作，虽毫无根据，而妒贤嫉才之徒，率喧传之，举世靡然，将使公平挚实之人，亦为其所惑，而不暇详求，则其人遂为众恶之的，而无以自立于世界。古今有为之才，被谗诬之害，以至名败身死者，往往而有，可不畏乎？

诽谤为君子所不为

诽谤者，乘他人言行之不检，而轻加以恶评者也。其害虽不如谗诬之甚，而其违公义也同。吾人既同此社会，利害苦乐，靡不相关，成人之美而救其过，人人所当勉也。见人之短，不以恳挚之意相为规劝，而徒讥评之以为快，又或乘人不幸之时，而以幸灾乐祸之态，归咎于其人，此皆君子所不为也。且如警察官吏，本以抉发隐恶为职，而其权亦有界限，若乃不在其职，而务讦人隐私，以为谈笑之资，其理何在？至于假托公益，而为诽谤，以逞其媢嫉之心者，其为悖戾，更不待言矣。

谗诬诽谤施于死者　断定之宜慎

世之为谗诬诽谤者，不特施之于生者，而或且施之于死者，其情更为可恶。盖生者尚有辨白昭雪之能力，而死者则并此而无之也。原谗诬诽谤之所由起，或以嫉妒，或以猜疑，或以轻率。夫羡人盛名，吾奋而思齐焉可也，不此之务，而忌之毁之，损人而不利己，非大愚不出此。至于人心之不同如其面，因人一言一行，而辄推之于其心术，而又往往以不肖之心测之，是徒自表其心地之龌龊耳。其或本无成见，而疾恶太严，遇有不协于心之事，辄以恶评加之，不知人事蕃变，非备悉其始末，灼见其情伪，而平心以判之，鲜或得当，不察而率断焉，因而过甚其词，则动多谬误，或由是而贻害于社会者，往往有之。且轻率之断定，又有由平日憎疾其人而起者。憎疾其人，而辄以恶意断定其行事，则虽名为断定，而实同于谗谤，其流毒尤甚。故吾人于论事之时，务周详审慎，以无蹈轻率之弊，而于所憎之人，尤不可不慎之又慎也。

去社会之公敌

夫人必有是非之心，且坐视邪曲之事，默而不言，亦或为人情所难堪，惟是有意讦发，或为过情之毁，则于意何居。古人称守口如瓶，其言虽未必当，而亦非无见。若乃奸宄之行，有害于社会，则又不能不尽力攻斥，以去社会之公敌，是亦吾人对于社会之本务，而不可与损人名誉之事，同年而语者也。

第五节 博爱及公益

博爱者，人生至高之道德，而与正义有正负之别者也。行正义者，能使人免于为恶，而导人以善，则非博爱者不能。

正义

有人于此，不干国法，不悖公义，于人间生命财产名誉之本务，悉无所歉，可谓能行正义矣。然道有饿莩而不知恤，门有孤儿而不知救，遂得为善人乎？

博爱者，施而不望报，利物而不暇己谋者也。凡动物之中，能历久而绵其种者，率恃有同类相恤之天性。人为万物之灵，苟仅斤斤于施报之间，而不恤其类，不亦自丧其天性，而有愧于禽兽乎？

博爱之道

人之于人，不能无亲疏之别，而博爱之道，亦即以是为序。不爱其亲，安能爱人之亲？不爱其国人，安能爱异国之人？如曰有之，非矫则悖，智者所不信也。孟子曰："老吾老以及人之老，幼吾幼以及人之幼。"又曰："亲亲而仁民，仁民而爱物。"此博爱之道也。

人类之幸福

人人有博爱之心，则观于其家，而父子亲，兄弟睦，夫妇和；观于其社会，无攘夺，无纷争，贫富不相蔑，贵贱不相凌，老幼废疾，皆有所养，蔼然有恩，秩然有序，熙熙皞皞，如登春台，岂非人类之幸福乎！

拯救与补助

博爱者，以己所欲，施之于人。是故见人之疾病则拯之，见人之危难则救之，见人之困穷则补助之。何则？人苟自立于疾病危难困穷之境，则未有不望人之拯救之而补助之者也。

华盛顿救孺子

赤子临井，人未有见之而不动其恻隐之心者。人类相爱之天性，固如是也。见人之危难而不之救，必非人情。日汩于利己之计较，以养成凉薄之习，则或忍而为此耳。夫人苟不能挺身以赴人之急，则又安望其能殉社会、殉国家乎？华盛顿尝投身奔湍，以救濒死之孺子，其异日能牺牲其身，以为十三州之同胞脱英国之轭，而建独立之国者，要亦由有此心耳。夫处死生一发之间，而能临机立断，固由其爱情之挚，而亦必有毅力以达之，此则有赖于平日涵养之功者也。

看护传染病　当衡轻重

救人疾病，虽不必有挺身赴难之危险，而于传染之病，为之看护，则直与殉之以身无异，非有至高之道德心者，不能为之。苟其人之地位，与国家社会有重大之关系，又或有侍奉父母之责，而轻以身试，亦为非宜，此则所当衡其轻重者也。

推己及人　伪善沽名

济人以财，不必较其数之多寡，而其情至为可嘉，受之者尤不可不感佩之。盖损己所余以周人之不足，是诚能推己及人，而发于其友爱族类之本心者也。慈善之所以可贵，即在于此。若乃本无博爱之心，而徒仿一二慈善之迹，以博虚名，则所施虽多，而其价值，乃不如少许之出于至诚者。且其伪善沽名，适以害德，而受施之人，亦安能历久不忘耶？

市恩

博爱者之慈善，惟虑其力之不周，而人之感我与否，初非所计。即使人不感我，其是非固属于其人，而于我之行善，曾何伤焉？若乃怒人之忘德，而遽彻其慈善，是吾之慈善，专为市恩而设，岂博爱者之所为乎？惟受人之恩而忘之者，其为不德，尤易见耳。

倚赖心

博爱者，非徒曰吾行慈善而已。其所以行之者，亦不可以无法。盖爱人以德，当为图永久之福利，而非使逞快一时。若不审其相需之故，而漫焉施之，受者或随得随费，不知节制，则吾之所施，于人奚益也？固有习于荒怠之人，不务自立，而以仰给于人为得计，吾苟堕其术中，则适以助长其倚赖心，而使永无自振之一日，爱之而适以害之，是不可不致意焉。

人与人之关系

夫如是，则博爱之为美德，诚彰彰矣。然非扩而充之，以开世务，兴公益，则吾人对于社会之本务，犹不能无遗憾。何则？吾人处于社会，则与社会中之人人，皆有关系，而社会中人人与公益之关系，虽不必如疾病患难者待救之孔亟，而要其为相需则一也。吾但见疾病患难之待救，而不顾人人所需之公益，毋乃持其偏而忘其全，得其小而遗其大者乎？

随分应器　各图公益

夫人才力不同，职务尤异，合全社会之人，而求其立同一之功业，势必不能。然而随分应器，各图公益，则何不可有之。农工商贾，任利用厚生之务；学士大夫，存移风易俗之心，苟其有裨于社会，则其事虽殊，其效一也。人生有涯，局局身家之间，而于事无补，暨其没也，贫富智愚，同归于尽。惟夫建立功业，有裨于社会，则身没而功业不与之俱尽，始不为虚生人世，而一生所受于社会之福利，亦庶几无忝矣。所谓公益者，非必以目前之功利为准也。如文学美术，其成效常若无迹象之可寻，然所以拓国民之智识，而高尚其品性者，必由于是。是以天才英绝之士，宜超然功利以外，而一以发扬国华为志，不蹈前人陈迹，不拾外人糟粕，抒其性灵，以摩荡社会，如明星之粲于长夜，美花之映于座隅，则无形之中，社会实受其赐。有如一国富强，甲于天下，而其文艺学术，一无可以表见，则千载而后，谁复知其名者？而古昔既墟之国，以文学美术之力，垂名百世，迄今不朽者，往往而有，此岂可忽视者欤？

不惟此也，即社会至显之事，亦不宜安近功而忘远虑，常宜规模远

大，以遗饷后人，否则社会之进步，不可得而期也。是故有为之士，所规画者，其事固或非一手一足之烈，而其利亦能历久而不渝，此则人生最大之博爱也。

量力捐财，以助公益，此人之所能为，而后世子孙，与享其利，较之饮食征逐之费，一晌而尽者，其价值何如乎？例如修河渠，缮堤防，筑港埠，开道路，拓荒芜，设医院，建学校皆是。而其中以建学校为最有益于社会之文明。又如私设图书馆，纵人观览，其效亦同。其他若设育婴堂，养老院等，亦为博爱事业之高尚者，社会文明之程度，即于此等公益之盛衰而测之矣。

图公益者，又有极宜注意之事，即慎勿以公益之名，兴无用之事是也。好事之流，往往为美名所眩，不审其利害何若，仓促举事，动辄蹉跌，则又去而之他。若是者，不特自损，且足为利己者所借口，而以沮丧向善者之心，此不可不慎之于始者也。

藉公益以沽名者　实行公益者

又有藉公益以沽名者，则其迹虽有时与实行公益者无异，而其心迥别，或且不免有倒行逆施之事。何则？其目的在名。则苟可以得名也，而他非所计，虽其事似益而实损，犹将为之。实行公益者则不然，其目的在公益。苟其有益于社会也，虽或受无识者之谤议，而亦不为之阻。此则两者心术之不同，而其成绩亦大相悬殊矣。

爱护公共之物　欧美之人崇重公共事物

人既知公益之当兴，则社会公共之事物，不可不郑重而爱护之。凡人于公共之物，关系较疏，则有漫不经意者，损伤破毁，视为常事，此亦公德浅薄之一端也。夫人既知他人之财物不可以侵，而不悟社会公共之物，更为贵重者，何欤？且人既知毁人之物，无论大小，皆有赔偿之责，今公然毁损社会公共之物，而不任其赔偿者，何欤？如学堂诸生，每有抹壁唾地之事，而公共花卉，道路荫木，经行者或无端而攀折之，至于青年子弟，诣神庙佛寺，又或倒灯覆甃，自以为快，此皆无赖之事，而有悖于公德者也。欧美各国，人人崇重公共事物，习以为俗，损伤破毁之事，始不

可见，公园椅榻之属，间以公共爱护之言，书于其背，此诚一种之美风，而我国人所当奉为圭臬者也。国民公德之程度，视其对于公共事物如何，一木一石之微，于社会利害，虽若无大关系，而足以表见国民公德之浅深，则其关系，亦不可谓小矣。

第六节
礼让及威仪

礼让

凡事皆有公理，而社会行习之间，必不能事事以公理绳之。苟一切绳之以理，而寸步不以让人，则不胜冲突之弊，而人人无幸福之可言矣。且人常不免为感情所左右，自非豁达大度之人，于他人之言行，不谦吾意，则辄引似是而非之理以纠弹之，冲突之弊，多起于此。于是乎有礼让以为之调合，而彼此之感情，始不至于冲突焉。

人之有礼让，其犹车辖之脂乎？能使人交际圆滑，在温情和气之间，以完其交际之本意。欲保维社会之平和，而增进其幸福，殆不可一日无者也。

礼以保秩序

礼者，因人之亲疏等差，而以保其秩序者也。其要在不伤彼我之感情，而互表其相爱相敬之诚，或有以是为虚文者，谬也。

礼本于习惯

礼之本始，由人人有互相爱敬之态，而自发于容貌。盖人情本不相远，而其生活之状态，大略相同，则其感情之发乎外而为拜揖送迎之仪节，亦自不得不同，因袭既久，成为惯例，此自然之理也。故一国之礼，本于先民千百年之习惯，不宜辄以私意删改之。盖崇重一国之习惯，即所以崇重一国之秩序也。

礼以爱敬为本

夫礼，既本乎感情而发为仪节，则其仪节，必为感情之所发见，而后谓之礼。否则意所不属，而徒拘牵于形式之间，是刍狗耳。仪节愈繁，而心情愈鄙，自非徇浮华好谄谀之人，又孰能受而不斥者？故礼以爱敬为本。

外国交际之礼宜致意

爱敬之情，人类所同也，而其仪节，则随其社会中生活之状态，而不能无异同。近时国际公私之交，大扩于古昔，交际之仪节，有不可以拘墟者，故中流以上之人，于外国交际之礼，亦不可不致意焉。

谦让

让之为用，与礼略同。使人互不相让，则日常言论，即生意见，亲旧交际，动辄龃龉。故敬爱他人者，不务立异，不炫所长，务以成人之美。盖自异自眩，何益于己，徒足以取厌启争耳。虚心平气，好察迩言，取其善而不翘其过，此则谦让之美德，而交际之要道也。

思想自由信仰自由　温良谦恭薄责于人

排斥他人之思想与信仰，亦不让之一也。精神界之科学，尚非人智所能独断。人我所见不同，未必我果是而人果非，此文明国宪法，所以有思想自由、信仰自由之则也。苟当讨论学术之时，是非之间，不能异立，又或于履行实事之际，利害之点，所见相反，则诚不能不各以所见，互相驳诘，必得其是非之所在而后已。然亦宜平心以求学理事理之关系，而不得参以好胜立异之私意。至于日常交际，则他人言说虽与己意不合，何所容其攻诘？如其为之，亦徒彼此忿争，各无所得已耳。温良谦恭，薄责于人，此不可不注意者。至于宗教之信仰，自其人观之，一则为生活之标准，一则为道德之理想，吾人决不可以轻侮嘲弄之态，侵犯其自由也。由是观之，礼让者，皆所以持交际之秩序，而免其龃龉者也。然人固非特各人之交际而已，于社会全体，亦不可无仪节以相应，则所谓威仪也。

威仪　感情相应

威仪者，对于社会之礼让也。人尝有于亲故之间，不失礼让，而对于社会，不免有粗野傲慢之失者，是亦不思故耳。同处一社会中，则其人虽有亲疏之别，而要必互有关系，苟人人自亲故以外，即复任意自肆，不顾

取厌，则社会之爱力，为之减杀矣。有如垢衣被发，呼号道路，其人虽若自由，而使观之者不胜其厌忌，可谓之不得罪于社会乎？凡社会事物，各有其习惯之典例，虽违者无禁，犯者无罚，而使见而不快，闻而不慊，则其为损于人生之幸福者为何如耶！古人有言，满堂饮酒，有一人向隅而泣，则举座为之不欢，言感情之相应也。乃或于置酒高会之时，白眼加人，夜郎自大，甚或骂座掷杯，凌侮侪辈，则岂非蛮野之遗风，而不知礼让为何物欤？欧美诸国士夫，于宴会中，不谈政治，不说宗教，以其易启争端，妨人欢笑，此亦美风也。

凡人见邀赴会，必预审其性质如何，而务不失其相应之仪表。如会葬之际，谈笑自如，是为幸人之灾，无礼已甚。凡类此者，皆不可不致意也。

第四章 理想论

第一节 总　论

标准

权然后知轻重，度然后知长短，凡两相比较者，皆不可无标准。今欲即人之行为，而比较其善恶，将以何者为标准乎？曰：至善而已，理想而已，人生之鹄而已。三者其名虽异，而核之于伦理学，则其义实同。何则？实现理想，而进化不已，即所以近于至善，而以达人生之鹄也。

良心为理想之标准

持理想之标准，而判断行为之善恶者，谁乎？良心也。行为犹两造，理想犹法律，而良心则司法官也。司法官标准法律，而判断两造之是非，良心亦标准理想，而判断行为之善恶也。

志向

夫行为有内在之因，动机是也；又有外在之果，动作是也。今即行为而判断之者，将论其因乎？抑论其果乎？此为古今伦理学者之所聚讼。而吾人所见，则已于良心论中言之。盖行为之果，或非人所能预料，而动机则又止于人之欲望之所注，其所以达其欲望者，犹未具也。故两者均不能专为判断之对象，惟兼取动机及其预料之果，乃得而判断之，是之谓志向。

理想因人而异亦因时而异

吾人即以理想为判断之标准，则理想者何谓乎？曰：窥现在之缺陷而求将来之进步，冀由是而驯至于至善之理想是也。故其理想，不特人各不同，即同一人也，亦复循时而异。如野人之理想，在足其衣食；而识者之理想，在餍于道义，此因人而异者也。吾前日之所是，及今日而非之：吾今日之所是，及他日而又非之，此一人之因时而异者也。

理想随境遇而益进

理想者，人之希望，虽在其意识中，而未能实现之于实在，且恒与实在者相反，及此理想之实现，而他理想又从而据之，故人之境遇日进步，而理想亦随而益进。理想与实在，永无完全符合之时，如人之夜行，欲踏己影而终不能也。

理想务求实现

惟理想与实在不同，而又为吾人必欲实现之境，故吾人有生生不息之象。使人而无理想乎，夙兴夜寐，出作入息，如机械然，有何生趣？是故人无贤愚，未有不具理想者。惟理想之高下，与人生品行，关系至巨。其下者，囿于至浅之乐天主义，奔走功利，老死而不变；或所见稍高，而欲以至简之作用达之，及其不果，遂意气沮丧，流于厌世主义，且有因而自杀者，是皆意力薄弱之故也。吾人不可无高尚之理想，而又当以坚忍之力向之，日新又新，务实现之而后已，斯则对于理想之责任也。

理想之关系，如是其重也，吾人将以何者为其内容乎？此为伦理学中至大之问题，而古来学说之所以多歧者也。今将述各家学说之概略，而后以吾人之意见决定之。

第二节
快乐说

以快乐为人生之鹄

自昔言人生之鹄者，其学说虽各不同，而可大别为三：快乐说、克己说、实现说是也。

以快乐为人生之鹄者，亦有同异。以快乐之种类言，或主身体之快乐，或主精神之快乐，或兼二者而言之。以享此快乐者言，或主独乐，或主公乐。主公乐者，又有舍己徇人及人己同乐之别。

身体快乐是为悖谬

以身体之快乐为鹄者，其悖谬盖不待言。彼夫无行之徒，所以丧产业，损名誉，或并其性命而不顾者，夫岂非殉于身体之快乐故耶？且身体之快乐，人所同喜，不待教而后知，亦何必揭为主义以张之？徒足以助纵欲败度者之焰，而诱之于陷阱耳。血气方壮之人，幸毋为所惑焉。

独乐不足为准的　舍己徇人不近人情

独乐之说，知有己而不知有人，苟吾人不能离社会而独存，则其说决不足以为道德之准的，而舍己徇人之说，亦复不近人情，二者皆可以舍而不论也。

以人我同乐为鹄

人我同乐之说，亦谓之功利主义，以最多数之人，得最大之快乐，为其鹄者也。彼以为人之行事，虽各不相同，而皆所以求快乐，即为蓄财产养名誉者，时或耐艰苦而不辞，要亦以财产名誉，足为快乐之预备，故不得不舍目前之小快乐，以预备他日之大快乐耳。而要其趋于快乐则一也，故人不可不以最多数人得最大快乐为理想。

快乐随人而不同

夫快乐之不可以排斥，固不待言。且精神之快乐，清白高尚，尤足以鼓励人生，而慰藉之于无聊之时。其裨益于人，良非浅鲜。惟是人生必以最多数之人，享最大之快乐为鹄者，何为而然欤？如仅曰社会之趋势如是而已，则尚未足以为伦理学之义证。且快乐者，意识之情状，其浅深长短，每随人而不同；我之所乐，人或否之；人之所乐，亦未必为我所赞成。所谓最多数人之最大快乐者，何由而定之欤？持功利主义者，至此而穷矣。

快乐为道德之效果

盖快乐之高尚者，多由于道德理想之实现，故快乐者，实行道德之效果，而非快乐即道德也。持快乐说者，据意识之状况，而揭以为道德之主义，故其说有不可通者。

第三节
克己论

克己　遏欲　节欲

反对快乐说而以抑制情欲为主义者，克己说也。克己说中，又有遏欲与节欲之别。遏欲之说，谓人性本善，而情欲淆之，乃陷而为恶。故欲者，善之敌也。遏欲者，可以去恶而就善也。节欲之说，谓人不能无欲，徇欲而忘返，乃始有放僻邪侈之行，故人必有所以节制其欲者而后可，理性是也。

行为质于良心

又有为良心说者，曰：人之行为，不必别立标准，比较而拟议之，宜以简直之法，质之于良心。良心所是者行之，否者斥之，是亦不外乎使情欲受制于良心，亦节欲说之流也。

克己非完全之学说

遏欲之说，悖乎人情，殆不可行。而节欲之说，亦尚有偏重理性而疾视感情之弊。且克己诸说，虽皆以理性为中坚，而于理性之内容，不甚研求，相竞于避乐就苦之作用，而能事既毕，是仅有消极之道德，而无积极之道德也。东方诸国，自昔偏重其说，因以妨私人之发展，而阻国运之伸张者，其弊颇多。其不足以为完全之学说，盖可知矣。

第四节
实现说

纯粹之道德主义

快乐说者，以达其情为鹄者也；克己说者，以达其智为鹄者也。人之性，既包智、情、意而有之，乃舍其二而取其一，揭以为人生之鹄。不亦偏乎？必也举智、情、意三者而悉达之，尽现其本性之能力于实在，而完成之，如是者，始可以为人生之鹄。此则实现说之宗旨，而吾人所许为纯粹之道德主义者也。

发展人格

人性何由而完成？曰：在发展人格。发展人格者，举智、情、意而统一之光明之之谓也。盖吾人既非木石，又非禽兽，则自有所以为人之品格，是谓人格。发展人格，不外乎改良其品格而已。

人格价值即为人之价值

人格之价值，即所以为人之价值也。世界一切有价值之物，无足以拟之者，故为无对待之价值，虽以数人之人格言之，未尝不可为同异高下之比较；而自一人言，则人格之价值，不可得而数量也。

保全人格之道

人格之可贵如此，故抱发展人格之鹄者，当不以富贵而淫，不以贫贱而移，不以威武而屈。死生亦大矣，而自昔若颜真卿、文天祥辈，以身殉国，曾不踌躇，所以保全其人格也。人格既堕，则生亦胡颜；人格无亏，则死而不朽。孔子曰："朝闻道，夕死可矣。"良有以也。

人格以盖棺论定

自昔有天道福善祸淫之说，世人以跖跷之属，穷凶而考终；夷齐之伦，求仁而饿死，则辄谓天道之无知，是盖见其一而不见其二者。人生数十寒暑耳，其间穷通得失，转瞬而逝；而盖棺论定，或流芳百世，或遗臭万年，人格之价值，固历历不爽也。

人格之寿命无限量

人格者，由人之努力而进步，本无止境，而其寿命，亦无限量焉。向使孔子当时为桓魋所杀，孔子之人格，终为百世师。苏格拉底虽仰毒而死，然其人格，至今不灭。人格之寿命，何关于生前之境遇哉。

发展人格在致力本务　人格发展必与社会相应

发展人格之法，随其人所处之时地而异，不必苟同，其致力之所，即

在本务，如前数卷所举，对于自己、若家族、若社会、若国家之本务皆是也。而其间所尤当致意者，为人与社会之关系。盖社会者，人类集合之有机体。故一人不能离社会而独存，而人格之发展，必与社会之发展相应。不明乎此，则有以独善其身为鹄，而不措意于社会者。岂知人格者，谓吾人在社会中之品格，外乎社会，又何所谓人格耶？

第五章 德论

第一节 德之本质

凡实行本务者，其始多出于勉强，勉之既久，则习与性成。安而行之，自能欣合于本务，是之谓德。

德之原质赅有智情意三者

是故德者，非必为人生固有之品性，大率以实行本务之功，涵养而成者也。顾此等品性，于精神作用三者将何属乎？或以为专属于智，或以为专属于情，或以为专属于意。然德者，良心作用之成绩。良心作用，既赅智、情、意三者而有之，则以德之原质，为有其一而遗其二者，谬矣。

人之成德也，必先有识别善恶之力，是智之作用也。既识别之矣，而无所好恶于其间，则必无实行之期，是情之作用，又不可少也。既识别其为善而笃好之矣，而或犹豫畏葸，不敢决行，则德又无自而成，则意之作用，又大有造于德者也。故智、情、意三者，无一而可偏废也。

第二节 德之种类

德说之异同

德之种类，在昔学者之所揭，互有异同，如孔子说以智、仁、勇三者，孟子说以仁、义、礼、智四者，董仲舒说以仁、义、礼、智、信五者；希腊柏拉图说以智、勇、敬、义四者，雅里士多德说以仁、智二者，果以何者为定论乎？

德有内外两方面

吾侪之意见，当以内外两方面别类之。自其作用之本于内者而言，则孔子所举智、仁、勇三德，即智、情、意三作用之成绩，其说最为圆融。自其行为之形于外者而言，则当为自修之德，对于家族之德，对于社会之德，对于国家之德，对于人类之德。凡人生本务之大纲，即德行之最目焉。

第三节
修　德

良心发现即为修德之基

修德之道，先养良心。良心虽人所同具，而汩于恶习，则其力不充。然苟非梏亡殆尽，良心常有发现之时，如行善而惬，行恶而愧是也。乘其发现而扩充之，涵养之，则可为修德之基矣。

为善无分大小

涵养良心之道，莫如为善。无问巨细，见善必为，日积月累，而思想云为，与善相习，则良心之作用昌矣。世或有以小善为无益而弗为者，不知善之大小，本无定限，即此弗为小善之见，已足误一切行善之机会而有余，他日即有莫大之善，亦将贸然而不之见。有志行善者，不可不以此为戒也。

去恶为行　善之本

既知为善，尤不可无去恶之勇。盖善恶不并立，去恶不尽，而欲滋其善，至难也。当世弱志薄行之徒，非不知正义为何物，而逡巡犹豫，不能决行者，皆由无去恶之勇，而恶习足以掣其肘也。是以去恶又为行善之本。

改过　悔悟为去恶迁善之机

人即日以去恶行善为志，然尚不能无过，则改过为要焉。盖过而不改，则至再至三，其后遂成为性癖，故必慎之于始。外物之足以诱惑我者，避之若浼，一有过失，则幡然悔改，如去垢衣。勿以过去之不善，而遂误其余生也。恶人洗心，可以为善人；善人不改过，则终为恶人。悔悟者，去恶迁善之一转机，而使人由于理义之途径也。良心之光，为过失所壅蔽者，至此而复焕发。缉之则日进于高明，炀之则顿沉于黑暗。微乎危乎，悔悟之机，其慎勿纵之乎！

进德者于自省

人各有所长，即亦各有所短，或富于智虑，而失之怯懦；或勇于进取，而不善节制。盖人心之不同，如其面焉。是以人之进德也，宜各审其资禀，量其境遇，详察过去之历史，现在之事实，与夫未来之趋向，以与其理想相准，而自省之。勉其所短，节其所长，以求达于中和之境，否则从其所好，无所顾虑，即使贤智之过，迥非愚不肖者所能及，然伸于此者诎于彼，终不免为道德界之畸人矣。曾子有言，吾日三省吾身。以彼大贤，犹不敢自纵如此，况其他乎？

然而自知之难，贤哲其犹病诸。徒恃返观内省，尚不免于失真；必接种种人物，涉种种事变，而屡省验之；又复质询师友，博览史籍，以补其不足。则于锻炼德性之功，庶乎可矣。

·第三篇·

章太炎讲国学

章太炎（1869～1936 年），名炳麟，字枚叔，号太炎，浙江余杭人。章太炎是清末民初的风云人物，著名革命家、思想家，同时也是一个大学问家，研究范围涉及历史、哲学、政治、中医等多个领域。在思想上，章太炎早年受西方近代机械唯物主义和生物进化论影响，在他的著作中阐述了西方哲学、社会学和自然科学等方面的思想，否定天命论。后来他的思想受佛教唯识宗和西方近代唯心主义的影响，偏向于唯心主义。其著作颇丰，共 400 余万字，涉及文学、历史学、语言学等方面。所著《新方言》、《文始》等，创建颇多。

第一章
国学概论

第一节
概　论

我在东京曾讲演过一次国学，在北京也讲演过一次，今天是第三次了。国学很不容易讲，有的也实在不能讲，必须自己用心去读去看。即如历史，本是不能讲的，古人已说“一部十七史从何处说起”，现在更有二十四史，不止十七史了。即《通鉴》等书似乎稍简要一点，但还是不能讲。如果只像说大书那般铺排些事实，或讲些事实夹些论断，也没甚意义。所以这些书都靠自己用心去看，我讲国学，只能指示些门径和矫正些近人易犯的毛病。今天先把“国学概论”分做两部研究：

甲　国学之本体

一、经史非神话

二、经典诸子非宗教

三、历史非小说传奇

乙　治国学之方法

一、辨书籍的真伪

二、通小学

三、明地理

四、知古今人情的变迁

五、辨文学应用

甲　国学之本体

一、经史非神话

在古代书籍中，原有些记载是神话，若《山海经》、《淮南子》中所载，我们看了，觉得是怪诞极了。但此类神话，在王充《论衡》里已有不少被他看破，没有存在的余地了。而且正经正史中本没有那些话，如盘古开天辟地、天皇、地皇、人皇等，正史都不载。又如"女娲炼石补天"，"后羿射日"那种神话，正史里也都没有。经史所载，虽在极小部分中还含神秘的意味，大体并没神奇怪离的论调，并且，这极小部分的神秘记载，也许使我们得有理的解释。

《诗经》记后稷的诞生，颇似可怪。因据《尔雅》所释"履帝武敏"，说是他的母亲，足蹈了上帝的拇指得孕的。但经毛公注释，训帝为皇帝，就等于平常的事实了。

《史记·高帝本纪》，说高祖之父太公，雷雨中至大泽，见神龙附高祖母之身，遂生高祖。这不知是太公捏造这话来骗人，还是高祖自造。即使太公真正看见如此，我想其中也可假托。记得湖北曾有一件奸杀案："一个奸夫和奸妇密议，得一巧法，在雷雨当中，奸夫装成雷公怪形，从屋脊而下，活活地把本夫打杀。"高祖的事，也许是如此。他母亲和人私通，奸夫饰做龙怪的样儿，太公自然不敢进去了。

从前有人常疑古代圣帝贤王都属假托，即如《尧典》所说"钦明文思安安，克明俊德……"等等的话，有人很怀疑，以为那个时候的社会，哪得有像这样的完人。我想，古代史家叙太古的事，不能详叙事实，往往只用几句极混统的话做"考语"，这种考语原最容易言过其实。譬如今人做行述，遇着没有事迹可记的人，每只用几句极好的考语。《尧典》中所载，也不过是一种"考语"，事实虽不全如此，也未必全不如此。

《禹贡》记大禹治水，八年告成。日本有一博士，他说："后世凿小小的运河，尚须数十年或数百年才告成功，他治这么大的水，哪得如此快？"因此，也疑禹贡只是一种奇迹。我却以为大禹治水，他不过督其成，自有各部分工去做；如果要亲身去，就游历一周也不能，何况凿成！在那时人民同受水患，都有切身的苦痛，免不得合力去做，所以"经之营之，不日成之”了。《禹贡》记各地土地腴瘠情形，也不过依报告录出，并不必由大禹亲自调查的。

太史公作《五帝本纪》，择其言尤雅驯者，可见他述的确实。我们再翻看经史中，却也没载盘古、三皇的事，所以经史并非神话。

其他经史以外的书，若《竹书纪年》、《穆天子传》，确有可疑者在。但《竹书纪年》今存者为明代伪托本，可存而不论，《穆天子传》也不在正经正史之例，不能以此混彼。后世人往往以古书稍有疑点，遂全目以为伪，这是错了!

二、经典诸子非宗教

经典诸子中有说及道德的，有说及哲学的，却没曾说及宗教。近代人因为佛经及耶教的《圣经》都是宗教，就把国学里的“经”，也混为一解，实是大误。“佛经”、“圣经”的那个“经”字，是后人翻译时随意引用，并不和“经”字原意相符。经字原意只是一经一纬的经，即是一根线，所谓经书只是一种线装书罢了。明代有线装书的名目，即别于那种一页一页散着的八股文墨卷，因为墨卷没有保存的价值，别的就称做线装书了。古代记事书于简。不及百名者书于方，事多一简不能尽，遂连数简以记之。这连各简的线，就是“经”。可见“经”不过是当代记述较多而常要翻阅的几部书罢了。非但没含宗教的意味，就是汉时训“经”为“常道”，也非本意。后世疑经是经天纬地之经，其实只言经而不言天，便已不是经天的意义了。

中国自古即薄于宗教思想，此因中国人都重视政治。周时诸学者已好谈政治，差不多在任何书上都见他们政治的主张。这也是环境的关系：中国土地辽广，统治的方法，急待研究，比不得欧西地小国多，没感着困难。印度土地也大，但内部实分着许多小邦，所以他们的宗教易于发达。中国人多以全力着眼政治，所以对宗教很冷淡。

老子很反对宗教，他说：“以道莅天下，其鬼不神。”孔子对于宗教，也反对。他虽于祭祀等事很注意，但我们味“祭神如神在”的“如”字的意思，他已明白告诉我们是没有神的。《礼记》一书很考究祭祀，这书却又出自汉代，未必是可靠。

祀天地社稷，古代人君确是遵行，然自天子以下，就没有与祭的身分。须知宗教是须普及于一般人的，耶稣教的上帝，是给一般人膜拜的；中国古时所谓天，所谓上帝，非人君不能拜，根本上已非宗教了。

九流十家中，墨家讲天、鬼，阴阳家说阴阳生克，确含宗教的臭味，但墨子所谓天，阴阳家所谓“龙”、“虎”，却也和宗教相去很远。

就上讨论，我们可以断定经典诸子非宗教。

三、历史非小说传奇

后世的历史，因为辞采不丰美，描写不入神，大家以为是记实的。对于古史，若《史记》、《汉书》，以其叙述和描写的关系，引起许多人的怀疑：

《刺客列传》记荆轲刺秦王事，《项羽本纪》记项羽垓下之败，真是活龙活现。大家看了，以为事实上未必如此，太史公并未眼见，也不过如《水浒传》里说武松、宋江，信手写去罢了。实则太史公作史择雅去疑，慎之又慎。像伯夷、叔齐的事，曾经孔子讲及，所以他替二人作传。那许由、务光之流，就缺而不录了。项羽、荆轲的事迹，昭昭在人耳目，太史公虽没亲见，但传说很多，他就可凭着那传说写出了。《史记》中详记武略，原不止项羽一人；但若夏侯婴、周勃、灌婴等传，对于他们的战功，只书得某城，斩首若干级，升什么官，竟像记一笔账似的，这也因没有特别的传说，只将报告记了一番就算了。如果太史公有意伪述，那么《刺客列传》除荆轲外，行刺的情形，只曹沫、专诸还有些叙述，豫让、聂政等竟完全略过，这是什么道理呢？《水浒传》有百零八个好汉，所以施耐庵不能个个描摹，《刺客列传》只五个人，难道太史公不能逐人描写么？这都因荆轲行刺的情形有传说可凭，别人没有，所以如此的。

“商山四皓”一事，有人以为四个老人哪里能够使高祖这样听从，《史记》所载未必是实。但须知一件事情的成功，往往为多数人所合力做成，而史家常在甲传中归功于甲，在乙传中又归功于乙。汉惠免废，商山四皓也是有功之一，所以在《留侯世家》中如此说，并无可疑。

史书原多可疑的地方，但并非像小说那样的虚构。如刘知几《史通》曾疑更始刮席事为不确，因为更始起自草泽时，已有英雄气概，何至为众所拥立时，竟羞惧不敢仰视而以指刮席呢？这大概是光武一方面诬蔑更始的话。又如史书写王莽竟写得同骇子一般，这样愚騃的人怎能篡汉？这也是因汉室中兴，对于王莽当然特别贬斥。这种以成败论人的习气，史家在所不免，但并非像小说的虚构。

考《汉书·艺文志》已列小说于各家之一，但那只是县志之类，如所谓《周考》、《周纪》者。最早是见于《庄子》，有“饰小说以干县令”一语。这所谓“小说”，却又指那时的小政客不能游说六国侯王，只能在地方官前说几句本地方的话。这都和后世小说不同。刘宋时有《世说新语》一书，所记多为有风趣的魏晋人的言行，但和正史不同的地方，只时日多颠倒处，事实并非虚构。唐人始多笔记小说，且有因爱憎而特加揄扬或贬抑者，去事实稍远。《新唐书》因《旧唐书》所记事实不详备，多采取此等笔记。但司马温公作《通鉴》对于此等事实必由各方面搜罗证据，见有可疑者即删去，可见作史是极慎重将事的。最和现在小说相近的是宋代的《宣和遗事》，彼记宋徽宗游李师师家，写得非常生动，又有宋江等三十六人，大约《水浒传》即脱胎于此书。古书中全属虚构者也非没有，但多专记神仙鬼怪，如唐人所辑《太平广记》之类，这与《聊斋志异》相当，非《水浒传》可比，而且正史中也向不采取。所以正史中虽有些叙事很生动的地方，但决与小说传奇不同。

乙　治国学之方法

一、辨书籍的真伪

对于古书没有明白哪一部是真，哪一部是伪，容易使我们走入迷途，所以研究国学第一步要辨书籍的真伪。

四部的中间，除了集部很少假的，其余经、史、子三部都包含着很多的伪书，而以子部为尤多。清代姚际恒《古今伪书考》，很指示我们一些途径。

先就经部讲：《尚书》现代通行本共有五十八篇，其中只有三十三篇是汉代时的“今文”所有，另二十五篇都是晋代梅颐所假造。这假造的《尚书》，宋代朱熹已经怀疑他，但没曾寻出确证，直到清代，才明白地考出，却已雾迷了一千多年。经中尚有为明代人所伪托，如《汉魏丛书》中的《子贡诗传》系出自明丰坊手。诠释经典之书，也有后人伪托，如孔安国《尚书传》、郑氏《孝经注》、《孟子》孙奭疏……之类，都是晋代的产品。不过“伪古文尚书”，和“伪孔传”，比较的有些价值，所以还引起一部分人一时间的信仰。

以史而论，正史没人敢假造，别史中就有伪书。《越绝书》，汉代袁康所造，而托名子贡。宋人假造《飞燕外传》、《汉武内传》，而列入《汉魏丛书》。《竹书纪年》本是晋人所得，原已难辨真伪，而近代通行本，更非晋人原本，乃是明人伪造的了。

子部中伪书很多，现在举其最著者六种，前三种尚有价值，后三种则全不足信。

（一）《吴子》此书中所载器具，多非当时所有，想是六朝产品。但从前科举时代把他当作“武经”，可见受骗已久。

（二）《文子》、《淮南子》为西汉时作品，而《文子》里面大部分抄自《淮南子》，可见本书系属伪托，已有人证明他是两晋六朝人做的。

（三）《列子》，信《列子》的人很多，这也因本书做得不坏，很可动人的原故。须知列子这个人虽见于《史记·老庄列传》中，但书中所讲，多取材于佛经，“佛教”在东汉时始入中国，哪能在前说到？我们用时代证他，已可水落石出。并且《列子》这书，汉人从未有引用一句，这也是一个明证。造《列子》的也是晋人。

（四）《关尹子》这书无足论。

（五）《孔丛子》这部书是三国时王肃所造。《孔子家语》一书也是他所造。

（六）《黄石公三略》唐人所造。又《太公阴符经》一书，出现在《黄石公三略》之后，系唐人李筌所造。

经、史、子三部中的伪书很多，以上不过举个大略。此外，更有原书是真而后人掺杂一部分进去的，这却不能疑他是假。《四子书》中有已被参入的。《史记》中也有，如《史记》中曾说及扬雄，扬在太史公以后，显系后人加入，但不能因此便疑《史记》是伪书。

总之，以假为真，我们就要陷入迷途，所以不可不辨别清楚。但反过来看，因为极少部分的假，就怀疑全部分，也是要使我们彷徨无所归宿的。如康有为以为汉以前的书都是伪的，都被王莽、刘歆改过，这话也只有他一个人这样说。我们如果相信他，便没有可读的古书了。

二、通小学

韩昌黎说："凡作文章宜略识字"，所谓"识字"，就是通小学的意思。作文章尚须略通小学，可见在现在研究古书，非通小学是无从下手的了。小学在古时，原不过是小学生识字的书，但到了现代，虽研究到六七十岁，还有不能尽通的。何以古易今难至于如此呢？这全是因古今语言变迁的缘故。现在的小学，是可以专门研究的，但我所说的"通小学"，却和专门研究不同，因为一方面要研究国学，所以只能略通大概了。

《尚书》中《盘庚》、《洛诰》，在当时不过一种告示，现在我们读了，觉得"佶屈聱牙"，这也是因我们没懂当时的白话，所以如此。《汉书·艺文志》说："《尚书》直言也。"直言就是白话。古书原都用当时的白话，但我们读《尚书》，觉得格外难懂，这或因《盘庚》、《洛诰》等都是一方的土话，如殷朝建都在黄河以北，周朝建都在陕西，用的都是河北的土话，所以比较地不能明白。《汉书·艺文志》又说，"读《尚书》应用《尔雅》"，这因《尔雅》是诠释当时土话的书，所以《尚书》中于难解的地方，看了《尔雅》就可明白。

总之，读唐以前的书，都非研究些小学，不能完全明白。宋以后的文章和现在差不多，我们就能完全了解了。

研究小学有三法：

（一）通音韵　古人用字，常同音相通，这大概和现在的人写别字一样。凡写别字都是同音的，不过古人写惯了的别字，现在不叫他写别字罢了。但古时同音的字，现在多不相同，所以更难明白。我们研究古书，要知道某字即某字之转讹，先要明白古时代的音韵。

（二）明训诂　古时训某字为某义，后人更引伸某义转为他义。可见古义较狭而少，后义较广而繁。我们如不明白古时的训诂，误以后义附会古义，就要弄错了。

（三）辨形体　近体字中相像的，在篆文未必相像，所以我们要明古书某字的本形，以求古书某字的某义。

历来讲形体的书，是《说文》，讲训诂的是《尔雅》，讲音韵的书，是《音韵学》。如能把《说文》、《尔雅》、《音韵学》都有明确的观念，那么，研究国学就不至犯那“意误”、“音误”、“形误”等弊病了。

宋朱熹一生研究《五经》、《四子》诸书，连寝食都不离，可是纠缠一世，仍弄不明白。实在，他在小学没有工夫，所以如此。清代毛西河（按名奇龄）事事和朱子反对，但他也不从小学下手，所以反对的论调，也都错了。可见通小学对于研究国学是极重要的一件事了。清代小学一门，大放异彩，他们所发见的新境域，着实不少！

三国以下的文章，十之八九我们能明了，其不能明了的部分，就须借助于小学。唐代文家如韩昌黎、柳子厚的文章，虽是明白晓畅，却也有不能了解的地方。所以我说，看唐以前的文章，都要先研究一些小学。

桐城派也懂得小学，但比较地少用工夫，所以他们对于古书中不能明白的字，便不引用，这是消极的免除笑柄的办法，事实上总行不去的。

哲学一科，似乎可以不通小学，但必专凭自我的观察，由观察而发表自我的意思，和古人完全绝缘，那才可以不必研究小学。倘仍要凭借古人，或引用古书，那么，不明白小学就要闹笑话了。比如朱文公研究理学（宋之理学即哲学），释“格物”为“穷至事物之理”，便召非议。在朱文公原以“格”可训为“来”，“来”可训为“至”，“至”可训为“极”，“极”可训为“穷”，就把“格物”训为“穷物”。可是训“格”为“来”是有理，辗转训“格”为“穷”，就是笑话了。又释“敬”为“主一无適”之谓（这原是程子说的），他的意思是把“適”训作“至”，不知古时“適”与“敵”通，《淮南子》中的主“无適”，所谓“无適”实是“无敵”之谓，“无適”乃“无敵对”的意义，所以说是“主一”。

所以研究国学，无论读古书或治文学、哲学，通小学都是一件紧要的事。

三、明地理

近顷所谓地理，包含地质、地文、地志三项，原须专门研究的。中国本来的地理，算不得独立的科学，只不过做别几种（史、经）的助手，也没曾研究到地质、地文的。我们现在要研究国学，所需要的也只是地志，且把地志讲一讲。

地志可分两项：天然的和人为的。天然的就是山川脉络之类。山自古至今，没曾变更。大川若黄河，虽有多次变更，我们在历史上可以明白考出，所以，关于天然的，比较地容易研究。人为的就是郡县建置之类。古来封建制度至秦改为郡县制度，已是变迁极大，数千年来，一变再变，也不知经过多少更张，那秦汉时代所置的郡，现在还能大略考出，所置的县就有些模糊了。战国时各国的地界，也还可以大致考出，而各国战争的地点和后来楚汉战争的地点，却也很不明白了，所以，人为的比较地难以研究。

历来研究天然的，在乾隆时有《水道提纲》一书。书中讲山的地方甚少，关于水道，到现在也变更了许多，不过大致是对的。在《水道提纲》以前，原有《水经注》一书，这书是北魏人所著，事实上已用不着，只文采丰富，可当古董看罢了。研究人为的，有《读史方舆纪要》和《乾隆府厅州县志》。民国代兴，废府留县，新置的县也不少，因此更大有出入。在《方舆纪要》和《府厅州县志》以前，唐人有《元和郡县志》，也是研究人为的，只是欠分明。另外还有《大清一统志》、《李申耆五种》，其中却有直接明了的记载，我们应该看的。

我们研究国学，所以要研究地理者，原是因为对于地理没有明白的观念，看古书就有许多不能懂。譬如看到春秋战国的战争和楚汉战争，史书上已载明谁胜谁败，但所以胜所以败的原因，关于形势的很多，就和地理有关了。

二十四史中，古史倒还可以明白，最难研究的，要推《南北史》和《元史》。东晋以后，五胡闯入内地，北方的人士，多数南迁。他们数千人所住的地，就侨置一州，侨置的地方，大都在现在镇江左近，因此有南通州、南青州、南冀州的地名产生。我们研究南史，对于侨置的地名，实在容易混错。元人灭宋，统一中国，在二十四史就有《元史》的位置。元帝成吉思汗拓展地域很广，关于西伯利亚和欧洲东部的地志，《元史》也有阑入，因此使我们读者发生困难。关于《元史》地志有《元史译文证补》

一书，因著者博证海外，故大致不错。

不明白地理而研究国学，普通要发生三种谬误。南北朝时南北很隔绝。北魏人著《水经注》，对于北方地势，还能正确记述，南方的地志，就错误很多。南宋时对于北方大都模糊，所以福建人郑樵所著《通志》，也错得很多。——这是臆测的谬误。中国土地寥阔，地名相同的很多，有人就因此纠缠不清。——这是纠缠的错误。古书中称某地和某地相近，往往考诸实际，相距却是甚远。例如：诸葛亮五月渡泸一事，是大家普遍知道的，泸水就是现今金沙江，诸葛亮所渡的地，就是现在四川宁远。后人因为唐代曾在四川置泸州，大家就以为诸葛亮五月渡泸，是在此地，其实相去千里，岂非大错吗？——这是意会的错误。至于河阴、河阳当在黄河南北，但水道已改，地名还是仍旧，也容易舛错的。

我在上节曾讲过“通小学”，现在又讲到“明地理”，本来还有“典章制度”也是应该提出的，所以不提出者，是因各朝的典章制度，史书上多已载明，无以今证古的必要。我们看哪一朝史知道哪一朝的典章制度就够了。

四、知古今人情的变迁

社会更迭地变换，物质方面继续地进步，那人情风俗也随着变迁，不能拘泥在一种情形的。如若不明白这变迁的理，要产生两种谬误的观念。

（一）道学先生看做道德是永久不变，把古人的道德，比做日月经天、江河行地，墨守而不敢违背。

（二）近代矫枉过正的青年，以为古代的道德是野蛮道德。原来道德可分二部分，——普通伦理和社会道德——前者是不变的，后者是随着环境变更的。当政治制度变迁的时候，风俗就因此改易，那社会道德是要适应了这制度这风俗才行。古今人情的变迁，有许多是我们应该注意的！

第一，封建时代的道德，是近于贵族的；郡县时代的道德，是近于平民的。这是比较而说的。《大学》有“欲治其国者，先齐其家”一语，《传》第九章里有“其家不可教而能教人者，无之”一语，这明是封建时代的道德。我们且看唐太宗的历史，他的治国，成绩却不坏——世称“贞观之治”，但他的家庭，却糟极了，杀兄、纳弟媳。这岂不是把《大学》

的话根本打破吗？要知古代的家和后世的家大不相同。古代的家，并不只包含父子夫妻兄弟……这等人，差不多和小国一样，所以孟子说“千乘之家”、“百乘之家”。在那种制度之下，《大学》里的话自然不错，那不能治理一县的人，自然不能治理一省了。

第二，古代对于保家的人，不管他是否尸位素餐，都很恭维。史家论事，对于那人因为犯事而灭家，不问他所做的是否正当，都没有一句褒奖。《左传》里已是如此，后来《史》、《汉》也是如此。晁错创议灭七国，对于汉确是尽忠，但因此夷三族，就使史家对他生怪了。大概古代爱家和现代爱国的概念一样，那亡家也和亡国一样，所以保家是大家同情的。这种观念，到汉末已稍稍衰落，六朝又复盛了。

第三，贵族制度和现在土司差不多，只比较地文明一些。凡在王家的人，和王本身一样看待。他的兄弟在王去位的时候都有承袭的权利。我们看《尚书》到周公代成王摄政，觉得很可怪。他在摄政时代，也俨然称王。在《康诰》里有“王若曰孟侯朕其弟小子封”的话，这王明是指周公。后来成王年长亲政，他又可以把王号取消。《春秋》记隐公、桓公的事，也是如此。这种摄政可称王，退位可取消的情形，到后世便不行。后世原也有兄代弟位的，如明英宗被掳，景泰帝代行政事等。但代权几年，却不许称王，既称王却不许取消的。宋人解释《尚书》，对于这些，没有注意到，所以强为解释，反而愈释愈使人不能解了。

第四，古代大夫的家臣，和天子的诸侯一样，凡是家臣对于主人有绝对服从的义务。这种制度，西汉已是衰落一些，东汉又复兴盛起来。功曹、别驾都是州郡的属官。这种属官，既要奔丧，还要服丧三年，俨有君臣之分。三国时代的曹操、刘备、孙权，他们虽未称王，但他属下的官对于他都是皇帝一般看待的。

第五，丁忧去官一件事在汉末很通行，非但是父母三年之丧要丁忧，就是兄弟姊妹期功服之丧也要丁忧。陶渊明诗有说及奔妹丧的，潘安仁《悼亡诗》也有说及奔丧的，可见丁忧的风在那时很盛。唐时此风渐息，到明代把他定在律令，除了父母丧不必去官。

总之，道德本无所谓是非，在那种环境里产生适应的道德，在那时如

此便够了。我们既不可以古论今，也不可以今论古。

五、辨文学应用

文学的派别很多，梁刘勰所著《文心雕龙》一书，已明白罗列，关于这项，将来再仔细讨论，现在只把不能更改的文体讲一讲。

文学可分二项：有韵的谓之诗，无韵的谓之文。文有骈体、散体的区别，历来两派的争执很激烈：自从韩退之崛起，推翻骈体，后来散体的声势很大。宋人就把古代经典都是散体，何必用骈体，做宣扬的旗帜。清代阮芸台（按即阮元）起而推倒散体，抬出孔老夫子来，说孔子在《易经》里所著的《文言》、《系辞》，都是骈体的。实在这种争执，都是无谓的。

依我看来，凡简单叙一事不能不用散文，如兼叙多人多事，就非骈体不能提纲。以《礼记》而论，同是周公所著，但《周礼》用骈体，《仪礼》却用散体，这因事实上非如此不可的。《仪礼》中说的是起居跪拜之节，要想用骈也无从下手。更如孔子著《易经》用骈，著《春秋》就用散，也是一理。实在，散、骈各有专用，可并存而不能偏废。凡列举纲目的以用骈为醒目，譬如我讲演“国学”，列举各项子目，也便是骈体。秦汉以后，若司马相如、邹阳、枚乘等的骈文，了然可明白。他们用以序叙繁杂的事，的确是不错。后来诏诰都用四六，判案亦有用四六的（唐宋之间，有《龙筋凤髓判》），这真是太无谓了。

凡称之为诗，都要有韵，有韵方能传达情感。现在白话诗不用韵，即使也有美感，只应归入散文，不必算诗。日本和尚娶妻食肉，我曾说他们可称居士等等，何必称做和尚呢？诗何以要有韵呢？这是自然的趋势。诗歌本来脱口而出，自有天然的风韵，这种韵，可达那神妙的意思。你看，动物中不能言语，他们专以幽美的声调传达彼等的感情，可见诗是必要有韵的。“诗言志，歌永言，声依咏，律和声”，这几句话，是大家知道的。我们仔细讲起来，也证明诗是必要韵的。我们更看现今戏子所唱的二黄西皮，文理上很不通，但彼等也因有韵的原故。

白话记述，古时素来有的，《尚书》的诏诰全是当时的白话，汉代的手诏，差不多亦是当时的白话，经史所载更多照实写出的。《尚书·顾命篇》有“奠丽陈教则肄肄不违”一语，从前都没能解这两个“肄”字的用意，到清代江艮庭（按即江声）始说明多一肆字，乃直写当时病人垂危舌本强大的口吻。《汉书》记周昌“臣期期不奉诏”、“臣期期知其不可”等语，两“期期”字也是直写周昌口吃。但现在的白话文只是使人易解，能曲传真相却也未必。“语录”皆白话体，原始自佛家，宋代名儒如二程、朱、陆亦皆有语录，但二程为河南人，朱子福建人，陆象山（按即陆九渊）江西人，如果各传真相，应所纪各异，何以语录皆同一体例呢？我尝说，假如李石曾、蔡孑民、吴稚晖三先生会谈，而令人笔录，则李讲官话，蔡讲绍兴话，吴讲无锡话，便应大不相同，但记成白话文却又一样。所以说白话文能尽传口语的真相，亦未必是确实的。

第二节 国学之派别（一）

——经学之派别

讲“国学”而不明派别，将有望洋兴叹、无所适从之感。但“国学”中也有无须讲派别的，如历史学之类；也有不够讲派别的，则为零碎的学问。现在只把古今学者呶呶争辩不已的，分三类讨论：一、经学之派别；二、哲学之派别；三、文学之派别。依顺序先研究经学之派别。

“《六经》皆史也”，这句话详细考察起来，实在很不错。在《六经》里面，《尚书》、《春秋》都是记事的典籍，我们当然可以说他是史。《诗经》大半部是为国事而作（《国风》是歌咏各国的事，《雅》、《颂》是讽咏王室的），像歌谣一般的，夹入很少，也可以说是史。《礼经》是记载古代典章制度的（《周礼》载官制，《仪礼》载仪注），在后世本是史的一部分。《乐经》虽是失去，想是记载乐谱和制度的典籍，也含史的性状。只有《易经》一书，看起来像是和史没关，但实际上却也是史。太史公说：“《易》本隐以之显，《春秋》推见以至隐。”引申他的意思，可以说《春秋》是胪列事实中寓褒贬之意；《易经》却和近代“社会学”一般，一方面考察古来的事迹，得着些原则，拿这些原则，可以推测现在和将来。简单说起来，《春秋》是显明的史，《易经》是蕴着史的精华的。因此可见

《六经》无一非史，后人于史以外，别立为经，推尊过甚，更有些近于宗教。实在周末还不如此，此风乃起于汉时。

秦始皇焚书坑儒，《六经》也遭一炬，其后治经者遂有今文家、古文家之分。今文家乃据汉初传经之士所记述的。

现在要讲今文家，先把今文家的派别，立一简单的表：

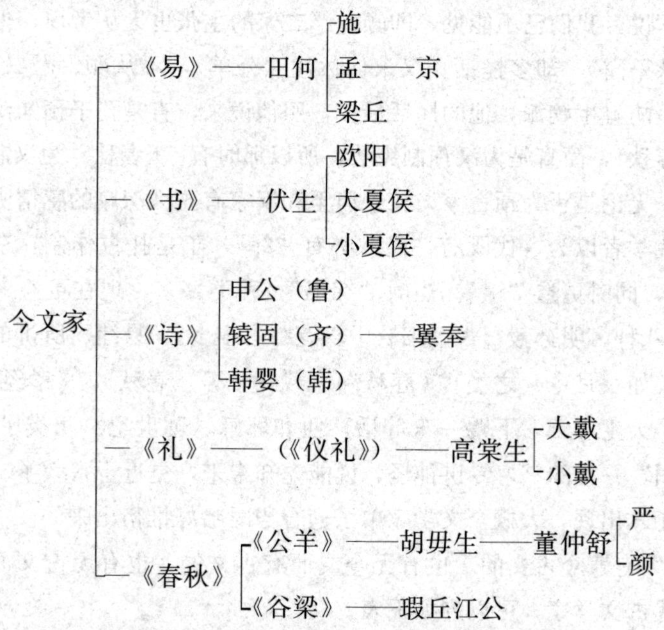

汉初，田何传《易经》，伏生口授《尚书》，齐、鲁、韩三家治《诗经》，高棠生传《礼经》，胡毋生治《公羊》，瑕丘江公治《谷梁》，那时除了《乐经》以外，《五经》都已完备。后来《易》分四家，《诗》、《书》各分三家，《礼》分二家，《公羊》分二家，汉室设学官，立十四博士（《谷梁》不在内），即以上十四家。十四博士在汉初还没十分确定，在西汉末年才确定下来。

今文家所讲的，虽非完全类乎宗教，但大部分是倾向在这一面的。《易》四家中，施和梁丘二家，我们已不能见，且莫论他。京氏治《易》，专重卜筮，传至汉末虞翻，则更多阴阳卜筮之说。《尚书》三家中欧阳也不可考。大、小夏侯则欢喜讲《洪范》五行之说，近于宗教。汉人治《尚书》，似乎最欢喜《洪范篇》。《诗经》三家中，申公所说，没甚可怪，《韩诗外传》（《内传》已失）也没甚可怪的地方，惟翼奉治诗，却拿十干十二支比附《诗经》了。高棠生的《仪礼》，已不可知，大、小戴中（现在所谓二戴，非汉时的大、小戴），也有不少离奇的话。《公羊》的记载，虽和事实相差很远，还没甚么可怪，但治《公羊》的今文家，却奇怪极了。胡毋生的学说，我们已不能见，即颜、严二家的主张也无从考出，但董仲舒的《春秋繁露》，却多怪话。汉末何休注《公羊》，不从颜、严二家之说，自以为是胡毋生嫡派，他的怪话最多，照他说来，直是孔子预知汉室将兴而作《春秋》，简直是为汉预制宪法，所以那时有“《春秋》为汉制法”的话。孔子无论是否为预言家，孔子何至和汉家有这么深厚的感情呢？

汉代学者以为古代既有“经”必有“纬”，于是托古作制，造出许多“纬”来，同时更造“谶”。当时“纬书”，种类繁多，现在可查考的只有《易纬》八种。明孙瑴《古微书》中辑有纬书很多。《易纬》所讲的是时令节气，仅如《月令》之类。《春秋纬》载孔子著《春秋》、《孝经》告成，跪告天，天生彩云，下赐一玉等话，便和耶稣《创世纪》相类了。“谶”是“河图”一类的书，专讲神怪，说能先知未来，更近于宗教了。“纬书”西汉末年才出现，大概今文学家弟子迎合当时嗜好推衍出来的。

“经”有兼今古文的，也有无今文而有古文的，也有无古文而有今文的。汉代古文学家，可以列如下表：

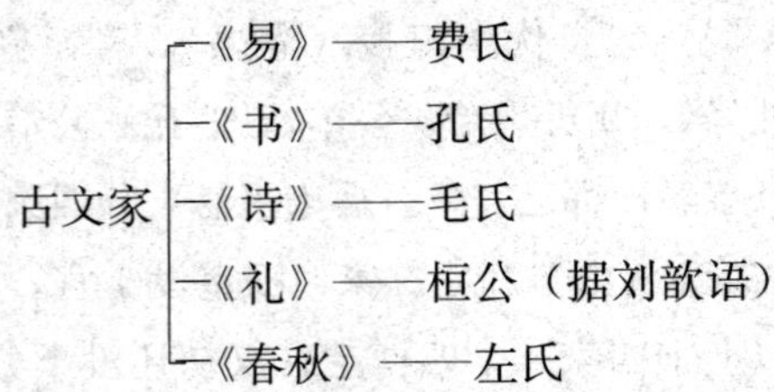

《仪礼》（当时称为《士礼》），在古文今文，只为文字上的差别。《周礼》在汉初不以为经典，东汉始有杜子春和二郑替彼注释。此外，今古文便各自为别了。

今古文的区别，本来只在文字版本上。因为《六经》遭秦火，秦代遗老就所能记忆的，用当代语言记出，称为今文，后来从山崖屋壁发现古时原本，称为古文，也不过像近代今板古板的分别罢了。但今文所记忆，和古文所发现的篇幅的多少，已有不同；今文家所主张和古文家所说，根本上又有不同；因此分道扬镳。古文家异于今文家之点，在下文细说：

一、《易》以费氏为古文家，是刘向定的。因为刘向校书时，就各家《易经》文字上看，只有费氏相同，所以推为古文家。以《易》而论，今古文也还只文字上的不同。

二、鲁恭王发孔壁得《尚书》，《尚书》的篇数就发生问题。据《书传》（太史公曰“《书传》、《礼记》自孔氏”，可见孔安国家藏《书传》，确自孔壁得来。）称《书序》有百篇，而据伏生所传只有二十九篇（可分为三十四篇），壁中所得却有四十六篇（可分为五十八篇），相差已十七篇。并且《书传》所载和今文更有许多不同的地方。孟子是当时善治《诗》、《书》的学者，他所引的“葛伯求饷”、“象日以杀舜为事”等等，在今文确是没有的，可见事实上又不同了。

三、《诗》因叶韵易于记忆，当时并未失传，本无今古文之分。毛氏所传《诗》三百十一篇，比三家所传多“笙诗”六篇，而所谓“笙诗”也只有名没有内容的。《毛诗》所以列于古文，是立说不同。他的立说，关于事实和《左传》相同；关于典章制度和《周礼》相同；关于训诂，又和《尔雅》同的。

四、郑康成注《仪礼》，并存古今文。大概高棠生传十七篇和古文无大出入。孔壁得《礼》五十六篇，比高棠生多三十九篇。这三十九篇和今文中有大不同之点：今文治《礼》，是“推士礼致于天子”，全属臆测的。此三十九篇却载士以上的礼很多。二戴的主张，原不可考，但晋人贺循引《礼》，是我们可据以为张本的。

五、《左氏》多古文古言。《汉书·艺文志》说：《左氏传》是张苍所献。贾谊事张苍，习《左氏传》，所以《贾谊新书》引《左氏传》的地方很多。《左氏传》的事实和《公羊》多不相同。《谷梁》中事实较《公羊》确实一些，也和《左氏》有出入。至于经文本无不同，但《公羊》、《谷梁》是十一篇，《左氏》有十二篇，因《公》、《谷》是附闵于庄的。闵公只有三年，附于庄公，原无大异，但何休解《公羊》，却说出一番理由来，以为“孝子三年无改于父道”，故此附闵于庄了。

六、《周礼》，汉时河间献王向民间抄来，马融说是“出自山崖屋壁”的。这书在战国时已和诸侯王的政策不对，差不多被毁弃掉，所以孟子说：“其详不可得闻也；诸侯恶其害己也，而皆去其籍。”《荀子》中和《周礼》相合的地方很多，或者他曾见过。孟子实未见过《周礼》，西汉人亦未见过。《礼记·王制篇》也和《周礼》不同。孟子答北宫锜说“公侯皆方百里，伯七十里，子男五十里”，《周礼》却说是“公五百里，侯四百里，伯三百里，子二百里，男一百里”。《王制》讲官制是“三公，九卿，二十七大夫，八十一元士”。但古代王畿千里，几和现在江苏一般大小，这一百二十个官员，恐怕不够吧！《周礼》称有三百六十官，此三百六十官亦为官名而非官缺，一官实不止一人，如就府吏胥徒合计，当时固有五万余员。

又有在汉时称为“传记”的，就是《论语》和《孝经》二书。《论语》有《古论》、《齐论》、《鲁论》之分，《古论》是出自孔氏壁中的。何晏治《论语》参取三家，不能分为古今文。不过王充《论衡》称《论语》之《古论》有百多篇，文字也难解，删繁节要也有三十篇，而何晏说：“《鲁论语》二十篇；《齐论语》别有《问王》、《知道》等，凡二十二篇；《古论》出孔氏壁中，分《尧曰》下章《子张问》以为一篇，凡二十一篇。”篇数上又有出入。《汉书·艺文志》有《孔子家语》及《孔子徒人图法》二书，太史公述仲尼弟子，曾提及《弟子籍》一书，三十篇中或者有以上三书在内。《孝经》，在《汉书·艺文志》也说出自孔壁，汉代治《孝经》的已无可考，我们所见的是唐玄宗的注释。又有《论语谶》、《孝经谶》二书，怪语很多，可存而不论。

宋代所称“十三经”，是合《易》、《尚书》、《周礼》、《仪礼》、《礼记》、《诗》、《左传》、《公羊》、《谷梁》、《论语》、《孝经》、《孟子》、《尔雅》而说的。这只是将诸书汇刻，本无甚么深义，后人遂称为“十三经”了。《汉书·艺文志》扩充“六艺”为九种，除《易》、《诗》、《书》、《礼》、《乐》、《春秋》为“六艺”外，是并《论语》、《孝经》、“小学”在内的。

汉代治经学，崇尚今文家的风气，到了汉末三国之间，渐趋销熄。汉末郑康成治经，已兼重古文和今文。王肃出，极端地相信古文。在汉代没曾立学官的，三国也都列入学官，因此今文家衰，古文家代兴。

三国时古文家的色彩很鲜明，和汉代有不可混的鸿沟：

《诗》 汉用三家，三国时尚毛氏。

《春秋》 汉用《公羊》，三国时尚《左氏》。

《易》 汉有施、孟、梁丘、京四家，三国只崇尚郑康成和王弼的学说。

《仪礼》 没有大变更。

《周礼》 汉不列学官，三国列入学官。

学者习尚既变，在三国魏晋之间，所有古文家学说都有人研究；就是从前用今文家的，到此时也改用古文家了。

古文家盛行以后，自己又分派别：以《易》而论，王弼主费氏，郑康成也主费氏。各以己意注释，主张大有不同，因为费氏只是文字古体，并无他的学说的。治《毛诗》的，有郑康成、王肃，意见有许多相反。治《左传》的，汉末有服虔（只解传不解经的），晋有杜预，两家虽非大不同，其中却也有抵触之处。原来汉人治《左氏》，多引《公羊》，并由《公羊》以释经，自己违背的地方很多。杜预《春秋释例》将汉人学说一一驳倒，在立论当中，又有和服虔的主张相反的。《尚书》郑康成有注，郑本称为古文的，但孔安国古本已失，郑本也未必是可靠。我们就和马融、郑康成师生间的立说不同、文字不同，也可明白了。东晋时梅颐的伪古文《尚书》出，托名孔安国，将《汉书·艺文志》所称正十八篇推衍出来，凡今文有的，文字稍有变更，今文所无的，就自己臆造，这书当时很有人信他。

南北朝时南北学者的倾向颇有不同：

《易》 北尊王弼，南尊郑康成。

《毛诗》 南北无十分异同。

《左传》 北尊服虔，南尊杜预。

《尚书》 北尊郑康成，南用伪古文《尚书》。

唐初，孔颖达、贾公彦出而作注疏，产生“五经”、“七经”的名称。“五经”是孔颖达所主张的，贾公彦益以《周礼》、《仪礼》就称“七经”，后更附以《公羊》、《谷梁》(《公羊》用何休，《谷梁》用范甯)，就是唐人通称的“九经”。孔颖达曲阜人，当时北方人多以为北不如南，所以他作注疏多采用南方，因此《易》不用王而用郑，《左》不用服而用杜了。唐人本有“南学”(按即南北朝时南朝的经学。承魏晋学风，兼采众说，不拘家法，随意发挥，又受佛教影响，是宋代理学的渊源)、“北学”(按即南北朝时北朝的经学。墨守东汉旧说，以章句训诂为主，不愿别出新义。学风保守，撰述亦少)之分，后来北并于南，所有王弼、服虔的学说，因此散失无遗。

唐代轻学校而重科举，取士用“明经”、“进士”二科(明经科讨论经典，进士科策论应试)，学者对于孔氏的学说不许违背，因此拘束的弊病，和汉代立十四博士不相上下，并且思想不能自由，成就很少。孔、贾而外，竟没有卓异的经学家了。

《仪礼·丧服》是当时所实用的，从汉末至唐，研究的人很多并且很精，立说也非贾《疏》所能包。这是特例。

宋代典章制度，多仍唐时之旧。宋人拘守唐人的注疏，更甚于唐人，就是诗赋以经命名的，也不许抵触孔、贾的主张。当时有人作“当仁不让于师赋”，将“师”训作“众”，就落第了。邢昺作《论语》、《孝经》疏，拘守孔、贾所已引用的，已是简陋，那些追随他们的后尘的，更是陋极。宋代改“明经科”为“学究科”，这“学究”两字是他们无上的诨号。

在思想不能自由发展环境之下，时势所趋，不能不有大变动，因此宋代学者的主张就和以前趋于相反的方向了。揭反向旗帜的人，首推孙复。他山居读书，治《春秋》以为三传都不可靠。这种主张，在唐人已有赵匡、啖助创议于先，孙不过推衍成之。继孙复而起，是欧阳修，他改窜《诗经》的地方很多，并疑《易》的《系辞》非出自孔氏；立说之中很多荒谬，因为他本是文人，非能说经的。同时有刘敞(字原甫)说经颇多，著有《七经小记》，原本今虽不存但从别书考见他的主张，虽和注疏背驰，却不是妄想臆测。神宗时王安石治经，著有《三经新义》，当时以为狂妄。

原书已难考见，但从集中所引用的看来，也不见得比欧阳修更荒谬，想是宋人对于王安石行为上生怨恶，因此嫌弃他的学说。王的学说，传至弟子吕惠卿辈，真是荒谬绝伦，后来黄氏（按即宋人黄朝英）有《缃素杂记》，把《诗经》看作男女引诱的谈论，和《诗经》的本旨就相去千里了。

宋儒治经以意推测的很多。南宋朱文公（按即朱熹）凭他的臆测酿成很多谬误。朱氏治经，有些地方原有功于经，但是功不能掩过。现且分别指明：

一、《易经》本为十二篇，郑、王合《彖辞》于经，已非本来面目，朱氏分而出之，是他的功。他取陈抟的《河图》、《洛书》并入《易经》——《河图》、《洛书》由陈抟传至邵康节（按即邵雍），再传至朱文公，他就列入《易经》。有清王懋竑为朱文公强辩，谓《河图》、《洛书》非朱文公所列，那就太无谓了。因为朱文公对于道士炼丹之术，很有些相信，他曾替《参同契》（汉时道家书）作注释，在书上署名"空同道士邹炘"，"邹"、"朱"双声，"炘"、"熹"通训，他的本名已隐在里面了。——这是他的过。分《易》是还原，为功很小；增《河图》、《洛书》是益迷信，过很大；可以说是功不掩过。

二、朱文公从文章上，怀疑伪古文《尚书》，开后人考据的端绪，是他的功。他怀疑《书序》（今文所无、古文所有）也是伪托，他的弟子蔡沈作《集传》，就不信《书序》，是他的过。这可说是功过相当。

三、古人作诗托男女以寓君臣，《离骚》以美人香草比拟，也同此意。朱文公对于《诗序》（唐时《本事诗》相类）解诗指为国事而作，很不满意，他迳以为是男女酬答之诗，这是不可掩的过。当时陈傅良反对朱文公，有"城阙为偷期之所，彤管为行淫之具"等语。（不见于今《诗传》，想已删去。）清人亦有指斥朱文公释《丘中有麻》诗为女人含妒意为不通者。

与朱文公同时有吕东莱（按即吕祖谦）治《毛诗》很精当，却不为时人所重。元代，朱子学说大行，明代更甚。在这二代中，经学无足观，士子受拘束也达极点，就激成清代的大反动。

清初，毛奇龄（号西河）首出反对朱子的主张。毛为文人，于经没彻底的研究，学说颇近王阳明。他驳斥朱子的地方固精当，他自己的主张和朱子一般荒谬。朱子注《四子书》，也有援引原注的，毛也一并指斥无余了。继起为胡渭（胐明），他精研地理，讲《禹贡》甚精当，对于《河图》、《洛书》有重大的抨击。在那时双方各无所根据，凭主观立论，都不能立在不败之地，汉学便应运而起。

阎若璩力攻古代书籍，已和汉学接近，不过对于朱子，不十分叛离，有许多地方仍援用朱说的。后江慎修（按即江永）出，对于音韵有研究，也倾向到汉学，但未揭明汉学的旗帜。

揭汉学旗帜的首推惠栋（定宇）（苏州学派），他的父亲惠士奇著《礼说》、《春秋说》已开其端，定宇更推扬之，汉学以定。他所谓汉学，是摈斥汉以下诸说而言。惠偏取北学，著有《九经古义》、《周易述》、《明堂大道录》等书，以《周易述》得名。后惠而起有戴震（东原），他本是江永的弟子，和惠氏的学说不十分相同，他著有《诗经小传》等书，不甚卓异。

就惠、戴本身学问论，戴不如惠，但惠氏不再传而奄息，戴的弟子在清代放极大异彩，这也有二种原因：

甲，惠氏墨守汉人学说，不能让学者自由探求、留发展余地。戴氏从音韵上辟出新途径，发明“以声音合文字，以文字考训诂”的法则。手段已有高下。

乙，惠氏揭汉学的旗帜，所探求的只是汉学。戴氏并非自命为汉学，叫人从汉学上去求新的发见，态度上也大有不同。

戴氏的四弟子，成就都很多，戴氏不过形似汉学，实际尚含朱子的臭味，他的弟子已是摈除净尽了。今将其四弟子分别说明如下：

一、孔广森讲音韵极精，著有《诗声类》一书。

二、任大椿著有《弁服释例》一书，很确实的。

三、段玉裁以《六书音韵表》、《说文解字注》闻名。

四、王念孙本非戴的传经学生，戴在王家教授时，只不过教授些时文八股。王后来自有研究，所发明的比上列三家较多，《广雅疏证》一书，很为学者所重。

上列四家，孔、任尚近汉学，段已和汉学不同，王才高学精，用汉学以推翻汉学，诚如孟子所谓“逢蒙学射于羿，尽羿之道，于是杀羿”了。

王念孙及其子引之著《经义述闻》，引用汉代训诂，善于调换，于诸说中采其可通者，于是佶屈聱牙的古书，一变而为普通人所能懂得了。历来研究经学的，对于名词、动词有人研究；关于助词，都不知讨论。王氏父子著《经传释词》，于古书助词之用法列举无遗，实于我们研究上有莫大的便利，如《孟子》中“然而无有乎尔，则亦无有乎尔”二句，本不易解，王氏训“乎尔”为“于此”、“于彼”，便豁然可悟了。我以我们不看《经传释词》，也算是虚词不通。

上列二派，在清代称为“汉学”，和“宋学”对立，厥后崛起的为“常州派”，是今文学家。

“常州派”自庄存与崛起，他的外甥刘逢禄、宋翔凤承继他的学说。庄氏治《公羊》，却信东晋《古文尚书》，并习《周礼》。刘氏亦讲《公羊》，却有意弄奇，康有为的离奇主张，是从他的主张演绎出来的；但他一方面又信《书序》。这两人不能说纯粹的今文学家。朱氏（按疑当为宋氏，宋翔凤）以《公羊》治《论语》，极为离奇，“孔教”的促成，是由他们这一班人的。今文学家的后起，王闿运、廖平、康有为辈一无足取，今文学家因此大衰了。

今文学家既衰，古文学家又起。孙诒让是一代大宗，《周礼正义》一书，颇为学者所重。在他以外，考典章制度原有江永、惠士奇（作《礼说》）、金榜（著《礼笺》）、金鹗（作《求古录》）、黄以周（著《礼书通故》）等人，但和他终有上下床之别。自孙诒让以后，经典大衰。像他这样大有成就的古文学家，因为没有卓异的今文学家和他对抗，竟因此经典一落千丈，这是可叹的。我们更可知学术的进步，是靠着争辩，双方反对愈激烈，收效方愈增大。我在日本主《民报》笔政，梁启超主《新民丛报》笔政，双方为国体问题辩论得很激烈，很有色彩，后来《新民丛报》停版，我们也就搁笔，这是事同一例的。

自汉分古今文，一变而为南北学之分，再变而为汉、宋学之分，最后复为今古文，差不多已是反原，经典的派别，也不过如此罢。

第三节

国学之派别（二）

——哲学之派别

“哲学”一名词，已为一般人所通用，其实不甚精当；“哲”训作“知”，“哲学”是求知的学问，未免太浅狭了。不过习惯相承，也难一时改换，并且也很难得一比此更精当的。南北朝号“哲学”为“玄学”，但当时“玄”、“儒”、“史”、“文”四者并称，“玄学”别“儒”而独立，也未可用以代“哲学”。至宋人所谓“道学”和“理学”是当时专门名辞，也不十分适用。今姑且用“哲学”二字罢。

讨论哲学的，在国学以子部为最多，经部中虽有极少部分与哲学有关，但大部分是为别种目的而作的。以《易》而论，看起来像是讨论哲学的书，其实是古代社会学，只《系辞》中谈些哲理罢了。《论语》，后人称之为“经”，在当时也只算是子书。此书半是“伦理道德学”，半是论哲理的。“九流”的成立，也不过适应当时需求，其中若“纵横家”是政客的技术，“阴阳家”是荒谬的迷信，“农家”是种植的技艺，“杂家”是杂乱的主张，都和哲学无关。至和哲学最有关系的，要算儒、道二家，其他要算“法家”、“墨家”、“名家”了。“道家”出于史官，和《易》相同。老、庄二子的主张，都和哲学有牵涉的。管子也是道家，也有小部分是和哲学有关的。儒家除《论语》一书外，还有《孟子》、《荀子》都曾谈谈哲理。名家是治“正名定分之学”，就是现代的“伦理学”，可算是哲学的一部分。尹文子、公孙龙子，和《庄子》所称述的惠子，都是治这种学问的。惠子和公孙龙子主用奇怪的论调，务使人为我所驳倒，就是希腊所谓“诡辩学派”。《荀子·正名篇》，研究“名学”也很精当。墨子本为宗教家，但《经上》、《经下》二篇，是极好的名学。法家本为应用的，而韩非子治法家之学，自谓出于老子，他有《解老》、《喻老》二篇，太史公也把他和老、庄合传，其中有一部分也有关哲理的。儒家、道家和法家的不同，就在出发点上。儒、道二家是以哲理为基本而推衍到政治和道德的，法家是旁及哲理罢了。他如宋轻（按即宋钘），《汉书·艺文志》把他归在小说家，其实却有哲理的见解。庄子推宋轻为一家，《荀子·解蔽篇》驳宋轻的话很多，想宋轻的主张，在当时很流行，他是主张非兵的。宋轻所以算做小说家，因为他和别家不同：别家是用高深的学理，和门人研究；他是逢人便说，陈义很浅的。

周秦诸子，道儒两家所见独到。这两家本是同源，后来才分离的。《史记》载孔子受业于徵藏史，已可见孔子学说的渊源。老子道德的根本主张，是"上德不德"，就是无道德可见，才可谓之为真道德。孔子的道德主张，也和这种差不多。就是孟子所谓"由仁义行，非行仁义也"，也和老子主张一样的。道儒两家的政治主张，略有异同；道家范围大，对于一切破除净尽；儒家范围狭小，对于现行制度，尚是虚与委蛇；也可以说是"其殊在量，非在质也"。老子为久远计，并且他没有一些名利观念，所以敢放胆说出；孔子急急要想做官，竟是"三月无君，则皇皇如也"，如何敢放胆说话呢！

儒家之学，在《韩非子·显学篇》说是"儒分为八"，有所谓颜氏之儒。颜回是孔子极得意门生，曾承孔子许多赞美，当然有特别造就。但孟子和荀子是儒家，记载颜子的话很少，并且很浅薄。《庄子》载孔子和颜回的谈论却很多。可见颜氏的学问，儒家没曾传，反传于道家了。《庄子》有极赞孔子处，也有极诽谤孔子处；对于颜回，只有赞无议，可见庄子对于颜回是极佩服的。庄子所以连孔子也要加抨击，也因战国时学者托于孔子的很多，不如把孔子也驳斥，免得他们借孔子作护符。照这样看来，道家传于孔子为儒家；孔子传颜回，再传至庄子，又入道家了。至韩退之以庄子为子夏门人，因此说庄子也是儒家。这是"率尔之论，未尝订入实录"。他因为庄子曾称田子方，遂谓子方是庄子的先生。那么，《让王篇》也曾举曾原、则阳、无鬼、庚桑诸子，也都列名在篇目，都可算做庄子的先生吗？

孟子，《史记》说他是"受业子思之门"。宋人说子思是出于曾子之门，这是臆测之词，古无此说。《中庸》中虽曾引曾子的话，也不能断定子思是出于曾子的。至谓《大学》是曾子所作，也是宋人杜撰，不可信的。子思在《中庸》所主张，确含神道设教的意味，颇近宗教；《孟子》却一些也没有。《荀子·非十二子篇》，对于子思、孟子均有诽议，说他们是信仰五行的。孟子信五行之说，今已无证据可考，或者外篇已失，内篇原是没有这种论调的。子思在《礼记》中确已讲过五行的话。

荀子的学问，究源出何人，古无定论。他尝称仲尼、子弓；子弓是谁，我们无从考出。有人说，子弓就是子张。子张在孔子门人中不算卓异的人才，如何会是他呢？今人考出子弓就是仲弓，这也有理。仲弓的学问，也为孔子所赞许，造就当有可观。郑康成《六艺论》，说仲弓是编辑《论语》的。而《荀子》一书，体裁也是仿效《论语》的，《论语》以《学而》始，以《尧曰》终；荀子也以《劝学》始，以《尧问》终。其中岂非有蛛丝马迹可寻吗？荀子和孟子虽是都称儒家，而两人学问的来源大不同。荀子是精于制度典章之学，所以"隆礼仪而杀《诗》、《书》"，他书中的《王制》、《礼论》、《乐论》等篇，可推独步。孟子通古今，长于《诗》、《书》，而于《礼》甚疏；他讲王政，讲来讲去，只有"五亩之宅，树之以桑；鸡豚狗彘之畜，无失其时；百亩之田，勿夺其时"等话，简陋不堪，那能及荀子的博大！但孟子讲《诗》、《书》，的确好极，他的小学也很精，他所说："庠者养也；洚水者洪水也；畜君者好君也"等等，真可冠绝当代！由他们两人根本学问的不同，所以产生"性善"、"性恶"两大反对的主张。在荀子主礼仪，礼仪多由人为的，因此说人性本恶，经了人为，乃走上善的路。在孟子是主《诗》、《书》；《诗》是陶淑性情的，《书》是养成才气的，感情和才气都自天然，所以认定人性本善的。两家的高下，原难以判定。韩退之以大醇小疵定之，可谓鄙陋之见。实在汉代治儒家之学，没有能及荀、孟两家了。

告子，庄子说他是兼学儒、墨，孟子和他有辩驳，墨子也排斥他的"仁内义外"的主张。墨、孟去近百年，告子如何能并见？或者当时学问是世代相传的。告子的"生之为性，无善无不善"的主张，看起来比荀、孟都高一着。荀、孟是以所学定其主张，告子是超乎所学而出主张的。告子口才不及孟子，因此被孟子立刻驳倒。其实，孟子把"犬之性犹牛之性，牛之性犹人之性与？"一语难告子，告子也何妨说"生之为性，犬之

生犹牛之生，牛之生犹人之生”呢？考“性”亦可训作“生”，古人所谓“毁不灭性”的“性”字，就是“生”的意义。并且我们也常说“性命”一语呢！

道家的庄子以时代论，比荀子早些，和孟子同时，终没曾见过一面。庄子是宋人，宋和梁接近，庄子和惠子往来。惠子又为梁相，孟子在梁颇久，本有会面的机会，但孟子本性不欢喜和人家往来，彼此学问又不同，就不会见了。

庄子自以为和老子不同，《天下篇》是偏于孔子的。但庄子的根本学说，和老子相去不远。不过老子的主张，使人不容易捉摸，庄子的主张比较地容易明白些。

庄子的根本主张，就是“自由”、“平等”，“自由平等”的愿望，是人类所共同的，无论哪一种宗教，也都标出这四个字。自由平等见于佛经。“自由”，在佛经称为“自在”。庄子发明自由平等之义，在《逍遥游》、《齐物论》二篇。“逍遥游”者自由也，“齐物论”者平等也。但庄子的自由平等，和近人所称的，又有些不同。近人所谓“自由”，是在人和人的当中发生的，我不应侵犯人的自由，人亦不应侵犯我的自由。《逍遥游》所谓“自由”，是归根结底到“无待”两字。他以为人与人之间的自由，不能算数；在饥来想吃，寒来想衣的时候，就不自由了。就是列子御风而行，大鹏自北冥徙南冥，皆有待于风，也不能算“自由”。真自由惟有“无待”才可以做到。近人所谓平等，是指人和人的平等，那人和禽兽草木之间，还是不平等的。佛法（按佛教名词，指佛教各种教义和佛教“真理”）中所谓平等，已把人和禽兽平等。庄子却更进一步，与物都平等了。仅是平等，他还以为未足。他以为“是非之心存焉”，尚是不平等，必要去是非之心，才是平等。庄子临死有“以不平平，其平也不平”一语，是他平等的注脚。

庄子要求平等自由，既如上述。如何而能达到平等自由，他的话很多，差不多和佛法相近。《庄子·庚桑楚篇》，朱文公说他全是禅（宋人凡关于佛法，皆称为“禅”），实在《庚桑楚篇》和“禅”尚有别，和“佛法”真很近了。庄子说“灵台者有持”，就是佛法的“阿陀那识”，“阿陀那”意即“持”。我们申而言之，可以说，眼目口鼻所以能运动自由，都有“持之者”，即谓“持生之本也”。《庄子》又有《德充符篇》，其中有王骀者，并由仲尼称述他的主张。是否有此人，原不可知，或是庄子所假托的。我们就常季所称述“彼为己，以其知得其心；以其心得其常心”等语，是和佛法又相同的。“知”就是“意识”，“心”就是“阿陀那识”，或称“阿赖耶识”，简单说起来就是“我”。“常心”就是“庵摩罗识”，或称“真如心”，就是“不生不灭之心”。佛家主张打破“阿赖耶识”，以求“庵摩那识”。因为“阿赖耶识”存在，人总有妄想苦恼，惟能打破生命之现象，那“不生不灭之心”才出现。庄子求常心，也是此理。他也以为常心是非寻常所能知道的。庄子“无我”的主张，也和佛法相同。庄子的“无我”和孔子的“毋我”、颜子的“克己复礼”也相同，即一己与万物同化，今人所谓融“小我”于“大我”之中。这种高深主张，孟、荀见不到此，原来孔子也只推许颜回是悟此道的。所以庄子面目上是道家，也可说是儒家。

自孔子至战国，其间学说纷起，都有精辟的见解，真是可以使我们景仰的。

战国处士横议，秦始皇所最愤恨，就下焚书坑儒等凶辣手段。汉初虽有人治经学，对于“九流”，依旧怀恨，差不多和现在一般人切齿政客一般。汉武帝时，学校只许读经学，排斥诸子百家了。

汉初经学，一无可取，像董仲舒、公孙弘辈，在当时要算通博之儒，其他更何足论！西汉一代，对于哲理有精深研究的，只有扬雄一人。韩退之把荀、扬并称，推尊他已达极点。实在扬雄的学说，和荀、孟相差已多；秦汉以后的儒家，原没有及荀、孟的。不过扬雄在当时自有相当的地位和价值。西汉学者迷信极重，扬雄能够不染积习，已是高人一着。他的《法言》，全仿《论语》，连句调都有些模拟，但终究不及《荀子》。宋人说“荀子才高，扬子才短”，可称定评。

东汉学者迷信渐除，而哲理方面的发现仍是很少，儒家在此时渐出，王符《潜夫论》、王充《论衡》，可称为卓异的著述。王符专讲政治，和哲理无关。王充（也有归入杂家的）在《论衡》中几于无迷不破，《龙虚》、

《雷虚》、《福虚》等篇，真是独具只眼。他的思想，锐敏已极，但未免过分，《问孔》、《刺孟》等篇，有些过当之处。他又因才高不遇，命运一端，总看不破，也是遗恨。王充破迷信高出扬雄之上，扬雄新见解也出王充之上，这两人在两汉是前后辉映的。

汉人通经致用，最为曹操所不欢喜；他用移风易俗的方法，把学者都赶到吟咏一途，因此三国的诗歌，很有声色。这是曹操手段高出秦始皇处。

魏晋两朝，变乱很多，大家都感着痛苦，厌世主义因此产生。当时儒家迂腐为人所厌，魏文帝辈又欢喜援引尧舜，竟要说“舜禹之事，吾知之矣”。所以，“竹林七贤”便“非尧舜，薄汤武”了。七贤中嵇康、阮籍辈的主张和哲学没有关系，只何晏、王弼的主张含些哲学。何晏说“圣人无情”，王弼说“圣人茂于人者神明，同于人者五情”，这是两个重要的见解。郭象承何晏之说以解《庄子》，他说：“子哭之恸，在孔子也不过人哭亦哭，并非有情的。”据他的见解，圣人竟是木头一般了。佛法中有“大乘”、“小乘”（按大乘、小乘是佛教派别名），习“小乘”成功，人也就麻木，习“大乘”未达到成佛的地位，依旧有七情的。

自魏晋至六朝，其间佛法入中国，当时治经者极少，远公（按即晋释慧远）是治经的大师。他非但有功佛法，并且讲《毛诗》、讲《仪礼》极精，后来治经者差不多都是他的弟子。佛法入中国，所以为一般人所信仰，是有极大原因：学者对于儒家觉得太浅薄，因此弃儒习老、庄，而老、庄之学，又太无礼法规则，彼此都感受不安。佛法合乎老、庄，又不猖狂，适合脾胃，大家认为非此无可求了。当时《弘明集》治佛法，多取佛法和老、庄相引证。才高的人，都归入此道，猖狂之风渐熄。

历观中国古代，在太平安宁之时，治哲学的极少，等到乱世，才有人研究。隋唐统一天下，讲哲理的只有和尚，并且门户之见很深，和儒家更不相容。唐代读书人极不愿意研究，才高的都出家做和尚去。我们在这一代中，只能在文人中指出三人：一、韩昌黎，二、柳子厚，三、李翱。韩昌黎见道不明，《原道》一篇，对于释、老只有武断的驳斥。柳子厚较韩稍高，他以为天是无知的。李翱（韩昌黎的侄婿）是最有学识的文人，他著

《复性篇》说“斋戒其心，未离乎情；知本无所思，则动静皆离”，和禅宗（按禅宗为中国佛教宗派。以专修“禅定”而得名）很近了。李后来事药山（按唐代名僧），韩后来事大颠（按佛教禅宗南派慧能三传弟子，自号大颠和尚）；李和药山是意气相投，韩贬潮州以后，意气颓唐，不得已而习佛法的。韩习佛法，对外面还不肯直认，和朋友通信，还说佛法外形骸是他所同意的。儒家为自己的体面计，往往讳言韩事大颠，岂不可笑！实在韩自贬潮州以后，人格就堕落，上表请封禅，就是献媚之举，和扬雄献符命有甚么区别呢？大颠对于韩请封禅一事，曾说：“疮痍未起，安请封禅！”韩的内幕又被揭穿，所以韩对于大颠从而不敢违。韩对于死生利禄之念，刻刻不忘，登华山大哭、作《送穷文》，是真正的证据。韩、柳、李而外，王维、白居易也信佛，但主张难以考见，因为他们不说出的。

七国、六朝之乱，是上流社会的争夺。五代之乱，是下流社会崛起，所以五代学术衰微极了。宋初，赵普、李沆辈也称知理之人，赵普并且自夸“半部《论语》治天下”，那时说不到哲理。后来周敦颐出，才辟出哲理的新境域。在周以前有僧契嵩，著有《镡津文集》，劝人读《中庸》、《文中子》、扬子《法言》等书，是宋学（按宋儒理学，为别于汉学，称为宋学。也称为道学）的渊源。周从僧寿崖，寿崖劝周只要改头换面，所以周所著《太极图说》、《周子通书》，只皮相是儒家罢了。周的学说很圆滑，不易捉摸，和《老子》一般，他对二程只说：“寻孔、颜乐处。”他终身寡言，自己不曾标榜，也可以说是道学以外的人。

二程都是周的弟子，对于“寻孔、颜乐处”一话，恐怕只有程明道（按即程颢）能做到。明道对人和颜悦色，无事如泥木人，他所著《定性篇》、《识仁篇》，和李翱相近。他说“不要方检穷索”，又说“与其是外而非内，不如内外两忘”，见解是很精辟的。伊川（按即程颐）陈义虽高，但他自尊自大，很多自以为是之处，恐怕不见得能得孔、颜乐处。邵康节（按即邵雍）以“生姜树头生”一语讥伊川，就是说他自信过甚。

邵康节本为阴阳家，不能说是儒家，他的学问自陈抟传来，有几分近墨子。张横渠（按即张载）外守礼仪颇近儒，学问却同于回教。佛家有“见病”一义，就是说一切所见都是眼病。张对此极力推翻，他是主张一切

都是实有的。考回纥自唐代入中国，奉摩尼教，教义和回相近。景教在唐也已入中国，如清虚一大为天，也和回教相同。张子或许是从回教求得的。

北宋诸学者，周子浑然元气，邵子迷于五行，张子偏于执拗，二程以明道为精深，伊川殊欠涵养，这是我的判断。

南宋，永嘉派承二程之学，专讲政治；金华派吕东莱辈，专讲掌故，和哲理无关。朱文公师事延平（按即李侗），承“默坐证心，体认天理”八字的师训。我们在此先把“天理”下一定义。“天”就是“自然”，“天理”就是“自然之理”，朱文公终身对于“天理”，总没曾体认出来；生平的主张，晚年又悔悟了。陆象山（按即陆九渊）和朱相反对，朱是揭“道学问”一义，陆是揭“尊德性”一义。比较起来，陆高于朱，陆“先立乎其大者”，谓“《六经》注我，我不注《六经》”，是主张一切皆出自心的。朱主张“无极太极”，陆则以为只有“太极”，并无“无极”的。两人通信辩论很多，虽未至诋毁的地步，但悻悻之气，已现于词句间。可见两人的修养都没有功夫。陆象山评二程，谓“明道尚疏通，伊川锢蔽生”，实在朱、陆的锢蔽，比伊川更深咧。朱时守时变，陆是一生不变的。王荆公（按即王安石）为宋人所最嫉恶，惟陆以与王同为江西人，所以极力称颂，也可见他的意气了。明王阳明之学，本高出陆象山之上，因为不敢自我作古，要攻讦朱文公，不得不攀附于陆象山了。

陆象山的学生杨慈湖（简），见解也比陆高，他所著的《绝四记》、《己易》二书，原无甚精采，《己易》中仍是陆氏的主张；但杨氏驳《孟子》“求放心”和《大学》“正心”的主张说：“心本不邪，安用正？心不放，安用求？”确是朱、陆所见不到的。黄佐（广东人）指杨氏的学说，是剽窃六祖惠能的主张，六祖的“菩提本非树，明镜亦非台，本来无一物，何处染尘埃？”一偈，确是和杨氏的主张一样的。

宋代的哲学，总括说起来：北宋不露锋芒，南宋锋芒太露了。这或者和南北地方的性格有关。

南宋，朱、陆两派，可称是旗鼓相当。陆后传至杨慈湖，学说是更高一步。在江西，陆的学说很流行，浙西也有信仰他的。朱的学说，在福建很流行，后来金华学派归附于他，浙东士子对朱很有信仰。

元朝，陆派的名儒，要推吴澄（草庐），但其见解不甚高。朱派仅有金华派传他的学说，金履祥（仁山）、王柏（会之）、许谦（白云），是这一派的巨擘。金履祥偶亦说经，立论却也平庸。许谦也不过如此。王柏和朱很接近，荒谬之处也很多，他竟自删《诗》了。

金华派传至明初，宋濂承其学，也只能说他是博览，于“经”于“理”，都没有什么表见。宋之弟子方孝孺（正学）对于理学很少说，灭族（按明成祖为燕王时，兵入南京，方不肯为之草写登极诏书，被杀，并灭十族——九族及方的学生，死者达八百七十余人）以后，金华派也就式微。明初，陆派很不流行，已散漫不能成派，这也因明太祖尊朱太过之故。

明自永乐后，学者自有研究，和朱、陆都不相同，学说也各有建树。且列表以明之：

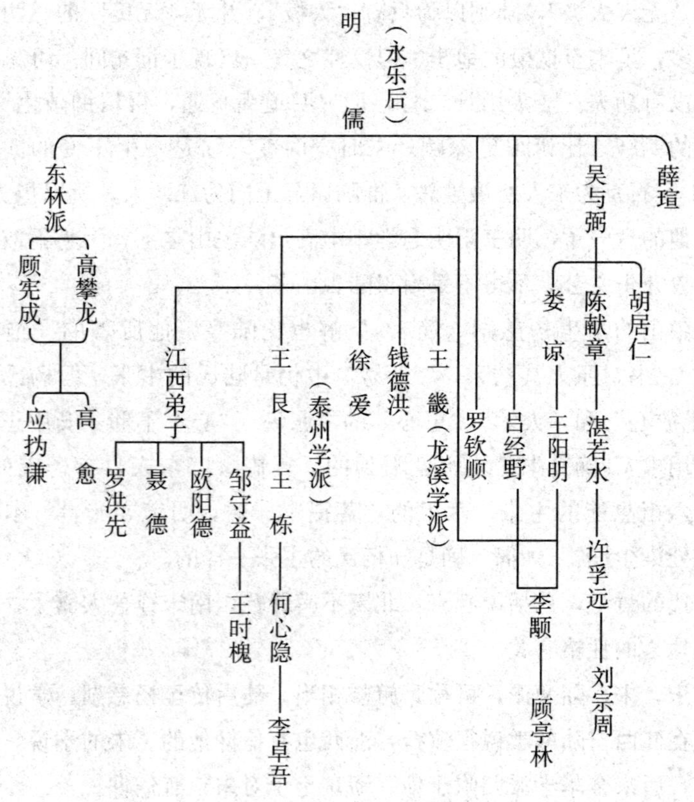

永乐时，薛、吴二人，颇有研究，立明代哲学之基。薛瑄（敬轩），陕西人，立论很平正，和朱文公颇相近。明人因为于谦被杀时，他居宰辅地位，不能匡救，很有微词，并且因此轻视他。吴与弼（康斋），家居躬耕，读书虽少，能主苦学力行，很为人所推重，后来他由石亨推荐出仕，对石亨称门下士，士流又引以为耻。

薛的学问，很少流传。吴的学问，流传较广。胡居仁、娄谅和陈献章三人，是他的学生。胡自己没有什么新的发明，明人对他也没有反对。娄的著作后来烧毁净尽，已无可考，不过王阳明是他的学生。陈在胡死后才著名，时人称为白沙先生。

明代学者和宋儒厘然独立，自成系统，自陈白沙始。宋人欢喜著书，并且有“语录”之类。陈白沙认著书为无谓，生平只有诗和序跋之类。他的性质，也和别人不同。初时在阳春坛静坐三年，后来只是游山赋诗，弟子从学也只有跟他游山。陈生平所最佩服的，只是“浴乎沂，风乎舞雩，咏而归，……吾与点也”这些话。对于宋儒都不看重，就是明道也不甚推重。他自以为濂溪（按濂溪即周敦颐）嫡派，终日无一时不乐的。白沙弟子湛若水，广东人，本“体认天理”一语，他以为无论何事，皆自然之规则。王阳明成进士时，和他交游，那时他学问高出王之上。后来，王别有研究，和他意见不甚相合。他自己讲学，流传颇广，知名的却很少。

王守仁（阳明）本是欢喜研究道教的，曾延道士至家，再四拜求。后来从娄谅游，成进士后又和湛往来，见解遂有变更。贬龙场驿丞（按王早年因反对宦官刘瑾被贬官）以后，阳明的学问大进。他看得世间别无可怕，只有死是可怕的，所以造石棺以尝死的况味；所主张的“致良知”，就在卧石棺时悟出。在贵州时有些苗民很崇拜他，从他讲求学问，阳明把“知行合一”和他们说。阳明的“知行合一”，和明道有些相同。明道以为曾经试行过，才算得“知”，没曾试行过，不能称为“知”，譬如不知道虎之凶猛的人，见虎不怕，受了虎的损害的，就要谈虎色变了。这类主张，渐变而为阳明的主张。阳明以为知即是行，也可说“知的恳切处即行，行的精粹处即知”。不过阳明的“知行合一”主张，是在贵州时讲的；后来到南京，专讲静坐；归江西后又讲“致良知”了。《传习录》是他在贵州

时的产品，和后来有些不合。

阳明自悟得“致良知”以后，和朱文公不能不处于反对地位，并非专和朱反对，才有这些主张的。有人谓“致良知”的主张，宋胡宏在《胡子知言》已有讲起。阳明是否本之于胡，抑自己悟出，这是不能臆断的。阳明讲“良知”，曾攀附到孟子。实在孟子的“良知”，和他的殊不相同。孟子说：“人之所不学而能者其良能也；所不虑而知者其良知也。孩提之童，无不知爱其亲者，及其长也，无不知敬其兄也。”可见他专就感情立论。阳明以为一念之生，是善是恶，自己便能知道，是溢出感情以外，范围较广了。孟子和阳明的不同，可用佛法来证明，《唯识论》里说：一念的发生，便夹着“相分”、“见分”、“自证分”、“证自证分”四项。且把这四个名词下一解释：

一、相分　“相分”就是“物色”，就是我们所念的。

二、见分　“见分”就是“物色此物色”，也就是我们所能念的。

三、自证分　念时有别一念同时起来，便是“自证分”。譬如我讲了后一句话，自己决不至忘了前一句话。便是“自证分”在那里主之。

四、证自证分　“自证分”的结果，便是“证自证分”。

再用例来说明：譬如，想到几年前的友朋，想到“他姓张或姓李”，后来忽然断定他是姓张，当时并不曾证诸记录或书籍的，这便是“相分，见分，自证分，证自证分”的连合了。依此来判良知，孟子所说是指“见分”，阳明是指“自证分，证自证分”的。可见阳明和孟子是不相关连的，阳明所以要攀附孟子，是儒家的积习：宋人最喜欢的是“喜怒哀乐之未发谓之中”，苏氏兄弟也尝说这话。实在《中庸》所说是专指感情的，宋人以为一切未发都算是中，相去很远了。还有“鸢飞鱼跃，活泼泼地”一语，也为宋人所最爱用，陈白沙更用得多。在《诗经》原意，不过是写景，（按《诗经·大雅·旱麓》第三章：鸢飞戾天，鱼跃于渊。岂弟君子，遐不作人。）《中庸》中“鸢飞戾天，鱼跃于渊，言其上下察也，”一节也不过引用诗文来表明“明”的意思。“察，明也”，鸢在上见鱼，很明白地想要攫取；鱼在下见鸢也很明白，立刻潜避了。就是照郑康成的注解，训“察”为“至”，也只说道之流行，虽愚夫愚妇都能明白，用鸢鱼来表示上

下罢了；其中并没含快活的意思。宋人在“鸢飞鱼跃”下面，一定要加“活泼泼地”四字，和原意也不同了。——这些和阳明攀附孟子是一样的。

阳明“致良知”的主张，以为人心中于是非善恶自能明白，不必靠什么典籍，也不必靠旁的话来证明，但是第二念不应念，有了第二念自己便不明了。人以为阳明的学说，很宜于用兵；如此便不至有什么疑虑和悔恨。

晚年阳明讲“天泉证道”，王畿（龙溪）和钱德洪（绪山）是从游的。钱以为“无善无恶心之体，有善有恶心之动，知善知恶为致知，存善去恶为格物。”王和他不同，以为一切都是无善无恶的。阳明对于这两种主张，也不加轩轾于其间。

阳明的弟子，徐爱早死，钱德洪的学问，人很少佩服他。继承阳明的学问，要推王艮和王畿。王艮，泰州人，本是烧银的灶丁，名“银”，“艮”是阳明替他改的。他见阳明时，学问已博，初见时阳明和他所讲论，他尚不满意，以为阳明不足为之师，后来阳明再讲一段，他才佩服。他的学问，和程明道、陈白沙颇相近，有《学乐歌》：“学是乐之学；乐是学之乐。”从他游的颇多寻常人，间有上流人，自己真足自命不凡的。王畿是狂放的举人，很诽议阳明的，后来忽又师事阳明了。黄梨洲（按即黄宗羲）《明儒学案》对于二王都有微词。他佩服的是阳明的江西弟子。

阳明的江西弟子，以邹守益、欧阳德、聂德、罗洪先为最有造就。罗自有师承，非阳明弟子，心里很想从阳明游，不能如愿，后来阳明也死了。阳明弟子强罗附王，他也就承认。罗的学问比他弟子高深得多；自己静坐有得，也曾访了许多僧道。他说：“极静之时，但觉此心本体如长空云气，大海鱼龙；天地古今，打成一片。”黄佐对于罗的论调，最不赞同；以为是参野狐禅，否则既谓无物，那有鱼龙。实在，心虽无物而心常动，以佛经讲，“阿赖耶识”是恒转如瀑流，就是此意。罗所说“云气”和“鱼龙”是表示动的意思。罗洪先自己确是证到这个地步，前人没有及他的了。

王时槐的学问自邹守益传来，见解颇精深。他说：“纯无念时，是为一念，非无念也，时之至微者也。”譬如吾人入睡，一无所梦，这时真可算无念，但和死却有分别的。就佛法讲“意根恒审思量”，意根念念所想的什么？就是“我”，“我”就是“阿赖耶识”。我所以不忘这“我”，便因有了“意根”之故。“我”，寻常人多不疑，譬如自己说了一句话，决不会疑“这是谁说的?”至于其余对象，我们总要生一种疑虑的。念念想着，和无念竟是差不多，我们从早晨起来感到热，继续热下去，也就感不到了：所以纯无念时，仍有一念。

王艮弟子王栋主张意与心有分，以为“意非心之所发，意为心之主者”。这种主张，和佛法说有些相同。佛法以“阿赖耶识”自己无作用，有了意根，才能起作用，也就是禅宗所谓“识得主人翁”的意思。刘宗周对于王栋的主张采取很多；栋自己看书不多，这种见解，的确是证出的。

阳明、若水两派以外，有许多士子信仰吕泾野的主张。吕，陕西人，笃守礼教，和朱文公最相近；立言很平正，无过人处。当时所以能和湛、王并驾，这也因王的弟子，太不守礼法，猖狂使人生厌；那些自检的子弟，就倾向吕泾野了。原来何心隐习泰州之学差不多和政客一般，张居正恨而杀之。李卓吾师事何心隐，荒谬益甚，当时人所疾首痛心的。这守礼教和不守礼教，便是宋、明学者的大别。宋儒若陆象山见解之超妙，也仍对于礼教拘守不敢离，既禁止故人子的挟妓，又责备吕东莱的丧中见客。明儒若陈白沙已看轻礼教，只对于名节还重视，他曾说“名节乃士人之藩篱”。王阳明弟子猖狂已甚，二王为更甚，顾亭林（按顾炎武）痛骂“王学”（即王阳明所创学派）也是为此。

湛、王学问，晚年已不相同，但湛弟子许孚远，却合湛、王为一。再传至刘宗周（蕺山），自己又别开生面，和湛、王都有些不同。刘主张“意非心之所发”，颇似王栋；“常惺惺”，也是他的主张，这主张虽是宋人已讲过，但他的功夫是很深的。

阳明附会朱文公《晚年定论》，很引起一般人的攻讦。同时有罗钦顺（整庵）和他是对抗的。罗的学问，有人说他是朱派，实在明代已无所谓纯粹朱派。罗的见解，又在朱之上，就说是朱派，也是朱派之杰出者。罗本参禅，后来归入理学，纠正宋儒之处很多。朱文公所谓“气质之性，义理之性”，罗表示反对，他说：“义理乃在气质之中。”宋人于天理人欲纠

缠不清。罗说："欲当即理。"这种见解，和王不同，较朱又高一着，所以能与阳明相抗衡。清戴东原（按即戴震）的主张，是师承罗的学说的。

明末，东林派高攀龙、顾宪成等也讲宋人学问，较阳明弟子能守规矩。他们有移风易俗的本意，所以借重礼法。不过党派的臭味太重，致召魏忠贤杀害的惨劫。清初，东林派还有流传，高愈、应㧑谦辈也只步武前人罢！

此外尚有李颙（二曲）也是名儒。李，陕西人，出身微贱，原是一个差役。他自己承认是吕派，实际是近王派的，所发见很不少。他每天坐三炷香，"初则以心观心，久之心亦无所观"，这是他的工夫。他尝说"一念万念"一句话。这话很像佛法，但是究竟的意思，他没有说出。我们也不知道他是说"一念可以抵万念呢"？抑或是"万念就是一念呢"？在佛法中谓：念念相接则生时间；转念速，时间长，转念慢，时间短；一刹那可以经历劫。李的本意，或许是如此。李取佛法很多，但要保持礼教面目，终不肯说出。"体用"二字，本出于佛法，顾亭林以此问他，他也只可说"宝物出于异国，亦可采取"了。

清代，理学可以不论，治朱之学远不如朱。陆陇其（稼书）、汤斌等隶事两朝，也为士林所不齿，和吴澄事元有什么分别呢？江藩作《宋学渊源记》，凡能躬自力行的都采入，那在清廷做官的，都在摈弃之列。

颜元（习斋）、戴震（东原），是清代大儒。颜力主"不骛虚声"，劝学子事礼、乐、射、御、书、数，和小学很相宜。戴别开学派，打倒宋学。他是主张"功利主义"，以为欲人之利于己，必先有利于人，并且反对宋人的遏情欲。

罗有高（台山）、彭绍升（尺木）研究王学的。罗有江湖游侠之气，很佩服李卓吾（按即李贽）；彭信佛法，但好扶乩；两人都无足取。

哲学的派别，既如上述，我们在此且总括地比较一下：以哲学论，我们可分宋以来之哲学、古代的九流、印度的佛法和欧西的哲学四种。欧西的哲学，都是纸片上的文章，全是思想，并未实验。他们讲唯心论，看着的确很精，却只有比量，没是现量，不能如各科学用实地证明出来。这种只能说是精美的文章，并不是学问，禅宗说"猢狲离树，全无伎俩"，是欧西哲学绝佳比喻；他们离了名相，心便无可用了。宋、明诸儒，口头讲的原有，但能实地体认出来，却也很多，比欧西哲学专讲空论是不同了。

再就宋以来的理学和九流比较看来，却又相去一间了。黄梨洲说：“自阳明出，儒释疆界，邈若山河。”实在儒、释之界，宋已分明，不过儒、释有疆界，便是宋以后未达一间之遗憾。宋以后的理学，有所执着，专讲“生生不灭之机”，只能达到“阿赖耶恒动如瀑流”，和孔子“逝者如斯夫，不舍昼夜”地步；那“真如心”便非理学家所能见。孔子本身并非未尝执着，理学强以为道体如此，真太粗心了！

至于佛法所有奥妙之处，在九流却都有说及，可以并驾齐驱。佛法说“前后际断”；庄子的“无终无始，无几无时；见独而后，能无古今”，可说是同具一义的。佛法讲“无我”，和孔子的“毋我”、“克己复礼”，庄子的“无己恶乎得有有”，又相同了。佛家的“唯识唯心说”：“心之外无一物；心有境无；山河大地，皆心所造”，九流中也曾说过。战国儒家公孙尼子说“物皆本乎心”，孟子说：“万物皆备于我”，便是佛家的立意。佛家大乘断“所知障”，断“理障”；小乘断“烦恼障”，断“事障”。孔子说“我有知乎哉？无知也”，老子说“玄之又玄，众妙之门”，又说“涤除玄览”：便是断“所知”和“理”障的了。佛法说“不生不灭”，庄子说“无古今而后人于不死不生”；“不死不生”就是“不生不灭”。佛法说“无修无证，心不见心，无相可得”。孟子说“望道而未之见”（道原是不可见，见道即非道），庄子说“斯身非吾有也，胡得有乎道?”又相同了。照这么看来，“九流”实远出宋、明诸儒之上，和佛法不相出入的。

我们研究哲学，从宋人入手，却也很好，因为晋人空谈之病，宋人所无，不过不要拘守宋学，才有高深的希望。至于直接研究佛法，容易流入猖狂。古来专讲佛而不讲儒学的，多不足取，如王维降安禄山，张商英和蔡京辈往来，都是可耻的。因为研究佛法的居士，只有五戒，在印度社会情形简单，或可维持，中国社会情形复杂，便不能维持了。历来研究儒家兼讲佛法的，如李习之（按即李翱）、赵大州口不讳佛，言行都有可观。可见研究佛法，非有儒学为之助不可。

第四节

国学之派别（三）

——文学之派别

什么是文学？据我看来，有文字著于竹帛叫做“文”，论彼的法式叫做“文学”。文学可分有韵无韵二种：有韵的今人称为“诗”，无韵的称为“文”。古人却和这种不同。《文心雕龙》说：“今之常言，有文有笔，有韵者文也，无韵者笔也。”范晔自述《后汉书》说：“文患其事尽于形，情急于藻，义牵其旨，韵移其意”，“政可类工巧图缋，竟无得也”，“手笔差易，文不拘韵故也”。可见有韵在古谓之“文”，无韵在古谓之“笔”了。不过做无韵的固是用笔，做有韵的也何尝不用笔，这种分别，觉得很勉强，还不如后人分为“诗”“文”二项的好。

古时所谓文章，并非专指文学。孔子称“尧、舜焕乎其有文章”，是把“君臣朝廷尊卑贵贱之序，车舆衣服宫室饮食嫁娶丧祭之分”叫做“文”，“八风从律，百度得数”叫做“章”。换句话说：文章就是“礼”、“乐”。后来范围缩小，文章专指文学而言。

文学中有韵无韵二项，后者比前者多。我们现在先讨论无韵的文。在讨论文的派别之先，把文的分类讲一讲，并列表以清眉目：

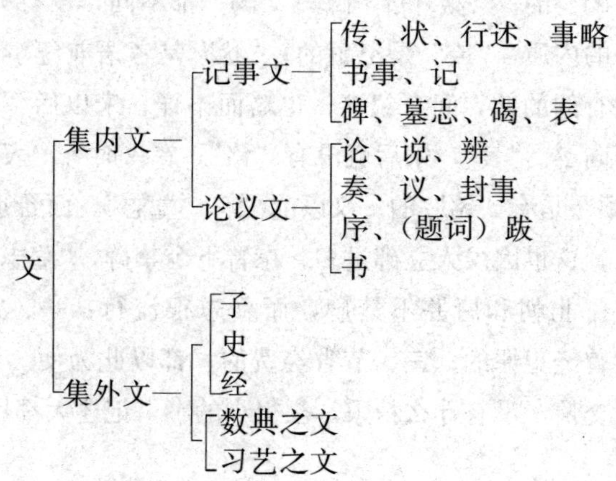

我们普通讲文，大概指集部而言，那经、史、子，文非不佳，而不以文称。但上表所列文的分类中，以“传”而论，“四史”（按即《史记》、《汉书》、《后汉书》、《三国志》的总称）中列传已在集部以外，“本纪”、“世家”和“传”是同性质的，也非集部所有；集部只有“家传”。以“论”而论，除了文人单篇的论文，也有在集部以外的；譬如：庄子《齐物论》，荀子《礼论》、《乐论》，贾谊《过秦论》都是子部所有的。以“序”而论，也只单篇的，集中所已备；那连合的序，若《四库提要》，就非集部所有。至如“编年史”中《左传》、《资治通鉴》之类和“名人年谱”，都是记事文，也非集部所能包了。

“传”是记述某人的一生、或一事，我们所普通见到的。明人以为没曾做过史官，不应替人做“传”；我以为太拘了。史官所做，是卿相名人的“传”。那普通人的“传”，文人当然可以做的。“行述”、“状”和“传”各不相同。“状”在古时只有几句考语，用以呈诸考功之官，凭之以定谥法。自唐李翱以为“状”仅凭考语不能定谥法，乃定“状”亦须叙事，就与“传”相同。“行述”须叙事，形式与“传”虽相同而用处不同。

“碑”原非为个人而作，若秦“峄山碑”是纪始皇的功绩，汉裴岑“纪功碑”是记破西域的事迹，差不多都是关于国家大事的。就以“庙碑”而论，虽为纪事，也不是纯为纪事的。只有墓上之碑，才是为个人而作。“碑”、“碣”实质是一样的，只大小长短不同。唐五品以上可用“碑”，六品以下都用“碣”的。“表”和“碑”、“碣”都不同，没有大小长短的区别。说到彼等的内质，“传”是纪事的；“状”是考语兼纪事的；“碑”是考语多，后附有韵的铭，间有纪事，也略而不详。宋以后“碑”和“传”只有首尾的不同了。“表”，宋后就没有“铭”；在汉时有“表记”、“表颂”的不同，“表颂”是有“铭”的。汉以前没有“墓志”，西晋也很少，东晋以后才多起来。这也因汉人立碑过多，东晋下令禁碑，“墓志”藏在墓内，比较便当一些。北朝和唐并不禁碑，而墓志很流行：一、官品不及的；二、官品虽大曾经犯罪的；三、节省经费的，都以此为便。“墓志”的文章，大都敷衍交情，没有什么精采。至很小的事，记述大都用“书事”或“记”等。

单篇论文，在西汉很少，就是《过秦论》也见贾子《新书》中的。东汉渐有短论，延笃《仁孝先后论》可算是首创。晋人好谈名理，“论说”乃出。这种论文，须含陆士衡《文赋》所说“精微流畅”那四字的精神。

“奏”，秦时所无，有之自汉始。汉时奏外尚有“封事”，是奏密事用的。奏，有的为国家大事，有的为个人的事，没有定规的。

“议”，若西汉《石渠议》、《盐铁论》、《白虎通》，都是合集许多人而成的。后来，凡议典礼，大都用“议”的。

“书”，在古时已有，差不多用在私人的往还，但古人有“上书”，则和“奏记”差不多，也就是现今的“说帖”和“禀”。至如刘歆《移让太常博士书》，却又和“移文”一样了。

“序”，也是古所已有，如《序卦》、《书序》、《诗序》都是的；刘向《别录》和《四库提要》也是这一类。后人大概自著自作，或注释古书附加一序的。古人的“题词”和“序”相同，赵岐注《孟子》，一“序”一“题词”，都用在前面。“跋”，大都在书后，体裁和序无不同之处。

纪事论议而外，尚有集部所无的，如：

(壹) 数典之文：

甲、官制　如《周礼》、《唐六典》、《明清会典》之类。

乙、仪注　《仪礼》、《唐开元礼》等皆是。

丙、刑法　如《汉律》、《唐律》、《明律》、《清律》之类。

丁、乐律　如宋《律吕正义》、清《燕乐考原》等。

戊、书目　如刘向《别录》，刘歆《七略》，王俭、阮孝绪《七录》、《七志》，宋《崇文书目》，清《四库提要》之类。

(贰) 习艺之文：

甲、算术　如《九章算法》、《圜法》之类。

乙、工程　如《周礼·考工记》，徐光启的《龙骨车》、《玉衡车》之类。

丙、农事　如北魏《齐民要术》、元王桢《农书》、明徐光启《农政全书》之类。

丁、医书　如《素问》、《灵枢》、《伤寒论》、《千金要方》之类。

戊、地志　如《禹贡》、《周礼·职方志》、《水经》、《水道提纲》、《乾隆府厅州县志》、《方舆志略》之类。

以上各种，文都佳绝，也非集部所具的，所以我们目光不可专注在集部。

文学的分类既如上述，我们再进一步讨论文学的派别：

经典之作，原非为文；诸子皆不以文称。《汉书·贾谊传》称贾谊“善属文”，文乃出。西汉一代，贾谊、董仲舒、太史公、枚乘、邹阳、司马相如、扬雄、刘向，称为“文人”。但考《汉书》所载赵充国的奏疏，都卓绝千古，却又不以“文人”称，这是什么原故呢？想是西汉所称为“文人”，并非专指行文而言，必其人学问渊博，为人所推重，才可算文人的。东汉班彪著《王命论》，班固著《两都赋》，以及蔡邕、傅毅之流，是当时著称的文人。但东汉讲政治若崔实《政论》，仲长统《昌言》，说经若郑康成之流，行文高出诸文人上，又不以文名了。在西汉推尊文人，大概注目在淹博有学问一点，东汉推尊的文人，有些不能明白了。东、西汉文人在当时并无派别，后人也没曾有人替他们分成派别的。

三国时曹家父子三人（操、丕、植）文名甚高。操以“诏令”名，丕以《典论》名，植以《求自试表》等称，人们所以推尊他们，还不以其文，大都是以诗推及其文的。徐干诗不十分好，《中论》一书也不如仲长统所著而为当时所称；吴中以张昭文名为最高，我们读他所著，也无可取，或者以道德而推及其文的。陆家父子（逊、抗、凯、云、机）都以文名，而以陆机为尤，他是开晋代文学之先的。晋代潘、陆虽并称，但人之尊潘终不如陆，《抱朴子》中有赞陆语，《文中子》也极力推尊他，唐太宗御笔《赞》也只有陆机、王羲之二人，可见人们对他的景仰了。自陆出，文体大变：两汉壮美的风气，到了他变成优美了；他的文，平易有风致，使人生快感的。晋代文学和汉代文学，有大不同之点。汉代厚重典雅，晋代华妙清妍，差不多可以说一是刚的、一是柔的。东晋好谈论而无以文名者，骈文也自此产生了。南北朝时傅季友（宋人）骈体殊佳，但不能如陆机一般舒卷自如，后此任昉、沈约辈每况斯下了。到了徐、庾之流，去前人更远，对仗也日求精工，典故也堆叠起来，气象更是不雅淡了。至当时

不以文名而文极佳的，如著《崇有论》的裴頠，著《神灭论》的范缜等；更如孔琳（宋）、萧子良（齐）、袁翻（北魏）的奏疏，干宝、袁宏、孙盛、习凿齿、范晔的史论，我们实在景仰得很。在南北朝，文家亦无派别，只北朝人好摹仿南朝，因此有推尊任昉的有推尊沈约的等不同。北朝至周，文化大衰，到了隋代，更是文不成文了。

唐初文也没有可取，但轻清之气尚存，若杨炯辈是以骈兼散的。中唐以后，文体大变，变化推张燕公（按即张说，玄宗时封燕国公）、苏许公（按即苏颋，袭封许国公）为最先，他们行文不同于庾，也不同于陆，大有仿司马相如的气象。在他们以前，周时有苏绰，曾拟《大诰》，也可说是他们的滥觞。韩、柳的文，虽是别开生面，却也从燕、许出来，这是桐城派不肯说的。中唐萧颖士、李华的文，已渐趋于奇。德宗以后，独孤及的行文，和韩文公更相近了。后此韩文公、柳宗元、刘禹锡、吕温，都以文名。四人中以韩、柳二人最喜造词，他们是主张词必己出的。刘、吕也爱造词，不过不如韩、柳之甚。韩才气大，我们没见他的雕琢气；柳才小，就不能掩饰。韩之学生皇甫湜、张籍，也很欢喜造词。晚唐李翱别具气度，孙樵佶屈聱牙，和韩也有不同。骈体文，唐代推李义山（按即李商隐），渐变为后代的“四六体”，我们把他和陆机一比，真有天壤之分。唐人常称孟子、荀卿，也推尊贾谊、太史公，把晋人柔曼气度扫除净尽，返于汉代的“刚”了。

宋苏轼称韩文公“文起八代之衰”，人们很不佩服。他所说八代，也费端详。有的自隋上推，合南朝四代及晋、汉为八代，这当然不合的；有的自隋上推，合北朝三代及晋、汉、秦为八代，那是更不合了。因为司马迁、贾谊是唐人所极尊的，东坡何至如此胡涂？有的自隋上推，合南朝四代、北朝三代为八代，这恰是情理上所有的。

宋初承五代之乱，已无文可称。当时大都推重李义山，四六体渐盛，我们正可以说李义山是承前启后的人，以前是骈体，以后变成四六了。北宋初年，柳开得《韩昌黎集》读之，行文自以为学韩，考之实际，和韩全无关系，但宋代文学，他实开其源。以后穆修、尹洙辈也和四六离异，习当时的平文（古文一名，当时所无），尹洙比较前人高一着。北宋文人以

欧阳修、三苏、曾、王为最著。欧阳本习四六，后来才走入此途；同时和他敌对，首推宋祁。祁习韩文，著有《新唐书》，但才气不如韩。他和欧阳交情最深，而论文极不合。他的长兄宋郊，习燕、许之文，和他也不同。

明人称“唐宋八大家”，因此使一般人以为唐宋文体相同。实在唐文主刚，宋文主柔，极不相同。欧阳和韩，更格格不相入。韩喜造词，所以对于李观、樊宗师的文很同情。欧阳极反对造词，所以“天地轨，万物茁，圣人发”等句，要受他的“红勒帛”（按即红帛做的腰带，此指批改文字时用笔涂抹的痕迹。欧阳修涂抹上述文字，见《梦溪笔谈·九·人事》)。并且“黈纩塞耳，前旒蔽明”二语，见于《大戴礼》，欧阳未曾读过，就不以为然，它无论矣。三苏以东坡为最博，洵、辙不过尔尔。王介甫（按即王安石）才高，读书多，造就也较多。曾子固（按即曾巩）读书亦多，但所作《乐记》，只以大话笼罩，比《原道》还要空泛。有人把他比刘原甫，一浮一实，拟于无伦了。宋人更称曾有经术气，更堪一笑!

南宋文调甚俗，开科举文之端。这项文东坡已有雏形，只未十分显露，后来相沿而下，为明初宋濂辈的台阁体。中间在元代虽有姚燧、虞集辈尚有可观，但较诸北宋已是一落千丈。

宋代不以文名而文佳者，如刘敞、司马光辈谨严厚重，比欧阳高一等，但时人终未加以青目，这也是可惜的。

明有“前七子”、“后七子”之分。“前七子”（李梦阳等）恨台阁体；“后七子”（王世贞等）自谓学秦、汉，也很庸俗。他们学问都差于韩、苏，摹拟不像，后人因此讥他们为伪体。归有光出，和“后七子”中王世贞相抗敌，王到底不能不拜他的下风。归所学的是欧、曾二家，确能入其门庭，因此居伪体之上。正如孟子所说：“五谷不熟，不如荑稗”的了!

桐城派，是以归有光为鼻祖，归本为崐山人，后来因为方、姚（按方即方苞，姚即姚鼐）兴自桐城，乃自为一派，称文章正宗。归讲格律、气度甚精工，传到顾亭林有《救文》一篇，讲公式禁忌甚确，规模已定。清初汪琬学归氏甚精，可算是归氏的嫡传，但桐城派不引而入之，是纯为地域上的关系了。

方苞出，步趋归有光，声势甚大，桐城之名以出。方行文甚谨严，姚姬传承他的后，才气甚高，也可与方并驾。但桐城派所称刘大櫆，殊无足取；他们竟以他是姚的先生，并且是桐城人，就凭意气收容了，因此引起“阳湖”和他对抗。阳湖派以恽敬、张惠言为巨子。惠言本师事王灼，也是桐城派的弟子。他们嫉恶桐城派独建旗帜，所以分裂的，可惜这派传流不能如桐城派的远而多。姚姬传弟子甚多，以管同、梅曾亮为最。梅精工过于方、姚，体态也好，惜不甚大方，只可当作词曲看。曾国藩本非桐城人，因为声名煊赫，桐城派强引而入之。他的著作，比前人都高一著。归、汪、方、姚都只能学欧、曾（按此指曾巩）。曾（按此指曾国藩）才有些和韩相仿佛，所以他自己也不肯说是桐城的。桐城派后裔吴汝纶的文，并非自桐城习来，乃自曾国藩处授得的。清代除桐城而外，汪中的文也卓异出众，他的叙事文与姚相同，骈体文又直追陆机了。

我们平心论之，文实在不可分派。言其形式，原有不同，以言性情才力，各各都不相同，派别从何分起呢？我们所以推重桐城派，也因为学习他们的气度格律，明白他们的公式禁忌，或者免除那台阁派和七子派的习气罢了。

他们所告诉我们的方式和禁忌，就是：

（一）官名、地名应用现制。

（二）亲属名称应仍《仪礼·丧服》、《尔雅·丧服》之旧。（按《尔雅》无此篇，疑当为《尔雅·释亲》。）

（三）不俗——忌用科举滥调。

（四）不古。

（五）不枝。

我们在此可以讨论有韵文了。有韵文是什么？就是“诗”。有韵文虽不全是诗，却可以归在这一类。在古代文学中，诗而外，若“箴”，全是有韵的；若“铭”，虽杂些无韵，大部分是有韵的；若“诔”，若“像赞”，若“史述赞”，若“祭文”，也有有韵的，也有无韵的。那无韵的，我们可归之于文；那有韵的可归之于诗了。至于《急就章》、《千字文》、《百家姓》、医方歌诀之类，也是有韵的，我们也不能不称之为诗。——前次曾有人把《百家姓》可否算诗来问我，我可以这么答道："诗只可论体裁，不可论工拙，《百家姓》既是有韵，当然是诗。"——总之，我们要先确定有韵为诗，无韵为文的界限，才可以判断什么是诗，像《百家姓》之流，以工拙论，原不成诗，以形式论，我们不能不承认他是诗。

诗以广义论，凡有韵是诗；以狭义论，则惟有诗可称诗。什么可称诗?《周礼·春官》，称六诗，就是风、赋、比、兴、雅、颂。但是后来赋与诗离，所谓比、兴也不见于《诗经》。究竟当日的赋、比、兴是怎样的?已不可考。后世有人以为赋、比、兴就在风、雅、颂之中，《郑志》张逸问："何诗近于比、赋、兴?"答曰："比、赋、兴，吴札观诗时，已不歌也。孔子录诗，已合风、雅、颂中，难复摘别，篇中义多兴，此谓比、赋、兴各有篇什。自孔子殽杂第次而毛公独旌表兴，其比、赋俄空焉。圣者颠倒而乱形名，大师偏觭而失邻类。"郑康成《六艺论》也说：风、雅、颂中有赋、比、兴。《毛传》在诗的第一节偶有"兴也"二字。朱文公也就自我作古，把"比也"、"赋也"均添起来了。我以为诗中只有风、雅、颂，没有赋、比、兴。左氏说："《彤弓》、《角弓》，其实《小雅》也；吉甫作诵，其风肆好，其实《大雅》也"。考毛公所附"兴也"的本义，也和赋、比、兴中的"兴"不同，只不过像《乐府》中的"引"、"艳"一样。

"六诗"（按《诗经》学名词）本义何在?我们除比、兴不可考而外，其余都可溯源而得之：

一、风　《诗·小序》："风者上以风化下，下以风刺上。"我以为风的本义，还不是如此。风是空气的激荡，气出自口就是风，当时所谓风，只是口中所讴唱罢了。

二、颂　"颂"在《说文》就是"容"字，《说文》中"容"只有纳受的意义，这"颂"字才有形容的意义。《诗·小序》谓："颂者美盛德之形容。"我们于此可想见古人的颂是要"式歌式舞"的。

三、赋　古代的赋，原不可见，但就战国以后诸赋看来都是排列铺张的。古代凡兵事所需，由民间供给的谓之"赋"，在收纳民赋时候，必须按件点过。赋体也和按件点过一样，因此得名了。

四、雅　这项的本义，比较的难以明白。《诗·小序》说："雅者正也。"雅何以训作正？历来学者都没有明白说出，不免引起我们的疑惑。据我看来，"雅"在《说文》就是"鸦"，"鸦"和"乌"音本相近，古人读这两字也相同的，所以我们也可以说"雅"即"乌"。《史记·李斯传·谏逐客书》、《汉书·杨恽传·报孙会宗书》均有"击缶而歌乌乌"之句，人们又都说"乌乌"秦音也。秦本周地，乌乌为秦声，也可以说乌乌为周声。又商有颂无雅，可见雅始于周。从这两方面看来，"雅"就是"乌乌"的秦声，后人因为他所歌咏的都是庙堂大事，因此说"雅"者正也。《说文》又训"雅"为"疋"，这两字音也相近。"疋"的本义，也无可解，说文训"疋"为"足"，又说："疋，记也。"大概"疋"就是后人的"疏"，后世的"奏疏"，也就是记。《大雅》所以可说是"疋"，也就因为《大雅》是记事之诗。

我们明白这些本义，再去推求《诗经》，可以明白了许多。

太史公在《孔子世家》说："古者诗三千余篇，及至孔子，去其重，取可施于礼义，上采契、后稷，中述殷、周之盛，至幽、厉之缺，始于为衽席。故曰《关雎》之乱以为《风》始。《鹿鸣》为《小雅》始，《文王》为《大雅》始，《清庙》为《颂》始，三百五篇，孔子皆弦歌之以求合韶、武、雅、颂之音。"可见古诗有三千余篇。有人对于三千余篇有些怀疑，以为这是虚言。据我看来，这并非是虚言。风、雅、颂已有三百余篇，考他书所见逸诗，可得六百余篇；若赋、比、兴也有此数，就可得千二百篇了。《周礼》称九德（按指九种品德）六诗之歌，可见六诗以外，还有所谓九德之歌。在古代盛时，"官箴、占繇皆为诗，所以序《庭燎》称'箴'，《沔水》称'规'，《鹤鸣》称'诲'，《祈父》称'刺'，诗外更无所谓官箴，辛甲诸篇，也在三千之数。"（按《庭燎》、《沔水》、《鹤鸣》、《祈父》为《诗经》篇名）我们以六诗为例，则九德也可得千八百篇：合之已有三千篇之数，更无庸怀疑。至于这三千篇删而为三百篇，是孔子所删，还是孔子以前已有人删过呢？我们无从查考。不过孔子开口就说诵诗三百，恐怕在他以前，已有人把诗删过了！大概三千篇诗太复杂，其中也有诵世系以劝戒人君，若《急就章》之流，使学者厌于讽诵。至若比、赋、

兴虽依情志，又复广博多华，不宜声乐，因此十五流中删取其三，到了孔子不过整齐彼的篇第不使凌乱罢了。

《诗经》只有《风》、《雅》、《颂》，赋不为当时所称，但是到了战国，赋就出来了。屈原、孙卿（按即荀子）都以赋名：孙卿以《赋》、《成相》分二篇，题号已别。屈原《离骚》诸篇，更可称为卓立千古的赋。《七略》次赋为四家：一曰屈原赋，二曰陆贾赋，三曰孙卿赋，四曰杂赋。屈原的赋，是道情的，孙卿的赋是咏物的，陆贾赋不可见，大概是“纵横”之变。后世言赋者，大都本诸屈原。汉代自从贾生《惜誓》上接《楚辞》、《鹏鸟》仿佛《卜居》，司马相如自《远游》流变而为《大人赋》，枚乘自《大招》、《招魂》散而为《七发》，其后汉武帝《悼李夫人》、班婕妤《自悼》，以及淮南、东方朔、刘向辈大都自屈、宋脱胎来的。至摹拟孙卿的，也有之，如《鹦鹉》、《焦鹩》诸赋都能时见一端的。

三百篇（按即《诗经》）以后直至秦代，无诗可见。一到汉初，诗便出来了。汉高祖《大风歌》，项羽《虞兮歌》，可说是独创的诗。此后五言诗的始祖，当然要推《古诗十九首》；这十九首中据《玉台新咏》指定九首是枚乘作的，可见这诗是西汉的产品。至苏武、李陵赠答之诗，有人疑是东汉时托拟的。这种五言诗多言情，是继四言诗而起的，因为四言诗至三百篇而至矣尽矣，以后继作，都不能比美，汉时虽有四言诗，若韦孟之流，才气都不及，我们总觉得很淡泊。至碑铭之类（峄山碑等）又是和颂一般，非言情之作，其势非变不可，而五言代出。

汉代雅已不可见，《郊祀歌》之流，和颂实相类似，四言而外，也有三言的，也有七言的。此后颂为用甚滥，碑铭称“颂”，也是很多的。

汉代文人能为赋未必能以诗名，枚乘以诗长，他的赋却也不甚著称。东汉一代，也没有卓异的诗家，若班固等，我们只能说是平凡的诗家。

继《十九首》而振诗风，当然要推曹孟德（按即曹操）父子。孟德的四言，上不摹拟《诗经》，独具气魄，其他五言、七言诸诗，虽不能如《十九首》的冲淡，但色味深厚，读之令人生快。魏文帝和陈思王的诗，也各有所长，同时刘桢、王粲辈毕竟不能和他们并驾。钟嵘《诗品》评《古诗十九首》说是“一字千金”，我们对于曹氏父子的诗，也可以这样说他；真所谓："其气可以抗浮云，其诚可以比金石。"

语曰："在心为志，发言为诗。"可见诗是发于性情。三国以前的诗，都从真性情流出，我们不能指出某句某字是佳；他们的好处，是无句不佳、无字不佳的。曹氏父子而后，就不能如此了。

曹氏父子而后，阮籍以《咏怀诗》闻于世。他本好清谈，但所作的诗，一些也没有这种气味。《诗品》称阮诗出于《离骚》，真是探源之论；不过陈思王的诗，也出自《离骚》，阮的诗还不能如他一般痛快。

晋初，左思《咏史诗》、《招隐诗》风格特高，与曹不同，可说是独开一派。在当时他的诗名不著，反而陆机、潘岳辈以诗称。我们平心考察：陆诗散漫，潘诗较整饬，毕竟不能及左思，他们也只可以说是作赋的能手罢了。当时所以不看重左思，也因他出身微贱，不能像潘、陆辈身居贵胄的原故。《诗品》评诗，也不免于徇俗，把左思置在陆、潘之下，可为浩叹！其他若张华的诗，《诗品》中称他是"儿女情多，风云气少"。我们读他的诗意，只觉得是薄弱无力量，所谓儿女情多，也不知其何所见而云然，或者我们没曾看见他所著的全豹，那就未可臆断了！

东晋，清谈过甚，他们的"清谈诗"，和宋时"理学诗"一般可厌。他们所做的诗，有时讲讲庄、老，有时谈谈佛理，像孙绰、许询辈都是如此。孙绰《天台山赋》有"大虚辽廓而无阂，运自然之妙有"等句，是前人所不肯用的。《诗品》说他们的诗，已是"风骚体尽"，的是不错。在东晋一代中无诗家可称，但刘琨《扶风歌》等篇，又是诗中佳品，以武人而能此，却也可喜！

陶渊明出，诗风一振，但他的诗终不能及古人，《诗品》评为"隐逸之诗"。他讲"田舍风味"，极自然有风致，也是独树一帜。在他以前，描写风景的诗很少，至他专以描写风景见长，如"采菊东篱下，悠然见南山"之句，真古人所不能道。渊明以后，谢灵运和颜延之二家继他而起。谢描摹风景的诗很多，句调精炼，《诗品》说他是"初出芙蓉"。颜诗不仅描风景，作品中也有雕刻气，所以推为诗家，或以颜学问淹博之故。《诗品》评颜谓为"镂金错彩"。陶诗脱口自然而出，并非揉作而成，虽有率尔之词，我们总觉得可爱。如谢诗就有十分聱牙之处，我们总可以觉得他是矫作的。小谢（谢朓）写风景很自然，和渊明不相上下，而当时学者终以小谢不及大谢（按即谢灵运），或者描写风景之诗，大家都爱工巧，所以这般评论。梁代诗家推沈约（永明体自他出），律诗已有雏形了。古诗所以变为律诗，也因谢、颜诗不可讽诵，他因此故而定句调。沈约的律诗，和唐后律诗又不相同。《隋书·经籍志》载他的《四声谱》有一卷，可见谱中所载调是很多的，并不像唐后律诗这么简单。他的《四声谱》，我们虽不能见，但读他的诗，比谢、颜是调和些，和陶、小谢却没有什么分别呢。

宋鲍照、齐江淹，也以诗名。鲍有汉人气味，以出身微贱，在当时不甚著称。江善于拟古，自己的创作却不十分高明。

南北朝中，我们只能知道南朝的作品，北朝究竟有无诗家，久已无从考得，但《木兰诗》传自北朝，何等高超，恐怕有些被淹没了呢！

梁末，诗又大变，如何逊、阴铿的作品，只有一二句佳绝了。在此时，古今诗辟下一大界限，全篇好是古诗的特色，一二句好是此后的定评。隋杨素诗绝佳，和刘琨可仿佛。此时文人习于南北朝的诗风，爱用典故，并喜雕琢。杨素武人不爱雕琢，亦不能雕琢，所以诗独能过人。当时文人专着眼在一二句好处，对于杨素不甚看重。所以隋炀帝为了忌嫉“空梁落燕泥”、“庭草无人随意绿”二佳句，就杀两诗人了。

唐初，律诗未出，唐太宗和魏徵的诗，和南北朝相去不远。自四杰（骆宾王、王勃、杨炯、卢照邻）出，作品渐含律诗的气味，不过当时只有五言律，并未有七言律。四杰之文很卑微，他们的诗，却有气魄。成就五言的是沈佺期、宋之问，他们的诗，气魄也大，虽有对仗，但不甚拘束。五言古诗到此时也已穷极，五律、七古不能不产生了。——唐以前七古虽有，但不完备，至唐始备全。七古初出，若李太白、崔颢的诗，都苍苍茫茫，信笔写去，无所拘忌。李诗更含复古的气味，和同时陈子昂同一步骤。

盛唐诗家以王维、孟浩然、张九龄为最。张多古诗，和李、陈同有复古的倾向。王、孟诗与陶相近，作品中有古诗、有律诗，以描写风景为最多，都平淡有意趣。

李、陈、张三家都是复古诗家，三人中自然推李为才最高。他生平目

空古人，自以为在古人之上，在我们看来，他的气自然盛于前人，说他是高于前人恐怕未必。王、孟两家是在古今之间，到了杜甫，才开今派的诗。

杜甫的诗，元稹说他高于李，因为杜立排律之体，为李所不及的。据我看来，李诗是成线的，杜诗是成面的；杜诗可说是和“赋”有些相像，必要说杜胜于李却仍不敢赞同。并且自杜诗开今，流于典故的堆叠，自然的气度也渐渐遗失，为功为罪，未可定论！至于杜的古诗，和古人也相去不远，只排律一体，是由他首创，“子美别开新世界”，就是这么一个世界罢！在杜以前诸诗家，除颜延之而外，没有一个以多用书为贵的，自杜以后，才非用典故不能夸示于人。或者后人才不如古，以典故文饰，可掩了自己的短处！正如天然体态很美的女子，不要借力于脂粉，那些体态不甚美的，非藉此不可了。昌黎的诗，习杜之遗风，更爱用典故，并爱用难识的字，每况愈下了，但自然之风尚存，所以得列于诗林。

韦应物、柳宗元两家，和昌黎虽同时，而作品大不相同。他们有王、孟气味，很自然平淡的。我们竟可以说柳的文和诗截不相同。同时有元微之、白居易二家，又和别家不同；他们随便下笔，说几句民情，有《小雅》的风趣，他们所以见称也以此。

晚唐，温庭筠、李义山两家爱讲对仗，和杜甫爱典故是一样的，结合便成宋代的诗风。“西昆体”染此风甚深，所以宋代诗话，专在这些地方留意。

宋初，欧阳修、梅圣俞对于“西昆体”很反对，但欧阳修爱奇异的诗句，如“水泥行郭索（这句是咏蟹；“郭索”两字见扬子《太玄经》），云木叫钩辀（这句是咏鸠；“钩辀”两字见陆玑《毛诗草木鸟兽虫鱼疏》）”二句，已不可解，他却大加赞赏；和他的论文大相抵触的。梅圣俞的诗，开考古之源，和古人咏古的诗，又大不相同了。总之，宋人的诗，是合“好对仗、引奇字、考据”三点而成，以此病入膏肓。苏轼的诗，更打破唐诗的规模，有时用些佛典之法理，太随便了。王荆公爱讲诗律，但他的诗律，忽其大者而注重小者，竟说：“上句用《汉书》，下句也要用《汉书》的。”（按原话为：“用汉人语，止可以汉人语对。”见《石林诗话》）自此大方气象全失；我们读宋祁“何言汉朴学，（见《汉书》）反似楚技官（见《史记·吴起传》）”之句，再看王维“正法调狂象，（见佛法）玄言问老龙（见《庄子》）”之句，真有天壤之判呢！有宋一代，诗话很多，无一不深中此病。惟《沧浪诗话》和众不同，他说“诗有别才，不关学也；诗有别趣，不关理也”。此种卓见，可扫宋人的习气了。

南宋，陆放翁含北宋习气也很深，惟有范石湖（按即范成大）、刘复村（按疑为刘克庄，号后村之误）自有气度，与众不同。黄山谷（按即黄庭坚）出，开江西诗派之源。黄上学老杜，开场两句必对仗，是他们的规律，这一派诗无足取。

元、明、清三代诗甚衰，一无足取。高青邱（按明诗人高启，号青邱子）的诗失之靡靡，七子的诗失之空门面，王渔洋、朱彝尊的诗失之典泽过浓，到了翁方纲以考据入诗，洪亮吉爱对仗，更不成诗。其间稍可人意的，要推查初白（按即查慎行）的，但也不能望古人之项背。洪亮吉最赏识“足以乌孙涂上茧，头儿黄祖座中枭”二句，我们读了只作三日呕！

诗至清末，穷极矣。穷则变，变则通；我们在此若不向上努力，便要向下堕落。所谓向上努力就是直追汉、晋，所谓向下堕落就是近代的白话诗，诸君将何取何从？提倡白话诗人自以为从西洋传来，我以为中国古代也曾有过，他们如要访祖，我可请出来。唐代史思明（夷狄）的儿子史朝义称怀王，有一天他高兴起来，也咏一首樱桃的诗：

“樱桃一篮子，一半青，一半黄，一半与怀王，一半与周贽。”那时有人劝他，把末两句上下对掉，作为“一半与周贽，一半与怀王”，便与“一半青，一半黄”押韵。他怫然道：周贽是我的臣，怎能在怀王之上呢？如在今日，照白话诗的主张，他也何妨说“何必用韵呢”？这也可算白话诗的始祖罢。一笑！

第五节

结　论

——国学之进步

中国学术，除文学不能有绝对的完成外，其余的到了清代，已渐渐告成，告一结束。清末诸儒，若曾国藩、张之洞辈都以为一切学问已被前人

说尽，到了清代，可说是登峰造极，后人只好追随其后，决不再能超过了。我以为后人仅欲得国学中的普通学识，则能够研究前人所已发明的，可算已足，假使要求真正学问，怕还不足罢！即以“考据”而论，清代成就虽多，我们依着他们的成规，引而伸之，也还可以求得许多的知识。在他们的成规以外，未始没有别的途径可寻；那蕴蓄着未开辟的精金正多呢！总之，我们若不故步自封，欲自成一家言；非但守着古人所发明的于我未足，即依律引伸，也非我愿，必须别创新律，高出古人才满足心愿——这便是进步之机。我对于国学求进步之点有三：

1. 经学　以比类知原求进步。

2. 哲学　以直观自得求进步。

3. 文学　以发情止义求进步。——毕竟讲来，文学要求进步，恐怕难能呢？

清代治经学较历代为尤精，我在讲经学之派别时已经讲过。我们就旧有成规再加讲讨，原也是个方法。不过“温故知新”仅“足以为师”，不足语于进步。我们治经必须比类知原，才有进步。因前人治经，若宋、明的讲大体，未免流于臆测妄断；若清代的订训诂，又仅求一字的妥当，一句的讲明，一制的考明，“擘绩补苴”，不甚得大体。我们生在清后，那经典上的疑难，已由前人剖析明白，可让我们融会贯通再讲大体了。

从根本上讲，经史是决不可以分的。经是古代的历史，也可以说是断代史。我们治史，当然要先看通史，再治断代的史，才有效果，若专治断代史，效果是很微细的。治经，不先治通史，治经不和通史融通，其弊与专治断代史等，如何能得利益？前人正犯此病。所以我主张比类求原，以求经史的融会，以谋经学的进步。如何是比类求原？待我说来！经典中的《尚书》、《春秋》，是后代“编年”、“纪传”两体之先源。刘知几曾说“纪传”是源于《尚书》，“编年”是源于《春秋》，章学诚也曾说后代诸史皆本于《春秋》。这二人主张虽不同，我们考诸事实，诸史也不尽同于《尚书》、《春秋》，而诸史滥觞于彼，是毫无疑义的。所以治经：对于“制度”，下则求诸《六典》、《会典》诸书，上以归之于《周礼》、《仪礼》。对于地理，下则考诸史及地舆志，上以归之于《禹贡》及《周礼·职方志》。

即风俗道德，亦从后代记载上求源于经典。总之，把经看作古代的历史，用以参考后世种种的变迁，于其中看明古今变迁的中心。那么，经学家最忌的武断、琐屑二病，都可免除了。未来所新见的，也非今日所可限量呢！

中国哲学在晋代为清谈，只有口说，讲来讲去，总无证据。在宋、明为理学，有道学问、尊德性之分，自己却渐有所证。在清代专在文字上求、以此无专长者，若戴东原著《孟子字义疏证》，阮芸台讲性命，陈兰甫（按即陈澧）著《汉儒通义》，也仅在文字上求、训诂上求，有何可取！要知哲理非但求之训诂为无用，即一理为人人所共明而未证之于心，也还没有用处的，必须直观自得，才是真正的功夫。王阳明辈内证于心，功夫深浅各有不同，所得见解，也彼此歧异，这也是事实上必有的。理，仿佛是目的地，各人所由的路，既不能尽同，所见的理，也必不能尽同；不尽同和根源上并无不合呢！佛家内证功夫最精深，那些堕落的就专在语言文字上讲了。西洋哲学，文字虽精，仍是想像如此，未能证之于心，一无根据，还不能到宋学的地步，所以彼此立论，竟可各走极端的。这有理论无事实的学问，讲习而外，一无可用了！近代法国哲学家柏格森渐注重直觉，和直观自得有些相近了。总之，讲哲理决不可像天文家讲日与地球的距离一样，测成某距离为已精确了。因为日的距离，是事实上决不能量，只能用理论推测的，那心象是在吾人的精神界，自己应该觉得的。所以，不能直观自得，并非真正的哲理，治哲学不能直观自得便不能进步。

文学如何能求进步？我以为要“发情止义”。何为发情止义？如下述：“发情止义”一语，出于《诗序》。彼所谓“情”是喜怒哀乐的“情”，所谓“义”是礼义的“义”。我引这语是把彼的意义再推广之：“情”是“心所欲言，不得不言”的意思，“义”就是“作文的法度”。桐城派的文章，并非没有法度；但我们细读一过，总觉得无味；这便因他们的文，虽止乎义，却非发乎情。他们所作游记论文，也不过试试自己的笔墨罢了。王渔洋（按即王士祯）的诗，法度非不合，但不能引人兴趣；也因他偶到一处，即作一诗，仿佛日记一般，并非有所为而作的。清初侯方域、魏叔子（按即魏禧）以明代遗民，心有不平，发于文章，非无感情，但又绝无法

度。明末大儒黄梨洲、王船山（按即王夫之），学问虽博，虽有兴亡感慨，但黄文既不类白话，又不类语录，又不类讲章，只可说是像批语；王船山非常生硬，又非故意如此；都可说是不上轨道的。所以文学非但要“止乎义”，还要“发乎情”。那初作文，仅有法度，并无情，用以练习则可，用以传世则不可，仿佛习字用九宫格临帖，是不可以留后的。韩昌黎自以为因文生道，顾亭林对于这话有所批评。实在昌黎之文，并非无情无义，若《书张中丞传后》，自是千古必传的，可惜他所作碑志太多，就多止于义、不发于情的了。苏东坡的史论，有故意翻案的、有不必作的，和场屋文一般，也非发于情之作。古文中非无此流，比较的少一些。诗关于情更深，因为诗专以写性情为主的。若过一处风景，即写一诗，诗如何能佳？宋代苏、黄的诗，就犯此病。苏境遇不佳，诗中写抑郁不平的还多，而随便应酬的诗也很多，就损失他的价值了。唐代杜工部身遇乱世，又很穷困，诗中有情之作，可居半數，其他也不免到一处写一首的。杜以前诸诗家，很少无情之作，即王、孟也首首有情的。至古代诗若《大风歌》、《扶风歌》全是真性情流出，一首便可传了！

诗文二项中：文有有法无情的，也有无法有情的；诗却有情无法少，有法无情多；近代诗虽浅鄙，但非出乎轨外。我们学文学诗，初步当然要从法上走，然后从情创出。那初步即欲文学太史公，诗学李太白的，可称狂妄之人呢！我们还要知文学作品忌多，太多必有无情之作，不足贵了。

二三十年前，讲文学，只怕无情，不怕无义。梁任公（按即梁启超）说我是正统派，这正统派便能不背规则的。在现在有情既少，益以无义，文学衰堕极了。我们若要求进步，在今日非从“发情止义”下手不可。能发情止义，虽不必有超过古人之望；但诗或可超过宋以下诸诗家，文或可超过清以下诸文家！努力！

第二章
诸子学略说①

所谓诸子学者，非专限于周、秦，后代诸家亦得列入，而必以周、秦为主。盖中国学说，其病多在汗漫。春秋以上，学说未兴。汉武以后，定一尊于孔子，虽欲放言高论，犹必以无碍孔氏为宗，强相援引，妄为皮傅，愈调和者愈失其本真，愈附会者愈违其解故。故中国之学，其失不在支离，而在汗漫。自宋以后，理学肇兴。明世推崇朱氏过于素王；阳明起而相抗，其言致良知也，犹云“朱子晚年定论”；孙奇逢辈遂以调和朱陆为能，此皆汗漫之失也。

惟周秦诸子，推迹古初，承受师法，各为独立，无援引攀附之事。虽同在一家者，犹且矜己自贵，不相通融。故荀子非十二子，子思、孟轲亦在其列。或云“子张氏之贱儒”、“子游氏之贱儒”、“子夏氏之贱儒”，诟詈嘲弄，无所假借。《韩非子·显学》篇云：“世之显学，儒、墨也。儒之所至，孔丘也。墨之所至，墨翟也。自孔子之死也，有子张之儒，有子思之儒，有颜氏之儒，有孟氏之儒，有漆雕氏之儒，有仲良氏之儒，有孙氏之儒，有乐正氏之儒。自墨子之死也，有相里氏之墨，有相夫氏之墨，有邓陵氏之墨。故孔墨之后，儒分为八，墨离为三，取舍相反不同，而皆自为真。孔墨不可复生，将谁使定世之学乎？”此可见当时学者，惟以师说为宗，小有异同，便不相附，非如后人之忌狭隘，喜宽容，恶门户，矜旷观也。盖观调和独立之殊，而知古今学者远不相及。佛家有言：何等名为所熏？“若法平等，无所违逆，能容习气，乃是所熏；此遮善染，势力强盛，无所容纳，故非所熏”“若法自在，性非坚密，能受习气，乃是所熏。此遮心所及无为法，依他坚密，故非所熏。”（见《成唯识论》。）此可见古

---

① 此文原载1906年9、10月《国粹学报》丙午年8、9号。

学之独立者，由其持论强盛，义证坚密，故不受外熏也。或曰：党同门而妒道真者，刘子骏之所恶，以此相责，得无失言？答曰：此说经与诸子之异也。说经之学，所谓疏证，惟是考其典章制度与其事迹而已，其是非且勿论也。欲考索者，则不得不博览传记。而汉世太常诸生，唯守一家之说，不知今之经典，古之官书，其用在考迹异同，而不在寻求义理。故孔子删定六经，与太史公、班孟坚辈初无高下。其书既为记事之书，其学惟为客观之学。党同妒真，则客观之学必不能就，此刘子骏所以移书匡正也。若诸子则不然。彼所学者，主观之学，要在寻求义理，不在考迹异同，既立一宗，则必自坚其说，一切载籍，可以供我之用，非束书不观也。虽异己者，亦必睹其文籍，知其义趣，惟往复辩论，不稍假借而已。是故言诸子，必以周秦为主。

古之学者，多出王官。世卿用事之时，百姓当家，则务农商畜牧，无所谓学问也。其欲学者，不得不给事官府为之胥徒，或乃供洒扫为仆役焉。故《曲礼》云："宦学事师。"学字本或作御。所谓宦者，谓为其宦寺也；所谓御者，谓为其仆御也。故事师者，以洒扫进退为职，而后车从者，才比于执鞭拊马之徒。观春秋时，世卿皆称夫子。夫子者，犹今言老爷耳。孔子为鲁大夫，故其徒尊曰夫子，犹是主仆相对之称也。《说文》云："仕，学也。"仕何以得训为学？所谓宦于大夫，犹今之学习行走尔。是故非仕无学，非学无仕，二者是一，而非二也。（学优则仕之言出于子夏，子夏为魏文侯师，当战国时，仕学分途久矣，非古义也。）秦丞相李斯议曰："若欲有学法令，以吏为师。"亦犹行古之道也。惟其学在王官，官宿其业，传之子孙，故谓之畴人子弟。（见《史记·历书》。）畴者类也。《汉律》"年二十三傅之畴官，各从其父学"，此之谓也。（近世阮元作《畴人传》，以畴人为明算之称，非是。）其后有儒家、墨家诸称。《荀子·大略》篇云："此家言邪学所以恶儒者。"当时学术相传，在其弟子，而犹称为家者，亦仍古者畴官世业之名耳。《史记》称老聃为"柱下史"，庄子称老聃为"征藏史"，道家固出于史官矣。孔子问礼老聃，卒以删定六艺，而儒家亦自此萌芽。墨家先有史佚，为成王师，其后墨翟亦受学于史角。阴阳家者，其所掌为文史星历之事，则《左氏》所载瞽史之徒能知天道者是也。其他虽无征验，而大抵出于王官。是故《汉·艺文志》论之曰：儒家者流，盖出于司徒之官；道家者流，盖出于史官；阴阳家者流，盖出于羲和之官；法家者流，盖出于理官；名家者流，盖出于礼官；墨家者流，盖出于清庙之守；纵横家者流，盖出于行人之官；杂家者流，盖出于议官；农家者流，盖出于农稷之官；小说家者流，盖出于稗官。此诸子出于王官之证。惟其各为一官，守法奉职，故彼此不必相通。《庄子·天下》篇云“譬如耳目鼻口，皆有所明，不能相通”是也。亦有兼学二术者，如儒家多兼纵横，法家多兼名，此表里一体，互为经纬者也。若告子之兼学儒墨，则见讥于孟氏；而墨子亦谓告子为仁，譬犹跂以为长，隐以为广，其弟子请墨子弃之。（见《墨子·公孟》篇。）进退失据，两无所容，此可为调和者之戒矣。

今略论各家如左：

一论儒家。《周礼·太宰》言“儒以道得民”，是儒之得称久矣。司徒之官，专主教化，所谓三物化民。三物者，六德、六行、六艺之谓。是故孔子博学多能，而教人以忠恕。虽然，有商订历史之孔子，则删定六经是也；有从事教育之孔子，则《论语》、《孝经》是也。由前之道，其流为经师；由后之道，其流为儒家。《汉书》以周、秦、汉初诸经学家，录入《儒林传》中；以《论语》、《孝经》诸书，录入《六艺略》中。此由汉世专重经术，而儒家之荀卿，又为《左氏》、《谷梁》、《毛诗》之祖，此所以不别经儒也。若在周秦，则固有别。且如儒家巨子李克、宁越、孟子、荀卿、鲁仲连辈，皆为当世显人；而《儒林传》所述传经之士，大都载籍无闻，莫详行事。盖儒生以致用为功，经师以求是为职。虽今文、古文所持有异，而在周秦之际，通经致用之说未兴，惟欲保残守缺，以贻子孙，顾于世事无与。故荀卿讥之曰：鄙夫“好其实，不恤其文，是以终身不免埤污庸俗。故《易》曰‘括囊，无咎无誉’，腐儒之谓也”。（见《非相》篇。）此云腐儒，即指当世之经师也。由今论之，则犹愈于汉世经师言“取青紫如拾芥”，较之战国儒家亦为少愈，以其淡于荣利云尔。儒家之病，在以富贵利禄为心。盖孔子当春秋之季，世卿秉政，贤路壅塞，故其作《春秋》也，以非世卿见志。（公羊家及左氏家张敞皆有其说。）其教弟子也，惟欲成就吏材，可使从政。而世卿既难猝去，故但欲假借事权，便其行事，是故终身志望，不敢妄希帝王，惟以王佐自拟。观荀卿《儒效》篇云：“大儒者，天子三公也（杨注：其才堪王者之佐也）；小儒者，诸侯大夫士也；众人者，工、农、商贾也。”是则大儒之用，无过三公，其志亦云卑矣。孔子之讥丈人，谓之不仕无义。孟子、荀卿皆讥陈仲，一则以为无亲戚君臣上下，一则以为盗名不如盗货。（见《荀子·不苟》篇。）而荀子复述太公诛华士事（见《宥坐》篇），由其不臣天子，不友诸侯。（见《韩非子·外储说右上》。）是儒家之湛心荣利，较然可知。所以者何？苦心力学，约处穷身，心求得售，而后意歉。故曰：沽之哉，沽之哉！不沽则吾道穷矣。《艺文志》说儒家云：“辟者随时抑扬，违离道本，苟以哗众取宠。”不知哗众取宠，非始辟儒，即孔子固已如是。庄周述盗跖之言曰：“鲁国巧伪人孔丘，不耕而食，不织而衣，摇唇鼓舌，擅生是非，以迷天下之主，使天下学士不反其本，妄作孝弟，而侥幸于封侯富贵者也。”此犹曰道家诋毁之言也。而微生亩与孔子同时，已讥其佞，则儒者之真可见矣。孔子干七十二君，已开游说之端。其后儒家率多兼纵横者（见下）。其自为说曰：“无可无不可。”又曰：“可与立，未可与权。”又曰：“君子之中庸也，君子而时中。”孟子曰：“孔子圣之时者也。”荀子曰：“君子时绌则绌，时伸则伸也。”（见《仲尼》篇。）然则孔子之教，惟在趋时，其行义从时而变。故曰：“言不必信，行不必果。”如（《墨子·非儒下》篇）讥孔子曰：

孔某穷于陈蔡之间，藜羹不糂十日，子路为烹豚，孔丘不问肉之所由来而食。褫人衣以酤酒，孔丘不问酒之所由来而饮。哀公迎孔丘，席不端弗坐，割不正弗食。子路进请曰：“何其与陈、蔡反也？”孔丘曰：“来！吾语女。曩与女为苟生，今与女为苟义。”夫饥约，则不辞妄取以活身；赢饱，则伪行以自饰。污邪诈伪，孰大于此？

其诈伪既如此，及其对微生亩也，则又以“疾固”自文。此犹叔孙通对鲁两生曰“若真鄙儒，不知时变”也。所谓中庸，实无异于乡愿。彼以乡愿为贼而讥之。夫一乡皆称愿人，此犹没身里巷，不求仕宦者也。若夫

“缝衣浅带，矫言伪行，以迷惑天下之主”，则一国皆称愿人。所谓中庸者，是国愿也，有甚于乡愿者也。孔子讥乡愿，而不讥国愿，其湛心利禄，又可知也。君子时中、时伸、时绌，故道德不必求其是，理想亦不必求其是，惟期便于行事则可矣。用儒家之道德，故艰苦卓厉者绝无，而冒没奔竞者皆是。俗谚有云：“书中自有千钟粟。”此儒家必至之弊，贯于征辟、科举、学校之世，而无乎不遍者也。用儒家之理想，故宗旨多在可否之间，论议止于函胡之地。彼耶稣教、天方教崇奉一尊，其害在堵塞人之思想；而儒术之害，则在淆乱人之思想。此程、朱、陆、王诸家，所以有权而无实也。虽然，孔氏之功则有矣，变机祥神怪之说而务人事，变畴人世官之学而及平民，此其功亦复绝千古。二千年来，此事已属过去，独其热中竞进在耳。

次论道家。道家老子，本是史官，知成败祸福之事悉在人谋，故能排斥鬼神，为儒家之先导。（道家如老庄辈，皆无崇信鬼神之事，列子稍近神仙，亦非如汉世方士所为也。《老子》“谷神不死，是谓玄牝”等语，未知何指，道士依傍其说，推为教祖，实于老子无与。）亦以怵于利害，胆为之怯，故事事以卑弱自持。所云“无为权首，将受其咎”，“人皆取先，己独取后”者，实以表其胆怯之征。盖前世伊尹、太公之属（《汉·艺文志》道家有《伊尹》五十一篇、《太公》二百三十七篇），皆为辅佐，不为帝王。学老氏之术者，周时有范蠡，汉初有张良，其位置亦相类，皆惕然于权首之戒者也。孔子受学老聃，故儒家所希，只在王佐，可谓不背其师说矣。老子非特不敢为帝王，亦不敢为教主。故云：“‘弱梁者不得其死’，吾将以为教父。”大抵为教主者，无不强梁，如释迦以勇猛无畏为宗，尊曰大雄，亦曰调御；而耶稣、穆罕默德辈或称帝子，或言天使，遇事奋迅，有愍不畏死之风，此皆强梁之最也。老子胆怯，自知不堪此任，故云“人之所教，我亦教之”，如是而已。然天下惟胆怯者权术亦多。盖力不能取，而以智取，此事势之必然也。老子云：“道法自然。”太史论老、庄诸子，以为归于自然。自然者，道家之第一义谛。由其博览史事，而知生存竞争，自然进化，故一切以放任为主。虽然，亦知放任之不可久也。群龙无首，必有以提倡之，又不敢以权首自居，是故去力任智，以诈取人，使

彼乐于从我。故曰："善为道者，非以明民，将以愚之。""弱之胜强，柔之胜刚，天下莫不知。"老氏学术，尽于此矣。虽然，老子以其权术授之孔子，而征藏故书，亦悉为孔子诈取。孔子之权术，乃有过于老子者。孔学本出于老，以儒道之形式有异，不欲崇奉以为本师（亦如二程之学，本出濂溪，其后反对佛老，故不称周先生，直称周茂叔而已。东原之学，本出婺源，其后反对朱子，故不称江先生，直称吾郡老儒江慎修而已），而惧老子发其覆也。于是说老子曰："乌鹊孺，鱼傅沫，细要者化，有弟而兄啼。"（见《庄子·天运》篇，意谓己述六经，学皆出于老子，吾书先成，子名将夺，无可如何也。）老子胆怯，不得不曲从其请。逢蒙杀羿之事，又其素所怵惕也。胸有不平，欲一举发，而孔氏之徒，遍布东夏，吾言朝出，首领可以夕断。于是西出函谷，知秦地之无儒，而孔氏之无如我何，则始著《道德经》以发其覆。藉令其书早出，则老子必不免于杀身，如少正卯在鲁，与孔子并，孔子之门"三盈三虚"（见《论衡·讲瑞》篇），犹以争名致戮，而况老子之陵驾其上者乎？呜呼！观其师徒之际，忌刻如此，则其心术可知。其流毒之中人，亦可知已。庄子晚出，其气独高，不惮抨弹前哲。愤奔走游说之风，故作《让王》以正之；恶智力取攻之事，故作《胠箧》以绝之。其术似与老子相同，其心乃与老子绝异。故《天下》篇历叙诸家，已与关尹、老聃裂分为二。其褒之以至极，尊之以博大真人者，以其自然之说，为己所取法也。其裂分为二者，不欲以老子之权术自污也。或谓子夏传田子方，田子方传庄子，是故庄子之学，本出儒家。其说非是。庄子所述，如庚桑楚、徐无鬼、则阳之徒多矣，岂独一田子方耶？以其推重子方，遂谓其学所出，必在于是，则徐无鬼亦庄子之师耶？南郭子綦之说，为庄子所亟称，彼亦庄子师耶？

次论墨家。墨家者，古宗教家，与孔、老绝殊者也。儒家公孟言"无鬼神"（见《墨子·公孟》篇），道家老子言"以道莅天下，其鬼不神"，是故儒道皆无宗教。儒家后有董仲舒，明求雨禳灾之术，似为宗教。道家则由方士妄托为近世之道教，皆非其本旨也。惟墨家出于清庙之守，故有《明鬼》三篇，而论道必归于天志，此乃所谓宗教矣。兼爱、尚同之说，为孟子所非；非乐、节葬之义，为荀卿所驳。其实墨之异儒者，并不止此。盖非命之说，为墨家所独胜。儒家、道家皆言有命。其善于持论者，神怪妖诬之事，一切可以摧陷廓清，惟命则不能破。如《论衡》有《命禄》、《气寿》、《幸遇》、《命义》等篇是也。其《命义》篇举儒、墨对辩之言曰：

墨家之论，以为人死无命；儒家之议，以为人死有命。言有命者，见子夏言“死生有命，富贵在天”。言无命者，闻历阳之都，一宿沉而为湖；秦将白起坑赵降卒于长平之下，四十万众同时皆死；春秋之时，败绩之军，死者蔽草，尸且万数；饥馑之岁，饿者满道；温气疫疠，千户灭门。如必有命，何其秦、齐同也？言有命者曰：夫天下之大，人民之众，一历阳之都，一长平之坑，同命俱死，未可怪也。命当溺死，故相聚于历阳；命当压死，故相积于长平。犹高祖初起，相工入丰、沛之邦，多封侯之人矣；未必老少男女俱贵而有相也。卓跞时见，往往皆然。而历阳之都，男女俱没，长平之坑，老少并陷，万数之中，必有长命未当死之人；遭时衰微，兵革并起，不得终其寿。人命有长短，时有盛衰，衰则疾病，被灾蒙祸之验也。宋卫陈郑，同日并灾，四国之人，必有禄盛未当衰之人，然而俱灾，国祸临之也。故国命胜人命，寿命胜禄命。

凡言禄命，而能成理者，以此为胜。虽然，命者孰为之乎？命字之本，固谓天命。儒者既斥鬼神，则天命亦无可立。若谓自然之数，数由谁设？更不得其征矣。然墨子之非命，亦仅持之有故，未能言之成理也。特以有命之说，使人偷惰，故欲绝其端耳。其《非命》下篇曰：“今天下之君子之为文学出言谈也，非将勤能其颊舌，而利其唇吻也，中实将欲其国家邑里万民刑政者也。今王公大臣，若信有命而致行之，则必怠乎听狱治政矣，卿大夫必怠乎治官府矣，农夫必怠乎耕稼树艺矣，妇人必怠乎纺绩织纴矣。”是故非命者，不必求其原理，特谓于事有害而已。夫儒家不信鬼神，而言有命，墨家尊信鬼神，而言无命，此似自相刺缪者。不知墨子之非命，正以成立宗教。彼之尊天右鬼者，谓其能福善祸淫耳。若言有命，则天鬼为无权矣。卒之盗跖寿终，伯夷饿夭，墨子之说，其不应者甚多，此其宗教所以不能传久也。又凡建立宗教者，必以音乐庄严之具感触

人心，使之不厌，而墨子贵俭非乐，故其教不能逾二百岁（秦汉已无墨者）。虽然，墨子之学诚有不逮孔、老者，其道德则非孔、老所敢窥视也。

次论阴阳家。阴阳家亦属宗教，而与墨子有殊观。《墨子·贵义》篇云："子墨子北之齐，遇日者。日者曰：'帝以今日杀黑龙于北方，而先生之色黑，不可以北。'子墨子不听，遂北，至淄水，不遂，而返焉。日者曰：'我谓先生不可以北。'子墨子曰：'南人不得北，北人不得南，其色有黑者有白者，何故皆不遂也？且帝以甲乙杀青龙于东方，以丙丁杀赤龙于南方，以庚辛杀白龙于西方，以壬癸杀黑龙于北方，以戊己杀黄龙于中方。若用子之言，则是禁天下之行者也。'"盖墨家言宗教，以善恶为祸福之标准；阴阳家言宗教，以趋避为祸福之标准，此其所以异也。或疑《七略》以阴阳家录入诸子，而数术自为一略，二者何以相异？答曰：以今论之，实无所异，但其理有浅深耳。盖数术诸家皆繁碎占验之辞，而阴阳家则自有理论，如《邹子》四十九篇，《邹子终始》五十六篇，《邹奭子》十二篇。观《史记·孟荀列传》所述，邹衍之说，穷高极深，非专术家之事矣。《南公》三十六篇，即言"楚虽三户，亡秦必楚"者，是为预言之图谶，亦与常占有异。如扬雄之《太玄》、司马光之《潜虚》、邵雍之《皇极经世》、黄道周之《三易洞玑》，皆应在阴阳家，而不应在儒家六艺家。此与蓍龟形法之属，高下固殊绝矣。

次论纵横家。纵横家之得名，因于从人横人。以六国抗秦为从，以秦制六国为横。其名实不通于异时异处。《汉志》所录，汉有《蒯子》五篇，《邹阳》七篇。蒯劝韩信以三分天下，鼎足而居；邹阳仕梁，值吴楚昌狂之世，其书入于纵横家，亦其所也。其他《秦零陵令信》一篇，《主父偃》二十八篇，《徐乐》一篇，《庄安》一篇，《待诏金马聊苍》一篇。身仕王朝，复何纵横之有？然则纵横者，游说之异名，非独外交专对之事也。儒家者流，热中趋利，故未有不兼纵横者。如《墨子·非儒》下篇记孔子事，足以明之：

孔丘之齐，见景公。景公欲封之以尼溪。晏子曰："不可。"于是厚其礼，留其封，数见而不问其道。孔乃恚怒于景公与晏子，乃树鸱夷子皮于田常之门，告南郭惠子以所欲为。归于鲁。有顷间，齐将伐鲁，告子贡曰："赐乎！举大事于今之时矣。"乃遣子贡之齐，因南郭惠子以见田常，劝之伐吴，以教高、国、鲍、晏，使毋得害田常之乱。

《越绝书·内传·陈成恒》篇亦记此事云："子贡一出，存鲁、乱齐、破吴、强晋、霸越。"是则田常弑君，实孔子为之主谋。沐浴请讨之事，明知哀公不听，特借此以自文。此为诈谖之尤矣。便辞利口，覆邦乱家，非孔子、子贡为之倡耶？《庄子·胠箧》云："田成子一旦杀齐君而盗其国，所盗者岂独其国耶？并举其圣知之法而盗之。故窃钩者诛，窃国者为诸侯，诸侯之门，而仁义存焉。"此即切齿腐心于孔子之事也。自尔以来，儒家不兼纵横，则不能取富贵。余观《汉志》儒家所列，有《鲁仲连子》十四篇，《平原君》七篇，《陆贾》二十三篇，《刘敬》三篇，《终军》八篇，《吾丘寿王》六篇，《庄助》四篇。此外则有郦生，汉初谒者，称为大儒，而其人皆善纵横之术。其关于外交者，则鲁仲连说辛垣衍，郦生说田横，陆贾、终军、严助谕南越是也。其关于内事者，则刘敬请都关中是也。吾丘寿王在武帝前，智略辐凑，传中不言其事。寿王既与主父偃、徐乐、庄助同传，其行事实相似。而平原君朱建者，则为辟阳侯审食其事，游说嬖人，其所为愈卑鄙矣。纵横之术，不用于国家，则用于私人。而持书求荐者，又其末流。曹丘通谒于季布，楼护传食于五侯。降及唐世，韩愈以儒者得名，亦数数腾言当道，求为援手。乃知儒与纵横，相为表里，犹手足之相支，毛革之相附也。宋儒稍能自重。降及晚明，何心隐辈又以此术自豪。及满洲而称理学者，无不习捭阖、知避就矣。孔子称"达者，察言观色，虑以下人"，"闻者，色取行违，居之不疑"。由今观之，则闻者与纵横稍远，而达者与纵横最近，达固无以愈于闻也。程朱末流，惟是闻者；陆王末流，惟是达者。至于今日，所谓名臣大儒，则闻达兼之矣。若夫纵人横人之事，则秦皇一统而后，业已灭绝。故《隋书·经籍志》中，惟存《鬼谷》三卷，而梁元帝所著《补阙子》与《湘东鸿烈》二书，不知其何所指也。

次论法家。法家者，略有二种：其一为术，其一为法。《韩非子·定法篇》曰："申不害言术，而公孙鞅为法。术者，因任而授官，循名而责实，操杀生之柄，课群臣之能者也，此人主之所执也。法者，宪令著于官府，刑罚必于民心，赏存乎慎法，而罚加乎奸令者也，此臣之所师也。”然为术者，则与道家相近；为法者，则与道家相反。《庄子·天下》篇说慎到之术曰：“椎柏輐断，与物宛转”，“推而后行，曳而后往，若飘风之还，若羽之旋，若磨石之隧，全而无非，动静无过，未尝有罪。”此老子所谓“圣人无常心，以百姓为心”也。此为术者与道家相近也。老子言：“民不畏死，奈何以死惧之?”太史公《酷吏列传》亦引“法令滋章，盗贼多有”之说，而云“法令者，治之具，而非制治清浊之源”。此为法者与道家相反也。亦兼任术法者，则管子、韩非是也。《汉志》、《管子》列于道家，其《心术》、《白心》、《内业》诸篇，皆其术也；《任法》、《法禁》、《重令》诸篇，皆其法也。韩非亦然。《解老》、《喻老》本为道家学说。少尝学于荀卿，荀卿隆礼义而杀《诗》、《书》，经礼三百，固周之大法也。韩非合此二家，以成一家之说，亦与管子相类。（惟《管子·幼官》诸篇，尚兼阴阳，而韩非无此者，则以时代不同也。）后此者惟诸葛亮专任法律，与商君为同类。故先主遗诏，令其子读《商君书》（见裴松之《三国志注》引《诸葛亮集》），知其君臣相合也。其后周之苏绰，唐之宋璟，庶几承其风烈。然凡法家必与儒家、纵横家反对。惟荀卿以儒家大师，而法家韩、李为其弟子，则以荀卿本意，在杀《诗》、《书》，固与他儒有别。韩非以法家而作《说难》，由其急于存韩，故不得不兼纵横耳。其余则与儒家、纵横家，未有不反唇相稽者。《商君·外内》篇曰：“奚谓淫道？为辩知者贵，游宦者任，文学私名显之谓也。”此兼拒儒与纵横之说也。《靳令》篇曰：“六虱：曰礼乐，曰《诗》、《书》，曰修善，曰孝弟，曰诚信，曰贞廉，曰仁义，曰非兵，曰羞战。”此专拒儒家之说也。韩非《诡使》篇曰：“守度奉量之士，欲以忠婴上而不得见；巧言利辞，行奸轨以幸偷世者数御。”《六反》篇曰：“游居厚养，牟食之民也，而世尊之曰有能之士；曲语牟知，伪诈之民也，而世尊之曰辩智之士。”此拒纵横家之说也。《五蠹》篇曰：“儒以文乱法，侠以武犯禁。”《显学》篇曰：“藏书策，习谈论，聚徒役，服文学而议说，世主必从而礼之。”“国平则养儒侠，难至则用介士，所养者非所用，所用者非所养，此所以乱也。”此拒儒家之说也。《五蠹》篇曰：“明主之国，无书简之文，以法为教；无先王之语，以吏为师。”此拒一切学者之说也。至汉公孙弘、董仲舒辈，本是经师，其时经师与儒已无分别。弘习文法吏事，而缘饰以儒术；仲舒为《春秋决狱》二百三十二事，以应廷尉张汤之问。儒家、法家，于此稍合。自是以后，则法家专与纵横家为敌。严助、伍被，皆纵横家，汉武欲薄其罪，张汤争而诛之。主父偃亦纵横家，汉武欲勿诛，公孙弘争而诛之。而边通学短长之术，亦卒谮杀张汤。诸葛治蜀，赏信必罚。彭羕、李严，皆纵横之魁桀，故羕诛而严流。其于儒者，则稍稍优容之。盖时诎则诎，能俯首帖耳于法家之下也。然儒家、法家、纵横家，皆以仕宦荣利为心。惟法家执守稍严，临事有效。儒家于招选茂异之世，则习为纵横，于综核名实之世，则毗于法律。纵横是其本真，法律非所素学。由是儒者自耻无用，则援引法家以为已有。南宋以后，尊诸葛为圣贤，亦可闵已。然至今日，则儒、法、纵横，殆将合而为一也。

次论名家。名家之说，关于礼制者，则所谓“刑名从商，爵名从周，文名从礼”也。关于人事百物者，则所谓“散名之加于万物者，则从诸夏之成俗曲期”也。《庄子·天下》篇云：“《春秋》以道名分。”非特褒贬损益而已。《谷梁传》曰：“陨石于宋，五。先陨而后石，何也？陨而后石也。于宋，四竟之内曰宋。后数，散辞也，耳治也。”“六鹢退飞过宋都。先数，聚辞也，目治也。”石鹢且犹尽其辞，而况于人乎？说曰：“陨石，记闻也，闻其磌然，视之则石，察之则五。”“六鹢退飞，记见也，视之则六，察之则鹢，徐而察之则退飞。”是关于散名者也。凡正名者，亦非一家之术。儒、道、墨、法必兼是学，然后能立能破。故儒有《荀子·正名》，墨有《经说》上下，皆名家之真谛，散在余子者也。若惠施、公孙龙辈，专以名家著闻，而苟为鉥析者多，其术反同诡辩。故先举儒家《荀子·正名》之说，以征名号。其说曰：

何缘而以同异？曰：缘天官。凡同类同情者，其天官之意物也同，故比方之疑似而通。是所以共其约名以相期也。形体、色理，以目异；声音清浊、调竽奇声，以耳异；甘、苦、咸、淡、辛、酸、奇味，以口异；香、臭、芬、郁、腥、臊、洒、酸、奇臭，以鼻异；疾、养、沧、热、滑、铍、轻、重，以形体异；说、故、喜、怒、哀、乐、爱、恶、欲，以心异。心有征知。征知，则缘耳而知声可也，缘目而知形可也。然则征知必将待天官之当簿其类，然后可也。五官簿之而不知，心征之而无说，则人莫不然谓之不知，此所缘而以同异也。然后随而命之：同则同之，异则异之。单足以喻则单；单不足以喻则兼；单与兼无所相避则共，虽共不为害矣。……故万物虽众，有时而欲遍举之，故谓之物。物也者，大共名也。推而共之，共则有共，至于无共然后止。有时而欲偏举之，故谓之鸟兽。鸟兽者，大别名也。推而别之，别则又别，至于无别然后止。……物有同状而异所者，有异状而同所者，可别也。状同而为异所者，虽可合，谓之二实。状变而实无别而为异者，谓之化。有化而无别，谓之一实。此事之所以稽实定数也。此制名之枢要也。

按此说同异何缘？曰缘天官。中土书籍少言缘者，故当征之佛书。大凡一念所起，必有四缘：一曰因缘，识种是也；二曰所缘缘，尘境是也；三曰增上缘，助伴是也；四曰等无间缘，前念是也。缘者是攀附义。此云缘天官者，五官缘境，彼境是所缘缘，心缘五官见分，五官见分是增上缘，故曰“缘耳而知声可也，缘目而知形可也”。五官非心不能感境，故同时有五俱意识为五官作增上缘。心非五官，不能征知，故复借五官见分为心作增上缘。五官感觉，惟是现量，故曰“五官簿之而不知”。心能知觉，兼有非量、比量。初知觉时，犹未安立名言，故曰“心征之而无说”。征而无说，人谓其不知，于是名字生焉。大抵起心分位，必更五级：其一曰作意，此能警心令起；二曰触，此能令根（即五官）、境、识三，和合为一；三曰受，此能领纳顺违俱非境相；四曰想，此能取境分齐；五曰思，此能取境本因。作意与触，今称动向，受者今称感觉，想者今称知觉，思者今称考察。初起名字，惟由想成，所谓口呼意呼者也。继起名字，多由思成，所谓考呼者也。凡诸别名，起于取像，故由想位口呼而成。凡诸共名，起于概念，故由思位考呼而成。同状异所，如两马同状，而所据方分各异。异状同所，如壮老异状，而所据方分是同。不能以同状异所者谓为一物；亦不能以异状同所者谓为二物。然佛家说六种言论，有云众法聚集言论者，谓于色、香、味、触等事和合差别，建立宅、舍、瓶、衣、车、乘、军、林、树等种种言论。有云非常言论者，或由加行，谓于金段等起诸加行，造环钏等异庄严具，金段言舍，环钏言生；或由转变，谓饮食等于转变时，饮食言舍，便秽言生。（见《瑜伽师地论》。）然则同状异所者，物虽异而名可同，聚集万人，则谓之师矣。异状同所者，物虽同而名可异，如卵变为鸡，则谓之鸡矣。《荀子》未言及此，亦其鉴有未周也。次举《墨经》以解因明。其说曰："故，所得而后成也。"（《经上》。）"小故，有之不必然，无之必不然。体也，若有端。大故，有之必无然。若见之成见也。体，若二之一，尺之端也。"（《经说上》。）《荀子》惟论制名，不及因名之术，要待《墨子》而后明之。何谓因明？谓以此因明彼宗旨。佛家因明之法，宗、因、喻三，分为三支。于喻之中，又有同喻异喻。同喻异喻之上，各有合离之言词，名曰喻体。即此喻语，名曰喻依。如云声是无常（宗），所作性故（因）。凡所作者皆是无常，同喻如瓶；凡非无常者皆非所作，异喻如太空（喻）。《墨子》之"故"，即彼之"因"，必得此因，而后成宗。故曰："故，所得而后成也。"小故，大故，皆简因喻过误之言。云何小故？谓以此大为小之"因"。盖凡"因"较宗之"后陈"，其量必减。如以所作成无常，而无常之中，有多分非所作者，若海市、电光，无常起灭，岂必皆是所作？然凡所作者，则无一不是无常。是故无常量宽，所作量狭。今此同喻合词，若云凡无常者，皆是所作，则有"倒合"之过。故曰："有之不必然。"谓有无常者，不必皆是所作也。然于异喻离词，若云凡非无常者皆非所作，则为无过。故曰："无之必不然。"谓无无常者，必不是所作也。以体喻宽量，以端喻狭量，故云："体也，若有端。"云何大故？谓以此大为彼大之因。如云声是无常，不遍性故。不遍之与无常，了不相关，其量亦无宽狭。既不相关，必不能以不遍之因，成无常之宗。故曰："有之必无然。"二者同量，若见与见，若尺之前端后端。故曰："若见之成见也。""体，若二之一，尺之端也。"近人或谓印度三支，即是欧洲三段。所云宗者，当彼断按；所云因者，当彼小前提；所云同喻之喻体者，当彼大前提。特其排列逆顺，彼此相反，则由自悟、悟他之不同耳。然欧洲无异喻，而印度有异喻者，则以防其倒合。倒合则有减量换位之失，是故示以离法，而此弊为之消弭。村上专精据此以为因明法式长于欧洲。乃《墨子》于小故一条，已能知此，是亦难能可贵矣。若鸡三足狗非犬之类，诡辩繁辞，今姑勿论。

次论杂家。杂家者，兼儒墨，合名法，见王治之无不贯。此本出于议官，彼此异论，非以调和为能事也。《吕氏春秋》、《淮南》内篇，由数人集合而成，言各异指，固无所害。及以一人为之，则漫羡无所归心，此《汉志》所以讥为荡者也。《韩非子·显学》篇曰："墨者之葬也，冬日冬服，夏日夏服，桐棺三寸，服丧三月，世主以为俭而礼之。儒者破家而葬，服丧三年，大毁扶杖，世主以为孝而礼之。夫是墨子之俭，将非孔子之侈也；是孔子之孝，将非墨子之戾也。今孝戾俭侈，俱在儒墨，而上兼礼之。漆雕之议，不色挠，不目逃，行曲则违于臧获，行直则怒于诸侯，世主以为廉而礼之。宋荣子之议，设不斗争，取不随仇，不羞囹圄，见侮不辱，世主以为宽而礼之。夫是漆雕之廉，将非宋荣之恕也；是宋荣之宽，将非漆雕之暴也。今宽廉恕暴，俱在二子，人主兼而礼之。自愚诬之学、杂反之辞争，而人主俱听之。故海内之士，言无定术，行无常议。夫冰炭不同器而久，寒暑不兼时而至，杂反之学不两立而治。今兼听杂学，缪行同异之举，安得无乱乎?"韩非说虽如是，然欲一国议论如合符节，此固必不可得者。学术进行，亦借互相驳难，又不必偏废也。至以一人之言，而矛盾自陷，俯仰异趋，则学术自此衰矣。东汉以来，此风最盛。章氏《文史通义》，谓近人著作"无专门可归者，率以儒家、杂家为蛇龙之菹"，信不诬也。

次论农家。农家诸书，世无传者。《泛胜之书》时见他书征引，与贾思勰之《齐民要术》、王桢之《农书》，义趣不异。若农家止于如此，则不妨归之方技，与医经、经方同列。然观《汉志》所述云："鄙者为之，以为无所事圣王，欲使君臣并耕，悖上下之序。"则许行所谓神农之言，犹有存者。韩非《显学》篇云："今世之学士语治者，多曰：'与贫穷地，以实无资。'"是即近世均地主义。斯所以自成一家欤。

次论小说家。周秦、西汉之小说，似与近世不同。如《周考》七十六篇、《青史子》五十七篇、《臣寿周纪》七篇、《虞初周说》九百四十三篇，与近世杂史相类。比于《西京杂记》、《四朝闻见录》等，盖差胜矣。贾谊尝引《青史》，必非谬悠之说可知。如《伊尹说》二十七篇，《鬻子说》十

九篇，《宋子》十八篇，《待诏臣安成未央术》一篇，则其言又兼黄老。《庄子·天下》篇举宋钘、尹文之术列为一家，荀卿亦与宋子相难。今《尹文》入名家，而《宋子》只入小说，此又不可解者。以意揣之，“宋子上说下教，强聒不舍”（见《庄子·天下》篇），盖有意于社会道德者。所列黄老诸家，宜亦同此。街谈巷议，所以有益于民俗也。《笑林》以后，此指渐衰，非刍荛之议矣。

上来所述诸子凡得十家，而《汉志》称九流者，彼云九家可观，盖小说特为附录而已。就此十家论之，儒、道本同源而异流，与杂家、纵横家合为一类；墨家、阴阳家为一类；农家、小说家为一类；法家、名家各自独立，特有其相通者。

第三章
文学略说[①]

文学分三项论之：一论著作之文与独行之文有别；二论骈体、散体各有所施，不可是丹非素；三论周秦以来文章之盛衰。

一、著作之文与独行之文。著作之文云者，一书首尾各篇互有关系者也；独行之文云者，一书每篇各自独立，不生关系者也。准是论文，则《周易》、《春秋》、《周官》、《仪礼》、诸子，著作之文也（《仪礼》虽分十七篇而互有关系）；《诗》、《书》，独行之文也。孔子删诗，如后世之总集，惟商初、周初诸篇偶有关系，然各篇不相接者多，与《春秋》编年者异撰，或同时并列三篇，或旷数百年而仅存一篇。自尧至秦，一千七百年中，商书残缺；夏书则于后羿、寒浞之事，一无记载。盖书本各人各作，不相系联。孔子删而集之，亦犹夫诗矣。后人文集，多独行之文；惟正史为著作之文耳。以故著作之文，以史类为主；而周末诸子，说理者为后起，老、墨、庄、申、韩、孟、荀是也；惟《吕览》是独行之文编集而为著作者也。著作之盛，周末为最。顾独在诸子，史部不能与抗。至汉，《太史公》继《春秋》而作，史部始盛。此后子书，西汉有陆贾《新语》（真伪不可知）、贾谊《新书》、董仲舒《春秋繁露》（后人归入经部）、桓宽《盐铁论》（集当时郡国贤良商论盐铁榷沽事）、扬雄《法言》；东汉有王充《论衡》、王符《潜夫论》、仲长统《昌言》（全书不可见）、荀悦《申鉴》、徐干《中论》。持较周秦诸子，说理固不逮，文笔亦渐逊矣。然魏文帝论文，不数宴游之作，而独称徐干为不朽者，盖犹视著作之文尊于独行者也。

---

① 此文原载1935年11月《章氏星期讲演会》第9期。

著作之文，本有史部、子部二类。王充谓："司马子长累积篇第，文以万数；然而因成前纪，无胸中之造。扬子云作《太玄经》，造于助思，极窈冥之深，非庶几之才，不能成也。"（《论衡·超奇》篇。）此为抑扬太过。《史记》虽袭前文，其为去取，亦甚难矣。充又数称桓君山，谓说论之徒，君山为甲。今桓谭书不可见，惟《群书治要》略载数篇，亦无甚高深处。而充称为素丞相者，盖王、桓气味相投，能破坏不能建立，此即邱光庭《兼明书》之发端也。（东汉人皆信阴阳五行，王充独破之，故蔡中郎得其书，秘之账中。中郎长于碑版，能为独行之文而不能著作者。）至于三国，《典论》全书不可见。刘劭《人物志》论官人之法，行文精炼，汉人所不能为，《隋志》入之名家，以其书品评人物，综核名实，于名家为近也。其论英雄，谓"张良英而不雄，韩信雄而不英。体分不同，以多为目，故英雄异名，皆偏至之材，人臣之任也。故英可为相，雄可为将。若一人之身兼有英雄，则能长世，高祖、项羽是也。然英之分以多于雄，而英不可以少也。英分少则智者去之，故项羽气力盖世，明能合变，而不能听采奇异；有一范增不用，是以陈平之徒，皆亡归高祖。英分多故群雄服之，英才归之，两得其用，故能吞秦破楚，宅有天下。然则英雄多少，能自胜之数也。徒英而不雄，则雄才不服也；徒雄而不英，则智者不归也。故雄能得雄，不能得英；英能得英，不能得雄。故一人之身兼有英雄，乃能役英与雄。能役英与雄，故能成大业也"。语似突梯，而颇合当时情理。晋世重清谈，宜多著作之文；然而无有者，盖清谈务简，异于论哲学也。乐广擅清言，而不著书。《世说新语》云："客问乐令旨不至者，乐亦不复剖析文句，直以麈尾柄确几曰：'至不?'客曰：'至。'乐因又举麈尾曰：'若至者，那得去?'于是客乃悟服。广辞约而旨达、皆此类。"故无长篇大论。其时子书有《抱朴子》等（《抱朴子》外篇论儒术，内篇论炼丹），颜之推讥之，以为"魏晋以来，所著诸子，理重事复，递相模学，犹屋下架屋、床上施床耳"。《颜氏家训》言处世之方，不及高深之理。精于小学，故有《音辞篇》；信奉释氏，故有《归心篇》。其书与今敦煌石室所出《太公家教》类似。之推文学之士，多学问语。太公不知何人，或为隋唐间老农。学问有深浅，故文笔异雅俗耳。李习之谓《太公家

教》与《文中子》为一类，不知《文中子》夸饰礼乐，而《家教》则否，余故谓是《家训》之类也。唐人子部绝少。后理学家用禅宗语录体著书，亦人子部，其文字鄙俚，故顾亭林讥之曰：“夫子之文章，不可得而闻矣。”

史部之书，范晔《后汉书》、陈寿《三国志》，皆一手所作。《宋书》、《齐书》、《梁书》、《陈书》亦然。《隋书》，魏徵等撰。本纪、列传，出颜师古、孔颖达手（自来经学家作史，惟孔颖达一人）；《天文》、《律历》、《五行》三志，出李淳风手。《新唐书》，宋祁撰列传，欧阳修撰志，虽出两人，文笔不甚相远。《晋书》出多人之手。《旧唐书》，号称刘昫撰，昫实总裁而已。《旧五代史》，薛居正撰，恐亦非一人之作。欧阳修《新五代史》，固出一手，然见闻不广，遗漏太多。辽、金、元三史，皆杂凑而成，惟《东都事略》乃王偁一人之作。《明史》本万斯同所作，但有列传，无本纪、表、志。余弟子朱逖先在北京购得稿本，体裁工整，而纸色如新，未敢决然置信。然文笔简练，殆非季野不能为。王鸿绪《横云山人明史稿》，纪、表、志、传具备，而删去万历以后列传。乾隆时重修《明史》，则又出多人之手矣。编年史如《汉纪》、《后汉纪》、《十六国春秋》，皆一手所作。（《十六国春秋》，真伪不可知。）《通鉴》一书，周、秦、两汉为刘奉世所纂，六朝为刘恕所纂，隋唐为范祖禹所纂，虽出众手，而温公自加刊正。“臣光曰”云云，皆温公自撰，亦可称一手所成者也。大抵事出一手者为著作之文（史部、子部应分言之），反之则非著作之文。宋人称《新五代史》可方驾《史记》，《史记》安可几及？以后世史部独修者少，故特重视之耳。

《左》、《国》、《史》、《汉》中之奏议书札，皆独行之文也。西汉以前，文集未著。《楚辞》一类，为辞章之总集。汉人独行之文，皆有为而作，或为奏议，或为书札，鲜有以论为名者。其析理论事，仅延笃《仁孝先后论》一篇耳，其文能分析而未臻玄妙，徒以《解嘲》、《非有先生论》之属皆是设论，非论之正，故不得不以延笃之论为论之首也。魏晋六朝，崇尚清谈。裴颜《崇有》，范缜《神灭》，斯为杰构。清谈者宗师老子，以无为贵，故裴頠作论以破其说。《宏明集》所收，多扬玄虚之旨，范缜远承公

孟（太史公云：学者多言无鬼神），近宗阮瞻，昌论无鬼，谓形之于神，犹刀之于利，未闻刀去而利存，安有人亡而神在？是仍以清谈破佛法也。此种析理精微之作，唐以后不可见。近世曾涤笙言古文之法，无施不可，独短于说理。（方望溪有“文以载道”之言，曾氏作此说，是所见过望溪已。）夫著作之文，原可以说理。古人之书，《庄子》奇诡，《孟》、《荀》平易，皆能说理。韩非《解老》、《喻老》，说理亦未尝不明。降格以求，犹有《崇有》、《神灭》之作，何尝短于说理哉？后人为文，不由此道，故不能说理耳。然而宗派不同、门户各别，彼所谓古文，非吾所谓古文也。彼所谓古文者，上攀秦汉，下法唐宋，中间不取魏晋六朝。秦汉高文，本非说理之作，相如、子云，一代宗工，皆不能说理。韩、柳为文，虽云根柢经、子，实则但摹相如、子云耳。持韩较柳，柳犹可以说理，韩尤非其伦矣。（柳遭废黜，不能著成一书，年为之限，深可惜也。）盖理有事理、名理之别。事理之文，唐宋人尚能命笔；名理之文，惟晚周与六朝人能为之。古文家既不敢上规周秦，又不愿下取六朝，宜其不能说理矣。要之，文各有体。法律条文，自古至今，其体不变。汉律、唐律，如出一辙。算术说解，自《九章》而下，亦别自成派。良以非此文体，无以说明其理故也，律算如此，事理、名理亦然。上之周秦诸子，下之魏晋六朝，舍此文体不用，而求析理之精、论事之辨，固已难矣。然则古人之文，各类齐备，后世所学，仅取一端。是故，非古文之法独短于说理，乃唐宋八家下逮归、方之作，独短于说理耳。

史部之文，班马最卓。后世学步，无人能及。传之于碑，文体攸殊。传钝叙事，碑兼文质。而宋人造碑，宛然列传。昌黎以二千余字作《董晋行状》，其他碑志，不及千字，宋人所作神道墓志，渐有长者。子由作《东坡墓志》，字近七千，而散漫冗碎，不能收束。晦庵作《韩魏公志》，文成四万，亦不能收束。持较《史》，《汉》千余字之《李斯列传》，七八千字之《项羽本纪》，皆收束得住，不可同年而语矣。后人无作长篇之力量，则不能不学韩、柳之短篇，以求收束得住，所谓起伏照应之法。凡为作长篇，不易收束而设也。（此法宋人罕言，明人乃常言尔。）是故即论单篇独行之作，亦古今人不相及矣。

后世史须官修，不许私撰。学成班马，技等屠龙。惟子书无妨私作，然自宋至今，载笔之士，率留意独行之文，不尚著作。理学之士，创为语录，有意子部，而文采不足。余皆单篇孤行，未有巨制，岂不以屠龙之技为不足学耶？今吴江有宝带桥，绵亘半里，列洞七十，传为胡元时造；福建泉州有万安桥，长及二里，传为蔡襄所造。此皆绝技，后人更无传者。何者？师不以传之弟子，弟子亦不愿受之于师，以学而无所可用也。著作之文，每况愈下，亦犹此矣。

二、骈文、散文各有体要。骈文、散文，各有短长。言宜单者，不能使之偶；语合偶者，不能使之单。《周礼》、《仪礼》，同出周公，而《周礼》为偶，《仪礼》则单。盖设官分职，种别类殊，不偶则头绪不清；入门上阶，一人所独，为偶则语必冗繁。又《文言》、《春秋》，同出孔子，《文言》为偶，《春秋》则单。以阴阳刚柔，非偶不优；年经月纬，非单莫属也。同是一人之作，而不同若此，则所谓辞尚体要矣。

骈散之分，实始于唐，古无是也。晋宋两代，骈已盛行。然属对自然，不尚工切。晋人作文，好为迅速。《兰亭序》醉后之作，文不加点，即其例也。昭明《文选》则以沉思翰藻为主，《兰亭》速成，乖于沉思，文采不艳，又异翰藻，是故屏而弗录。然魏晋佳论，譬如渊海，华美精辨，各自擅场。但取华美，而弃精辨，一偏之见，岂为允当，顾《文选》所收对偶之文，犹未极其工切也。

降及隋唐，镂金错采，清顺之气，于焉衰歇，所以然者，北入南学（如温子升辈是），得其皮毛，循流忘返，以至斯极。于是初唐四杰廓清之功，不可没也。（颜师古作《等慈寺塔记铭》，有意为文，即不能工；杨盈川作《王子安文集序》，以为当时之文，皆糅之金玉龙凤，乱之青黄朱紫，子安始革此弊。）降及中叶，李义山始专力于对仗，为宋人四六之先导。王子安落霞、孤鹜二语，本写当时眼前景物，而宋人横谓落霞，飞蛾之号以对孤鹜，乃为甚工（宋人笔记中多此语），其可笑有如此者。骈文本非宋人所工，徒以当时表奏皆用四六，故上下风行耳。欧阳永叔以四六得第，虽宗韩柳，不非骈体。（永叔举进士，试《左氏失之诬论》有“石言于晋，神降于莘；内蛇斗而外蛇伤，新鬼大而故鬼小”语，颇以自矜。）

东坡虽亦作四六，而常讥骈体。平心论之，宋人四六实有可议处也。清乾隆时，作骈体者规摹燕许，斐然可观。李申耆选《骈体文钞》（申耆，姚姬传之弟子，肄业钟山书院，反对师说，乃作是书），取《过秦论》、《报任少卿书》，一切以为骈体，则何以异于桐城耶？阮芸台妄谓古人有文有辞，辞即散体、文即骈体，举孔子《文言》以证文必骈体，不悟《系辞》称辞，亦骈体也。刘申叔文本不工，而雅信阮说。余弟子黄季刚初亦以阮说为是，在北京时，与桐城姚仲实争，姚自以老耄，不肯置辩。或语季刚：呵斥桐城，非姚所惧；诋以末流，自然心服。其后白话盛行，两派之争，泯于无形。由今观之，骈散二者本难偏废。头绪纷繁者，当用骈；叙事者，止宜用散；议论者，骈散各有所宜。不知当时何以各执一偏，如此其固也。

邹阳，纵横家也。观其上书（《邹阳》七篇，《汉志》入纵横家。《史记》，邹阳与鲁仲连同传。周孔之作不论，论汉人之作，相如、子云之文非有为而作，故特数邹阳），行文以骈。而文气之盛，异于后之四六。是故谓骈体气弱，未为笃论。宋子京《笔记》谓作史不应有骈语；刘子玄亦云：史文用骈，似箫笛杂鼙鼓、脂粉饰壮士。此谓叙事不宜用骈也。不仅宋子京、刘子玄如此，六朝人作史，亦无用骈语者。唐诏令皆用骄体，而欧阳永叔撰《新唐书》，一切削去，此则太过。夫诏令以骈而不可录；罪人供状，词旨鄙俚，莫此为基，何为而可录耶？后人不愿为散体者，谓散体短于说理，不知《崇有》、《神灭》之作，亦非易为。若夫桐城派导源震川（尧峰亦然），阳湖略变其法，而大旨则同。震川之文，好摇曳生姿，一言可了者，故作冗长之语。曾涤笙讥之曰："神乎、味乎？徒辞费耳。"此谓震川未脱八股气息也。至于散之讥骈，谓近俳优，此亦未当。玉溪而后，雕绘满眼，弊固然矣。若《文选》所录，固无襞积拥肿之病也。今以口说衡之，历举数事，不得不骈；单述一理，非散不可。二者并用，乃达神旨。以故，骈散之争，实属无谓。若立意为骈，或有心作散，比于削趾适屦，可无须尔。

骈散合一之说，汪容甫倡之，李申耄和之。然晋人为文，如天马行空，绝无依傍，随笔写去，使人难分段落。今观容甫之文，句句锻炼，何

尝有天马行空之致；容甫讥呵望溪，而湘绮并诮汪、方。湘绮之文，才高于汪，取法魏晋，兼宗两汉。盖深知明七子之弊，专学西汉，有所不逮；但取晋宋，又不甘心。故其文上取东汉，下取魏晋，而自成湘绮之文也。若论骈散合一，汪、李尚非其至，湘绮乃成就耳。然湘绮列传碑版，摹拟《史记》，袭其成语，往往有失检之处。如《邹汉勋传》云："如邹汉勋者，又何以称焉？"此袭用《史记·伯夷列传》语而有误也。夫许由、卞随、务光之事，太史疑其非实，故作此问。若邹汉勋者，又何疑焉？

三、周秦以来文章之盛。论历代文学，当自周始。孔子曰："郁郁乎文哉，吾从周。"周初之文，厥维经典，不能论其优劣。春秋而后，始有优劣可言。春秋时文体未备，综其所作，记事、叙言多而单篇论说少。七国时文体完具，但无碑版一体。钟鼎虽与碑版相近，然其文不可索解。故正式碑版，断自秦后起也。（任昉《文章缘起》，其书真伪不可知，所论亦未可信据。）概而论之，文章大体备于七国；若其细碎，则在六朝。六朝之后，亦有新体，如墓志，本为不许立碑者设；后世碑与墓志并用，其在六朝，墓志不为正式文章也。又如寿序，宋以前犹未著。然论文学之盛衰，固不拘于文体之损益。

自唐以来，论文皆以气为主。气之盛衰，不可强为。大抵见理清、感情重，自然气盛。周秦之作，未有不深于理者，故篇篇有气。论感情，亦古人重于后人。《颜氏家训》谓："别易会难，古人所重；江南饯送，下泣言离。"梁武帝送弟王子侯出为东郡，云："我年已老，与汝分张，甚以恻怆。"数行泪下。非独爱别离如此，即杯酒失意，白刃相仇，亦惟深于感情者为然。何者？爱深者恨亦深，二者成正比例也。今以《诗经》观之，好贤如《缁衣》，恶恶如《巷伯》，皆可谓甚真。至于《楚辞·离骚》之忠怨，《国殇》之严杀，皆各尽其致。汉人叙战争者，如《项羽本纪》、《李陵列传》，有如目睹，非徒其事迹之奇也，乃其文亦极描写之能事矣。此在后世文人为之，虽有意描写，亦不能几及。何也？其情不至也。大抵抒情之作，往往宜于小说。然自唐以降，小说家但能叙鬼怪，而不能叙战争攻杀。此由实情所无，想像亦有所不逮。惟有男女之情，今古不变，后世小说，类能道之。然人之爱情，岂仅限于男女？君臣、父子、兄弟、朋友，无不有爱情焉。而后世小说之能事，则尽于述男女而已。

汉人之文，后世以为高，然说理之作实寡。魏晋渐有说理之作，但不能上比周秦。今人真欲上拟周秦两汉，恐贻举鼎绝膑之诮。明七子李空同辈，高谈秦汉，其实邯郸学步耳。后七子如李沧溟文，非其至者，而诗尚佳；王凤洲文胜于沧溟，颇能叙战争及奇伟之迹，此亦由于情感激发尔。如杨椒山之事，人人愤慨，故凤洲所作行状，有声有色。顾持较《史》、《汉》，犹不能及。以《史》、《汉》文出无心，凤洲则有意摹拟，着力与不着力，自有间也。

抒情说理之作如此，其非抒情亦非说理如《七发》之类者亦然（《七发》亦赋类）。《七发》气势浩汗，无堆垛之迹，拟作者《七启》、《七命》即大有径庭。相如、子云之赋，往往用同偏旁数字堆垛以成一句，然堆垛而不觉其重。何也？有气行乎其间，自然骨力开张也。降及东汉，气骨即有不逮。然《两都》、《两京》以及《三都》，犹粗具规模，后此则无能为之者矣。此类文字，不关情之深、理之邃，以余度之，殆与体气有关。汉人之强健，恐什佰于今人，故其词气之盛，亦非后世所及。今人发古墓，往往见古人尸骨大于今人，此一证也。武梁祠画像，其面貌虽不可细辨，然鼻准隆起，有如犹太、回族人，此又一证也。汉世尚武之风未替，文人为将帅者，往往而有。又汉行征兵制，而其时歌谣，无道行军之苦者。唐代即不然，杜诗《兵车行》、《石壕吏》之属可证也。由此可见，唐人之体气已不逮汉人，此又一证也。以汉人坚强好勇，故发为文章，举重若轻，任意堆垛而不见堆垛之迹，此真古今人不相及矣。不特文章为然，见于道德者亦然。道德非尽出于礼，亦生于情。情即有关于气体。体气强则情重，德行则厚；体气弱，情亦薄。德行亦衰。孔子曰："仁者必有勇。"知无勇不能行仁也。《吕氏春秋·慎大览》称孔子之劲，举国门之关，而不肯以力闻。《史记·仲尼弟子传》云：子路性鄙，少孔子九岁，好勇力，志伉直，冠雄鸡，佩豭豚，陵暴孔子。孔子设礼诱之，乃儒服委质，因门人请为弟子。今观孝堂山石刻子路像，奋袖抽剑，雄鸡之冠，与《史记》所言符合。知孔子之服之路，非仅用礼，亦能以力胜矣。后世理学家不取粗暴之徒，殆亦为无孔子之力故耳。（澹台灭明之斩蛟，亦好勇之征也。）

夫并生一时代者，体格之殊，当不甚远。孔子、墨子，时代相接。孔子之勇如此，则墨子之以自苦为极，若救宋之役，百舍重茧而不息，亦可信矣。自两汉以迄六朝，文气日以衰微者，其故可思也。《世说新语》记王子猷、子敬俱坐一室，上忽发火，子猷遽走避，不惶取屐；子敬神色恬然，徐唤左右，扶凭而出，不异平常。尔时膏粱子弟，染于游惰如此，体气之弱可知矣。有唐国势，虽不逮两汉，犹胜于六朝。故燕许大手笔，文虽骈体，气骨特健，自此一变而为韩柳之散文。宋代尚文，讳言武事，欧、曾、王、苏之作，气骨已劣于韩、柳。余常谓文不论骈散，要以气骨为主。曾涤笙倡阴阳刚柔之说，合于东人所谓壮美、优美者。以历代之作程之：周、秦、两汉之文刚，魏、晋南朝之文柔；唐代武功犹著，故其文虽不及两汉，犹有两汉遗风；宋代国势已弱，故欧、苏、曾、王之文，近于六朝；南宋及元，中国既微，文不成文；洪武肇兴，驱逐胡虏，国势虽不如汉唐，优于赵宋实远。其异于汉唐者，汉唐自然强盛，明则有勉强之处耳。明人鉴于宋人外交之卑屈，故特自尊大。凡外夷入贡，表章须一律写华文，朝鲜、安南文化之国，许其称臣；南洋小国及满洲之属，则降而称奴。天使册封，不可径入其国城，须特建天桥，逾城而入；贡使之入中国者，官秩虽高，见典史不可不用手本，不可不称大人。外夷称中国曰天朝者，即始于此。诸如此类，即可见明代国势之盛，出于勉强。国势如此，国人体气恐亦类此。其见于文事者，台阁体不足为代表，归震川闲情冷韵之作，亦不足为代表，所可代表者，为前后七子之作。彼等强学秦汉，力不足以赴之，譬如举鼎绝膑，不自觉其面红耳赤也。归震川生长昆山，王凤洲生长太仓，籍贯同隶苏州，而气味差池。震川与凤洲争名，二人皆自谓学司马子长，然凤洲专取《史记》描摹之笔及浓重之处，震川则以为《史记》佳处在闲情冷韵。盖苏州人好作冷语，震川之文，苏州人之文也。震川殆知秦汉不易学，而又不甘自谓不逮秦汉，故专摹《史记》之冷语欤？由此遂启桐城派之先河。桐城派不皆效法震川，顾其主平淡、不主浓重则同。姚姬传学问之博，胜于方望溪，而文之气魄则更小，谋篇过六七百字者甚罕。梅伯言修饰更精，而气体尤不逮矣。曾涤签以为学梅伯言而以为未足，颇有粗枝大叶之作，气体近于阳刚。此其故关于国势、体力。清初国势之盛，乃满洲之盛，非汉族之盛。汉人慑伏于满洲淫威之下，绿营兵丁大抵羸劣，营汛武职官俸薄，往往出为贾竖，自谋生活，其权力犹不如今之警察，故汉人皆以当兵为耻。夫不习戎事，则体力弱；及其为文，自然疲苶矣。曾涤笙自办团练，以平洪杨之乱，国势既变，湘军亦俨然一世之雄，故其文风骨遒上，得阳刚之气为多。虽继起无人，然并世有王湘绮，亦可云近于阳刚矣。湘绮与涤笙路径不同，涤笙自桐城入而不为八家所囿；湘绮虽不明言依附七子，其路径实与七子相同，其所为诗，宛然七子作也。惟明人见小欲速，文章之士，不讲其他学问。昌黎云：作文宜略识字。七子不能，故虽高谈秦汉，终不能逮。湘绮可谓识字者矣，故其文优于七子也。由上所论，历代文章之盛衰，本之国势及风俗，其彰彰可见者也。

文之变迁，不必依骈散为论，然综观尚武之世，作者多散文；尚文之世，作者多骈文。秦汉尚武，故为散文，骈句罕见。东汉崇儒术，渐有骈句。魏晋南朝，纯乎尚文，故骈俪盛行。唐代尚武，散体复兴。（唐人散体，非始于韩柳。韩柳之前，有独孤及、梁肃、萧颖士、元结辈，其文渐趋于散。惟魄力不厚。至昌黎乃渐厚耳。譬之山岭脉络，来至独孤、萧、梁，至韩柳乃结成高峰也。）宋不尚武，故其文通行四六。作散文者，仅欧、曾、王、苏数人而已。（姚姬传云：论文章，虽朱子亦未为是。大抵南宋之文，为后世场屋之祖。吕东莱、陈止斋、叶水心，学问虽胜，文则不工。《东莱博议》，纯乎场屋之文。陈止斋、叶水心之作，当时所谓对策八面锋，亦仅可应试而已。）余波及于明清。桐城一派，上接秦汉、下承韩柳固不足，以继北宋之轨则有余，胜于南宋之作远矣。

唐宋以来之散文，导源于独孤及、萧颖士辈，是固然矣。然其前犹可推溯，人皆不措意耳。《文中子》书，虽不可信，要不失为初唐人手笔。其书述其季弟王绩（字无功，号东皋子），作《五斗先生传》（见《事君》篇），其文今不可见。以意度之，殆拟陶渊明之《五柳先生传》。其可见者，《醉乡记》、《负苓者传》，皆散漫而不用力，于陶氏为近，不可不推为唐代散文之发端。又马、周所作章奏，摹拟贾太傅《治安策》，于散体中为有骨力。唐人视周为策士一流，不与文学之士同科，实亦散文之滥觞

也。大凡文品与当时国势不符者，文虽工而人不之重。燕许庙堂之文，当时重之，而陆宣公论事明白之作，见重于后世者，当时反不推崇。萧颖士之文，平易自然。元结始为谲怪，独孤及、梁肃变其本而加之厉。至昌黎始明言词必己出，凡古人已用之语，必摒弃不取，而别铸新词。昌黎然、柳州亦然，皇甫湜、孙樵，无不皆然。风气既成，宜乎宣公奏议之不见崇矣。然造词之风，实非始于昌黎。《唐阙史》云："左将军吐突承璀（昌黎同时人）方承恩顾，及将败之岁，有妖生所居。先是，承璀尝华一室，红梁粉壁，为谨诏敕藏机务之所。一日，晨启其户，有毛生地，高二尺许，承璀大恶之，且恐事泄，乃躬执箕帚，芟除以瘗，虽防口甚固，而娓娓有知者。承璀尤不欲达于班列。一日，命其甥尝所亲附者曰：'姑为我微行省闼之间，伺其丛谈，有言者否。'甥禀教敛躬而往，至省寺，即诃诘守卫，辄不许进。方出安上门，逢二秀士，自贡院回，笑相谓曰：'东广坤毳可以为异矣。'甥驰告曰：'醋大知之久矣（原注：中官谓南班，无贵贱皆呼醋大），且易其名呼矣。'谓左军为东广、地毛为坤毳矣。"易左军地毛曰东广坤毳，则与称龙门曰虬户无异，以言之者无碍，闻之者立悟。知唐人好以僻字易常名，乃其素习。故樊宗师作《绛守居园池记》，而昌黎称为文从字顺也。今观其文，代东方以丙、西方以庚，亦东广坤毳之类。昌黎称之者，以其语语生造，合于己意也。盖造词为当时风尚，而昌黎则其杰出者耳。

欧阳永叔号称宗师韩柳，其实与韩柳异辙。惟以不重四六为学韩柳耳。永叔《题绛守居园池记》，诋呵樊氏，不遗余力，可知其与昌黎异趣矣。宋子京与永叔同时，皆以学昌黎为名，而子京喜造词，今《新唐书》在，人以涩体称之，可证也。夫自作单篇，未尝不可造词；作史则不当专务生造。子京之文，有盛名于时，及永叔之文行，趋之者皆崇自然；于是子京之文不复见称道。故知文品不合于时代，虽工亦不行也。

唐末迄于五代，文之衰弊已极。北宋初年，柳河东（开）、穆伯长（修），稍为杰出。河东文实不工，伯长才力薄弱，而故为佶屈聱牙。于时王禹偁所作，实较柳穆为胜，惟才力亦薄弱耳。禹偁激赏丁谓、孙何，《宋史·丁谓传》云：谓与何同袖文谒禹偁，禹偁重之，以为自唐韩愈、柳宗元后，三百年始有此作。二人之文，今不可见。穆伯长弟子尹师鲁（洙），文颇可观。苏子美（舜钦）亦佳，师鲁之文，永叔所自出，惟师鲁简练，永叔摇曳为异。永叔之文，震川一派所自昉也。苏子美仕不得志，颇效柳州之所为，永叔亟称之。此二家较柳穆王三家为胜。又永叔同时有刘原父（敞），才力宏大，司马温公文亦醇美。今人率称八家，以余论之，唐宋不止八家。唐有萧颖士、独孤及、韩愈、柳宗元、李翱六家（皇甫湜、孙樵不足数），宋则尹洙、苏舜钦、刘敞、宋祁、司马光、欧阳修、曾巩、王安石、苏洵父子，合十一家（柳、穆、王不必取，苏门如秦观之《淮海集》、苏过之《斜川集》，文非不佳，惟不出东坡之窠臼，故不取。元结瑰怪，杜牧粗豪，亦不取），合之可称唐宋十七家。茅鹿门之所以定为八家者，盖韩柳以前之作，存者无多；宋初人文亦寡。六家之文，于八股为近；韩柳名高，不得不取：故遂定为八家耳。

权德与年辈高于昌黎，文亦不恶，惟少林下风度耳。明台阁体即自此出。杜牧之文为侯朝宗、魏叔子所自出。惟粗豪太过耳。近桐城、阳湖二派，拈雅健二字以为论文之准。然则权德与雅而不健，杜牧之健而不雅。雅健并行，二家所短。若依此选文，唐可八家（合权、杜数之），宋可十六家（合柳、穆、王、秦、苏过数之），允为文章楷则矣。（雅健者，文章入门之要诀，不仅散文之须雅健，骈文亦须雅健，派别可以不论。）乾嘉间朱竹君（筠）《笥河文集》行于北方，其文亦雅而不健，似台阁一路。姚姬传笑之，以为笥河一生为文学宋景濂，永远是门外汉。是故，雅而不健，不可；健而不雅，亦不可。明于雅健二字，或为独行之文，或为著作之文，各视其人之力以为趣舍，庶乎可以言文。

继此复须讨论者，文章之分类是也。《文心雕龙》分为十九类，《古文辞类纂》则为十三类。今依陆士衡《文赋》为说，取其简要也。自古惟能文之士为能论文，否则皮傅之语，必无是处。士衡《文赋》，区分十类，虽有不足，然语语确切，可作准绳，其言曰："诗缘情而绮靡，赋体物而浏亮，碑披文以相质，诔缠绵而凄怆，铭博约而温润，箴顿挫而清壮，颂优游以彬蔚，论精微而朗畅，奏平彻以闲雅，说炜晔而谲诳。"十类以外，传状序记，士衡所未齿列。今案：家传一项，晋人所作，有《李郃传》、

《管辂传》，全文今不可见。就唐人所引观之，大抵散漫，无密栗之致。行状一项，《文选》录任彦昇《竟陵文宣王行状》一篇，体裁与后世所作不类。原行状之体，本与传同，而当时所作，文多质少，语率含浑。（行状上之尚书，考功司据以拟谥，李翱以为今之行状，文过其质，不可为据，始变文为质，不加藻饰。）游记一项，古人视同小说，不以人文苑。东汉初，马第伯作《封禅仪记》，偶然乘兴之笔。后则游记渐孳，士衡时尚无是也。序录一项，古人皆自著书而自为序。刘向为各家之书作序，此乃在官之作；后世为私家著述作序者，古人无是也。此四项，士衡所不论，今就士衡所赋者论之：

诗、赋：士衡缘情、体物二语，实作诗造赋之要。赋本古诗之流，七国时始为别子之祖。至汉，《子虚》、《上林》，篇幅扩大，而《古诗十九首》仍为短章。盖体物者，铺陈其事，不厌周详，故曰浏亮。缘情者，咏歌依违，不可直言，故曰绮靡。然赋亦有缘情之作，如班孟坚之《幽通》、张平子之《思玄》、王仲宣之《登楼》，皆偶一为之，非赋之正体也。

碑、诔：古人刻石，不以碑名。秦皇刻石，峄山、泰山、琅琊、芝罘、碣石、会稽诸处，皆直称刻石，不称碑。庙之有碑，本以丽牲；墓之有碑，本以下棺。作碑文者，东汉始盛。今汉碑存者百余通，皆属文言。往往世系之下，缀以考语；所治何学，又加考语；每历一官，辄加考语，无直叙其事者。故曰“披文以相质也”。不若是，将与行状、家传无别。魏晋不许立碑；北朝碑文，体制近于汉碑；中唐以前之碑，体制亦未变也。独孤及、梁肃始为散文，然犹不直叙也。韩昌黎作《南海神庙碑》，纯依汉碑之体；作《曹成王碑》，用字瑰奇，以此作碑则可，作传即不可。桐城诸贤不知此，以昌黎之碑为独创，不知本袭旧例也。（昌黎犹知文体，宋以后渐不然。）宋人作碑，一如家传，惟首尾异耳。此实非碑之正体。观夫蔡中郎为人作碑，一人作二三篇，以其本是文言，故属辞可以变化；若为质言，岂有一人之事迹，可作二三篇述之耶？至汉碑有称“诔曰”者，知碑与诔本不必分，然大体亦有区别。碑虽主于文饰，仍以事实为重。诔则但须缠绵凄怆而已。后世作诔者少，潘安仁《马汧督诔》，乃是披文相质之作。碑与诔故是同类。后世祭文，则与诔同源。

铭、箴：碑亦有铭。此所谓铭，则器物之铭也。崔子玉《座右铭》，多作格言，乃《太公家教》之类，取其义，不取其文耳。张孟阳《剑阁铭》云："敢告梁益。"是箴体也。所谓博约温润者，语不宜太繁，又不宜太露。然则《剑阁铭》是铭之正轨也。箴之由来已久。官箴王阙，本以刺上，后世作箴，皆依《虞箴》为法，扬子云、崔亭伯官箴、州箴，合四十余篇。所与铭异者，有顿挫之句，以直言为极，故曰"顿挫而清壮"也。张茂先《女史箴》，笔路渐异，尚能合法；至昌黎《五箴》，则失其步趋者也。

颂、论：三颂而外，秦碑亦颂之类也。刻石颂德，斯之谓颂矣。惟古代之颂，用之祭祀。生人作颂，始于秦碑，及后人作碑亦称"颂曰"是也。柳子厚作《平淮西雅》，其实颂也。颂与雅，后世不甚分耳。要以优游炳蔚为贵。论者，评议臧否之作。人之思想，愈演愈深，非论不足以发表其思想，故贵乎精微朗畅也。士衡拟《过秦》作《辩亡论》，议封建作《五等论》。二者皆论政之文，故为粗枝大叶，而非论之正体。当以诸子为法，论名理不论事理，乃为精微朗畅者矣。庄荀之论，无一不合精微朗畅之旨。韩非亦有之，但不称论耳。（论事之作，不以为正体，王褒《四子讲德论》作于汉代，周秦无有也。）《文选》录王褒《四子讲德论》，论事本非正体，当为士衡所不数。盖周秦而后，六朝清谈佛法诸论，合乎正轨。《崇有论》反对清谈，《神灭论》反对佛法，此亦非朗畅不能取胜。此种论，唐以后不能作。盖唐以后人只能论事理，不能论名理矣。刘梦得、柳子厚作《天论》，似乎精细，要未臻精微朗畅之地。宋儒有精微之理，而作文不能朗畅，故流为语录。

奏、说：七国时游说，多取口说而鲜上书，上书即奏也。纵横家之作，大抵放恣，苏秦、范雎是矣，即李斯《谏逐客》亦然。自汉人乃变为平彻闲雅之作，以天下统一，纵横之风替也。平则易解，雅则可登于庙堂。此种体式，自汉至唐不变。至明人奏议，辄以痛骂为能事，故焦里堂谓温柔敦厚之教至明人而尽。如杨叔山劾严嵩曰贼嵩，虽出忠愤，甚非法式。又如刘良佐、刘泽清称福王拘囚太子是无父子，不纳童氏是无夫妇。又如万历时御史献酒、色、财、气四箴，此皆乖于进言之道。自唐以来，

奏议以陆宣公为最善，既平彻又闲雅，可谓正体；所不足者，微嫌繁冗耳。唐人好文，三四千言之奏，人主犹能遍览，若在后世，正恐无暇及此。曾涤笙自谓学陆宣公，今观其文，类于八股，平固有之，雅则未能。甲午战后，王湘绮尝代李少荃奏事，多引《诗》、《书》，摹拟汉作，雅则有余，平则不足。于是知平彻闲雅之难也。说者古人多为口说，原非命笔为文，《文心雕龙》讥评士衡，谓“自非谲敌，则惟忠与信，披肝胆以献主，飞文敏以济辞，此说之本也”。不悟七国游士，纵横捭阖，肆口陈言，取快一时，确有炜晔谲诳之观，然其说必与事实相符，乃得见听。苏秦之合纵，非易事也。而六国之君听之者，固以其口辩捷给，亦为有其实学耳。《国策》言苏子去秦而归，揣摩太公阴谋之符，然后出说人主。由今观之，苏子亦不徒恃阴谋，盖明于地理耳。七国时地图难得，惟涉路远者，知舆地大势。荀子游于列国，故《议兵篇》所言地理不误，自余若孟子之贤，犹不知淮泗之不入江。（《孟子》：“决汝汉、排淮泗而注之江。”不知淮泗不入江也。）汉兴，萧何入关，收秦图籍，故能知天下形势。否则，高祖起自草莽，何由知之？惟苏秦居洛阳，必尝见地图，故每述一国境界，悉中事情，然后言其财赋之多寡，兵力之强弱，原原本本，了然无遗。其说赵肃侯也，谓“臣请以天下之地图按之。”夫以草泽匹夫，而深知国情如此，宜乎六国之君不敢不服其说矣。后世口说渐少，惟战争时或有之，留侯之借箸、武侯之求救于孙权，皆所谓谲诳者。后杜牧之作《燕将录》，载谭忠为燕牧刘济使，说魏牧田季安；又元和十四年说刘济子忠，皆慷慨立谈，类于苏秦。颇疑牧之所文饰，非当时实事。昌黎作《董晋行状》，述晋对李怀光语，亦口若悬河。晋服官无闻，此亦疑昌黎所文饰也。然则苏秦而后，口说可信者，惟留侯、诸葛二事。要皆炜晔谲诳，不尽出于忠信，以此知士衡之说为不可易也。

综上所论，知士衡所举十条，语语谛当，可作准绳。至其所未及者，祭文准诔，传状准史。（今人如欲作传，不必他求，只依《史》、《汉》可矣。行状与传，大体相同，惟首尾为异。且行状所以议谥，明以来议谥不据行状，则行状无所用之，不作可也。）序记之属，古人所轻。官修书库，序录提要，盖非一人所能为。若私家著述，于古只有自序；他人作之，亦当提挈纲首，不可徒为肤泛。记惟游记可作，《水经注》、马第伯《封禅仪记》，皆足取法。宋人游记叙山水者，多就琐碎之处著笔，而不言大势，实无足取。余谓《文赋》十类之外，补此数条已足。姚氏《古文辞类纂》分十三类，大旨不谬。然所见甚近，以唐宋直接周秦诸子、《史》、《汉》，置东汉、六朝于不论，一若文至西汉即斩焉中绝，昌黎之出真似石破天惊者也。天下安有是事耶？（桐城派所说源流不明，不知昌黎亦有师承。）余所论者，似较姚氏明白。

·第四篇·

梁启超讲国学

梁启超（1873～1929 年），字卓如，号任公，又号饮冰室主人，广东新会人，我国近代史上著名政治活动家、启蒙思想家、教育家、史学家和文学家。梁启超在学术研究上涉猎广泛，在哲学、文学、史学、经学、法学、伦理学、宗教学等领域均有建树，所著《清代学术概论》、《墨子学案》、《中国近三百年学术史》、《中国文化史》等影响巨大。其中尤以史学研究成绩最著，先后撰写了《新史学》、《中国史叙论》等专著，批判封建史学，发动“史学革命”。他的《中国历史研究法》是中国第一部系统阐述现代史学理论和方法的专著，是中国史学史上的一座里程碑。总共算下来，他一生著述有 1000 多万字，收于《饮冰室合集》。

第一章 新史学

第一节 中国之旧史

于今日泰西通行诸学科中，为中国所固有者，惟史学。史学者，学问之最博大而最切要者也，国民之明镜也，爱国心之源泉也。今日欧洲民族主义所以发达，列国所以日进文明，史学之功居其半焉。然则但患其国之

- 史学
  - 第一　正史
    - （甲）官书　所谓二十四史是也。
    - （乙）别史　如华峤《后汉书》、习凿齿《蜀汉春秋》、《十六国春秋》、《华阳国志》、《元秘史》等，其实皆正史体也。
  - 第二　编年　《资治通鉴》等是也。
  - 第三　纪事本末
    - （甲）通体　如《通鉴纪事本末》、《绎史》等是也。
    - （乙）别体　如平定某某方略、《三案始末》等是也。
  - 第四　政书
    - （甲）通体　如《通典》、《文献通考》等是也。
    - （乙）别体　如《唐开元礼》、《大清会典》、《大清通礼》等是也。
    - （丙）小纪　如《汉官仪》等是也。
  - 第五　杂史
    - （甲）综记　如《国语》、《战国策》等是也。
    - （乙）琐记　如《世说新语》、《唐代丛书》、《明季稗史》等是也。
    - （丙）诏令奏议　四库另列一门，其实杂史耳。
  - 第六　传记
    - （甲）通体　如《满汉名臣传》、《国朝先正事略》等是也。
    - （乙）别体　如某帝实录、某人年谱等是也。
  - 第七　地志
    - （甲）通体　如各省通志、《天下郡国利病书》等是也。
    - （乙）别体　如纪行等书是也。
  - 第八　学史　如《明儒学案》、《国朝汉学师承记》等是也。
  - 第九　史学
    - （甲）理论　如《史通》、《文史通义》等是也。
    - （乙）事论　如《历代史论》、《读通鉴论》等是也。
    - （丙）杂论　如《廿二史劄记》、《十七史商榷》等是也。
  - 第十　附庸
    - （甲）外史　如《西域图考》、《职方外纪》等是也。
    - （乙）考据　如《禹贡图考》等是也。
    - （丙）注释　如裴松之《三国志注》等是也。

无兹学耳，苟其有之，则国民安有不团结，群治安有不进化者？虽然，我国兹学之盛如彼，而其现象如此，则又何也？今请举中国史学之派别，表示之而略论之。

都为十种二十二类。

试一繙四库之书，其汗牛充栋浩如烟海者，非史学书居十六七乎？上自太史公、班孟坚，下至毕秋帆、赵瓯北，以史家名者不下数百。兹学之发达，二千年于兹矣。然而陈陈相因，一丘之貉，未闻有能为史界辟一新天地，而令兹学之功德普及于国民者，何也？吾推其病源，有四端焉。

一曰知有朝廷而不知有国家。吾党常言，二十四史非史也，二十四姓之家谱而已。其言似稍过当，然按之作史者之精神，其实际固不诬也。吾国史家，以为天下者君主一人之天下。故其为史也，不过叙某朝以何而得之，以何而治之，以何而失之而已，舍此则非所闻也。昔人谓《左传》为相斫书。岂惟《左传》，若二十四史，真可谓地球上空前绝后之一大相斫书也。虽以司马温公之贤，其作《通鉴》，亦不过以备君王之浏览（其论语无一非忠告君主者）。盖从来作史者，皆为朝廷上之君若臣而作，曾无有一书为国民而作者也。其大弊在不知朝廷与国家之分别，以为舍朝廷外无国家。于是乎有所谓正统闰统之争论，有所谓鼎革前后之笔法。如欧阳之《新五代史》、朱子之《通鉴纲目》等，今日盗贼，明日圣神；甲也天命，乙也僭逆。正如群蛆啄矢，争其甘苦；狙公赋芧，辨其四三，自欺欺人，莫此为甚！吾中国国家思想，至今不能兴起者，数千年之史家，岂能辞其咎耶？

二曰知有个人而不知有群体。历史者，英雄之舞台也，舍英雄几无历史，虽泰西良史，亦岂能不置重于人物哉？虽然，善为史者，以人物为历史之材料，不闻以历史为人物之画像；以人物为时代之代表，不闻以时代为人物之附属。中国之史，则本纪、列传，一篇一篇，如海岸之石，乱堆错落。质而言之，则合无数之墓志铭而成者耳。夫所贵乎史者，贵其能叙一群人相交涉相竞争相团结之道，能述一群人所以休养生息同体进化之状，使后之读者爱其群、善其群之心，油然生焉。今史家多于鲫鱼，而未闻有一人之眼光，能见及此者。此我国民之群力群智群德所以永不发生，而群体终不成立也。

三曰知有陈迹而不知有今务。凡著书贵宗旨，作史者将为若干之陈死人作纪念碑耶？为若干之过去事作歌舞剧耶？殆非也。将使今世之人，鉴之裁之，以为经世之用也。故泰西之史，愈近世则记载愈详。中国不然，非鼎革之后，则一朝之史不能出现。又不惟正史而已，即各体莫不皆然。故温公《通鉴》，亦起战国而终五代。果如是也，使其朝自今以往，永不易姓，则史不其中绝乎？使如日本之数千年一系，岂不并史之为物而无之乎？太史公作《史记》，直至《今上本纪》，且其记述，不少隐讳焉，史家之天职然也。后世专制政体日以进步，民气学风日以腐败，其末流遂极于今日。推病根所从起，实由认历史为朝廷所专有物，舍朝廷外无可记载故也。不然，则虽有忌讳于朝廷，而民间之事，其可纪者不亦多多乎？何并此而无也？今日我辈欲研究二百六十八年以来之事实，竟无一书可凭借，非官牍铺张循例之言，则口碑影响疑似之说耳。时或借外国人之著述，窥其片鳞残甲，然甲国人论乙国之事，例固百不得一，况吾国之向闭关不与人通者耶！于是乎吾辈乃穷。语曰：知古而不知今，谓之陆沉。夫陆沉我国民之罪，史家实尸之矣。

四曰知有事实而不知有理想。人身者，合四十余种原质而成者也，合眼耳鼻舌手足脏腑皮毛筋络骨节血轮精管而成者也。然使采集四十余种原质，作为眼耳鼻舌手足脏腑皮毛筋络骨节血轮精管，无一不备，若是者可谓之人乎？必不可。何则？无其精神也。史之精神维何？曰理想是已。大群之中有小群，大时代之中有小时代，而群与群之相际，时代与时代之相续，其间有消息焉，有原理焉。作史者苟能勘破之，知其以若彼之因，故生若此之果，鉴既往之大例，示将来之风潮，然后其书乃有益于世界。今中国之史，但呆然曰：某日有甲事，某日有乙事，至此事之何以生，其远因何在，近因何在，莫能言也。其事之影响于他事或他日者若何，当得善果，当得恶果，莫能言也。故汗牛充栋之史书，皆如蜡人院之偶像，毫无生气，读之徒费脑力。是中国之史，非益民智之具，而耗民智之具也。

以上四者，实数千年史家学识之程度也。缘此四蔽，复生二病。

其一，能铺叙而不能别裁。英儒斯宾塞曰："或有告者曰：邻家之猫，昨日产一子。以云事实，诚事实也，然谁不知为无用之事实乎？何也？以其与他事毫无关涉，于吾人生活上之行为，毫无影响也。然历史上之事迹，其类是者正多，能推此例以读书观万物，则思过半矣。”此斯氏教人以作史读史之方也。泰西旧史家，固不免之；而中国殆更甚焉。某日日食也，某日地震也，某日册封皇子也，某日某大臣死也，某日有某诏书也，满纸填塞，皆此等邻猫生子之事实，往往有读尽一卷，而无一语有入脑之价值者。就中如《通鉴》一书，属稿十九年，别择最称精善，然今日以读西史之眼读之，觉其有用者，亦不过十之二三耳（《通鉴》载奏议最多，盖此书专为格君而作也。吾辈今日读之，实嫌其冗），其他更何论焉。至如《新五代史》之类，以别裁自命，实则将大事皆删去，而惟存邻猫生子等语，其可厌不更甚耶？故今日欲治中国史学，真有无从下手之慨。二十四史也，九通也，《通鉴》、《续通鉴》也，《大清会典》、《大清通礼》也，《十朝实录》、《十朝圣训》也，此等书皆万不可不读，不读其一，则罣漏正多。然尽此数书而读之，日读十卷，已非三四十年不为功矣。况仅读此数书，而决不能足用，势不可不于前所列十种二十二类者一一涉猎之（杂史、传志、札记等所载，常有有用过于正史者。何则？彼等常载民间风俗，不似正史专为帝王作家谱也）。人寿几何？何以堪此！故吾中国史学知识之不能普及，皆由无一善别裁之良史故也。

其二，能因袭而不能创作。中国万事，皆取述而不作主义，而史学其一端也。细数二千年来史家，其稍有创用之才者，惟六人：一曰太史公，诚史界之造物主也。其书亦常有国民思想，如项羽而列诸本纪，孔子、陈涉而列诸世家，儒林、游侠、刺客、货殖而为之列传，皆有深意存焉。其为立传者，大率皆于时代极有关系之人也。而后世之效颦者，则胡为也。二曰杜君卿。《通典》之作，不纪事而纪制度。制度于国民全体之关系，有重于事焉者也，前此所无而杜创之，虽其完备不及《通考》，然创作之功，马何敢望杜耶？三曰郑渔仲。夹漈之史识，卓绝千古，而史才不足以称之。其《通志》二十略，以论断为主，以记述为辅，实为中国史界放一光明也，惜其为太史公范围所困，以纪传十之七八，填塞全书，支床叠屋，为大体玷。四曰司马温公。《通鉴》亦天地一大文也，其结构之宏伟，其取材之丰赡，使后世有欲著通史者，势不能不据为蓝本，而至今卒未有能逾之者焉。温公亦伟人哉。五曰袁枢。今日西史，大率皆纪事本末之体也。而此体在中国，实惟袁枢创之，其功在史界者亦不少。但其著《通鉴纪事本末》也，非有见于事与事之相联属，而欲求其原因结果也，不过为读《通鉴》之方便法门，著此以代抄录云尔。虽为创作，实则无意识之创作，故其书不过为《通鉴》之一附庸，不能使学者读之有特别之益也。六曰黄梨洲。黄梨洲著《明儒学案》，史家未曾有之盛业也。中国数千年，惟有政治史，而其他一无所闻。梨洲乃创为学史之格，使后人能师其意，则中国文学史可作也，中国种族史可作也，中国财富史可作也，中国宗教史可作也。诸类此者，其数何限？梨洲既成《明儒学案》，复为《宋元学案》，未成而卒。使假以十年，或且有《汉唐学案》、《周秦学案》之宏著，未可料也。梨洲诚我国思想界之雄也。若夫此六君子以外（袁枢实不能在此列），则皆所谓公等碌碌，因人成事。《史记》以后，而二十一部，皆刻画《史记》；《通典》以后，而八部皆摹仿《通典》，何其奴隶性至于此甚耶？若琴瑟之专一，谁能听之！以故每一读辄惟恐卧，而思想所以不进也。

合此六弊，其所贻读者之恶果，厥有三端：一曰难读。浩如烟海，穷年莫殚，前既言之矣。二曰难别择。即使有暇日，有耐性，遍读应读之书，而苟非有极敏之眼光，极高之学识，不能别择其某条有用某条无用，徒枉费时日脑力。三曰无感触。虽尽读全史，而曾无有足以激厉其爱国之心，团结其合群之力，以应今日之时势而立于万国者。然则吾中国史学，外貌虽极发达，而不能如欧美各国民之实受其益也，职此之由。

今日欲提倡民族主义，使我四万万同胞强立于此优胜劣败之世界乎？则本国史学一科，实为无老、无幼、无男、无女、无智、无愚、无贤、无不肖所皆当从事，视之如渴饮饥食，一刻不容缓者也。然遍览乙库中数十万卷之著录，其资格可以养吾所欲、给吾所求者，殆无一焉。呜呼！史界革命不起，则吾国遂不可救。悠悠万事，惟此为大。新史学之著，吾岂好异哉？吾不得已也。

第二节
史学之界说

欲创新史学，不可不先明史学之界说。欲知史学之界说，不可不先明历史之范围。今请析其条理而论述之。

第一，历史者，叙述进化之现象也。现象者何？事物之变化也。宇宙间之现象有二种：一曰为循环之状者。二曰为进化之状者。何谓循环？其进化有一定之时期，及期则周而复始，如四时之变迁，天体之运行是也。何谓进化？其变化有一定之次序，生长焉，发达焉，如生物界及人间世之现象是也。循环者，去而复来者也，止而不进者也。凡学问之属于此类者，谓之天然学。进化者，往而不返者也，进而无极者也。凡学问之属于此类者，谓之历史学。天下万事万物，皆在空间，又在时间（空间、时间，佛典译语，日本人沿用之。若依中国古义，则空间，宇也；时间，宙也。其语不尽通行，故用译语）。而天然界与历史界，实分占两者之范围。天然学者，研究空间之现象者也；历史学者，研究时间之现象者也。就天然界以观察宇宙，则见其一成不变，万古不易，故其体为完全，其象如一圆圈。就历史界以观察宇宙，则见其生长而不已，进步而不知所终，故其体为不完全，且其进步又非为一直线，或尺进而寸退，或大涨而小落，其象如一螺线。明此理者，可以知历史之真相矣。

由此观之，凡属于历史界之学（凡政治学、群学、平准学、宗教学等，皆近历史界之范围），其研究常较难。凡属于天然界之学（凡天文学、地理学、物质学、化学等，皆天然界范围），其研究常较易。何以故？天然界已完全者也，来复频繁，可以推算，状态一定，可以试验。历史学未完全者也，今犹日在生长发达之中，非逮宇宙之末劫，则历史不能终极，吾生有涯，而此学无涯。此所以天然诸科学起源甚古，今已斐然大成，而关于历史之各学，其出现甚后，而其完备难期也。

此界说既定，则知凡百事物，有生长有发达有进步者，则属于历史之范围。反是者，则不能属于历史之范围。又如于一定期中，虽有生长发达，而及其期之极点，则又反其始，斯仍不得不以循环目之。如动植物，如人类，虽依一定之次第，以生以成，然或一年，或十年，或百年，而盈其限焉，而反其初焉，一生一死，实循环之现象也。故物理学、生理学等，皆天然科学之范围，非历史学之范围也。

孟子曰："天下之生久矣，一治一乱。"此误会历史真相之言也。苟治乱相嬗无已时，则历史之象当为循环，与天然等，而历史学将不能成立。孟子此言盖为螺线之状所迷，而误以为圆状，未尝观自有人类以来万数千年之大势，而察其真方向之所在，徒观一小时代之或进或退或涨或落，遂以为历史之实状如是云尔。譬之江河东流以朝宗于海者，其大势也；乃或所见局于一部，偶见其有倒流处，有曲流处，因以为江河之行，一东一西，一北一南，是岂能知江河之性矣乎（春秋家言，有三统，有三世。三统者，循环之象也，所谓三王之道若循环，周而复始是也。三世者，进化之象也，所谓据乱、升平、太平，与世渐进是也。三世则历史之情状也，三统则非历史之情状也。三世之义既治者，则不能复乱。借曰有小乱而必非与前此之乱等也，苟其一治则复一乱，则所谓治者必非真治也。故言史学者，当从孔子之义，不当从孟子之义）！吾中国所以数千年无良史者，以其于进化之现象，见之未明也。

第二，历史者，叙述人群进化之现象也。进化之义既定矣，虽然，进化之大理不独人类为然，即动植物乃至无机世界，亦常有进化者存，而通行历史所纪述，常限于人类者，则何以故？此不徒吾人之自私其类而已。人也者，进化之极则也，其变化千形万状而不穷者也。故言历史广义，则非包万有而并载之，不能完成；至语其狭义，则惟以人类为之界。虽然，历史之范围，可限于人类，而人类之事实，不能尽纳诸历史。夫人类亦不过一种之动物耳，其一生一死，固不免于循环，即其日用饮食，言论行事，亦不过大略相等，而无进化之可言。故欲求进化之迹，必于人群。使人人析而独立，则进化终不可期，而历史终不可起。盖人类进化云者，一群之进也，非一人之进也。如以一人也，则今人必无以远过于古人。语其体魄，则四肢、五官，古犹今也；质点血轮，古犹今也。语其性灵，则古代周、孔、柏（柏拉图）、阿（阿里士多德）之智识能力，必不让于今人，举世所

同认矣。然往往有周、孔、柏、阿所不能知之理，不能行之事，而今日乳臭小儿知之、能之者，何也？无他，食群之福，享群之利，借群力之相接相较相争相师相摩相荡相维相系相传相嬗，而智慧进焉，而才力进焉，而道德进焉。进也者，人格之群，非寻常之个人也（人类天性之能力能随文明进化之运而渐次增长与否，此问题颇难决定。试以文明国之一小儿不许受教育，不许蒙社会之感化、沐文明之恩泽，则其长成能有以异于野蛮国之小儿乎？恐不能也。盖由动物进而为人，已为生理上进化之极点，由小儿进为成人，已为生理上进化之极点，然则一个人殆无进化也。进化者，别超于个人之上之一人格而已，即人群是也）。然则历史所最当注意者，惟人群之事，苟其事不关系人群者，虽奇言异行，而必不足以入历史之范围也。

畴昔史家，往往视历史如人物传者然。夫人物之关系于历史固也，然所以关系者，亦谓其于一群有影响云尔。所重者在一群，非在一人也。而中国作史者，全反于此目的，动辄以立佳传为其人之光宠，驯至连篇累牍胪列无关世运之人之言论行事，使读者欲卧欲呕，虽尽数千卷，犹不能于本群之大势有所知焉，由不知史之界说限于群故也。

第三，历史者，叙述人群进化之现象而求得其公理公例者也。凡学问必有客观主观二界。客观者，谓所研究之事物也；主观者，谓能研究此事物之心灵也（亦名所界、能界。能、所二字，佛典译语常用为名词）。和合二观，然后学问出焉。史学之客体，则过去现在之事实是也；其主体，则作史读史者心识中所怀之哲理是也。有客观而无主观，则其史有魄无魂，谓之非史焉可也（偏于主观而略于客观者，则虽有佳书，亦不过为一家言，不得谓之为史）。是故善为史者，必研究人群进化之现象，而求其公理公例之所在，于是有所谓历史哲学者出焉。历史与历史哲学虽殊科，要之，苟无哲学之理想者，必不能为良史，有断然也。虽然，求史学之公理公例，固非易易。如彼天然科学者，其材料完全，其范围有涯，故其理例亦易得焉。如天文学，如物质学，如化学，所已求得之公理公例不可磨灭者，既已多端，而政治学群学宗教学等，则瞠乎其后，皆由现象之繁赜，而未到终点也。但其事虽难，而治此学者不可不勉。大抵前者史家不能有得于是者，其蔽二端：一曰知有一局部之史，而不知自有人类以来全体之史也。或局于一地，或局于一时代，如中国之史，其地位则仅叙述本国耳，于吾国外之现象，非所知也（前者他国之史亦如是）。其时代则上至书契以来，下至胜朝之末止矣，前乎此，后乎此，非所闻也。夫欲求人群进化之真相，必当合人类全体而比较之，通古今文野之界而观察之，内自乡邑之法团（凡民间之结集而成一人格之团体者，谓之法团，亦谓之法人。法人者，法律上视之与一个人无异也。一州之州会，一市之市会乃至一学校、一会馆、一公司，皆统名为法团），外至五洲之全局，上自穹古之石史（地质学家从地底僵石中考求人物进化之迹，号曰石史），下至昨今之新闻，何一而非客观所当取材者？综是焉以求其公理公例，虽未克完备，而所得必已多矣。问畴昔之史家，有能焉者否也？二曰徒知有史学，而不知史学与他学之关系也。夫地理学也，地质学也，人种学也，人类学也，言语学也，群学也，政治学也，宗教学也，法律学也，平准学也（即日本所谓经济学），皆与史学有直接之关系。其他如哲学范围所属之伦理学、心理学、论理学、文章学及天然科学范围所属之天文学、物质学、化学、生理学，其理论亦常与史学有间接之关系，何一而非主观所当凭借者？取诸学之公理公例，而参伍钩距之，虽未尽适用，而所得又必多矣。问畴昔之史家，有能焉者否也？

夫所以必求其公理公例者，非欲以为理论之美观而已，将以施诸实用焉，将以贻诸来者焉。历史者，以过去之进化，导未来之进化者也。吾辈食今日文明之福，是为对于古人已得之权利，而继续此文明，增长此文明，孳殖此文明，又对于后人而不可不尽之义务也。而史家所以尽此义务之道，即求得前此进化之公理公例，而使后人循其理率其例以增幸福于无疆也。史乎！史乎！其责任至重，而其成就至难！中国前此之无真史家也，又何怪焉！而无真史家，亦即吾国进化迟缓之一原因也。吾愿与同胞国民筚路蓝缕以辟此途也。

（以上说界说竟。作者初研究史学，见地极浅，自觉其界说尚有未尽未安者，视吾学他日之进化，乃补正之。著者识。）

第三节
历史与人种之关系

历史者何？叙人种之发达与其竞争而已。舍人种则无历史。何以故？历史生于人群，而人之所以能群，必其于内焉有所结，于外焉有所排，是即种界之所由起也；故始焉自结其家族以排他家族，继焉自结其乡族以排他乡族，继焉自结其部族以排他部族，终焉自结其国族以排他国族。此实数千年世界历史经过之阶级，而今日则国族相结相排之时代也。夫群与群之互有所排也，非大同太平之象也，而无如排于外者不剧，则结于内者不牢；结于内者不牢，则其群终不可得合，而不能占一名誉之位置于历史上。以故世界日益进步，而种族之论亦日益昌明。呜呼！后乎此者，其有种界尽破万国大同之郅治乎？吾不敢知。若在今日，则虽谓人种问题为全世界独一无二之问题，非过言也。

有历史的人种，有非历史的人种。等是人种也，而历史的非历史的何以分焉？曰，能自结者，为历史的；不能自结者，为非历史的。何以故？能自结者则排人，不能自结者则排于人。排人者则能扩张本种以侵蚀他种，骎骎焉垄断世界历史之舞台；排于人者则本种日以陵夷衰微，非惟不能扩张于外，而且澌灭于内，寻至失其历史上本有之地位，而舞台为他人所占。故夫叙述数千年来各种族盛衰兴亡之迹者，是历史之性质也；叙述数千年来各种族所以盛衰兴亡之故者，是历史之精神也。

近世言人种学者，其论不一。或主张一元说，而以为世界只有一人种。或主张多元说，而区分为四种（康德），为五种（布曼伯），为六种（巴科安），为七种（韩特），为八种（亚加智），其多者乃至十一种，十五种，十六种，二十二种，六十种，其最多者分为六十三种（巴喀）。甚者以言语之分，而区为一千乃至二千余人种。然今所通行，则五种之说，所谓黄色种、白色种、棕色种、黑色种、红色种是也。或以南洋群岛太平洋群岛纽西仑诸土人，及中亚美利加之土人，合于黄种，以澳洲、南印度之土人合于黑种，而成为三大种。今勿具论。要之，缘附于此抟抟员舆上之千五百兆生灵，其可以称为历史的人种者，不过黄、白两族而已。今条其派别如下：

- 历史的人种
  - （一）黄种
    - （甲）
      - 中国人
      - 日本人
      - 朝鲜人
      - 暹罗人
      - 其他亚细亚东部之人
    - （乙）
      - 蒙古人
      - 鞑靼人
      - 鲜卑人（即今西伯利亚人）
      - 其他亚细亚北部中部之人
    - （丙）
      - 土耳其人
      - 匈加利人
      - 其他在欧洲之黄种人
  - （二）白种
    - （甲）哈密忒人种 Hanmitic
      - 埃及人
      - 里比亚人
      - 哥士人（居阿剌伯及埃及之南）
    - （乙）沁密忒人种 Semitic
      - 西亚里亚人
      - 巴比伦人
      - 腓尼西亚人
      - 希伯来人（犹太及以色列）
      - 亚剌伯人
    - （丙）（见下表）

（丙）阿利安人种 Aryan

- 亚细亚之部
  - （一）印度人
  - （二）伊兰人 Iranic
    - 米底亚人
    - 波斯人
- 欧罗巴之部
  - （一）
    - 希腊人
    - 罗马人
      - 法兰西人
      - 伊大利人
      - 西班牙葡萄牙人
  - （二）峨特忒人 Celtic
    - 郜卢人
    - 白里敦人
    - 苏格兰人
    - 爱尔兰人
  - （三）条顿人 Teutonic
    - 那威人
    - 瑞典人
    - 丁抹人
    - 德意志人
    - 荷兰人
    - 英人
  - （四）斯拉夫人 Slavonic
    - 俄罗斯人
    - 波兰人
    - 波希米亚人
    - 塞尔维亚人（多居奥大利）
    - 其他

同为历史的人种也，而有世界史的与非世界史的之分。何谓世界史的？其文化武力之所及，不仅在本国之境域，不仅传本国之子孙，而扩之充之以及于外，使全世界之人类受其影响，以助其发达进步，是名为世界史的人种。吾熟读世界史，察其彼此相互之关系，而求其足以当此名者，其后乎此者吾不敢知，其前乎此者，则吾不得不以让诸白种，不得不以让诸白种中之阿利安种。而于其中复分为两大时期，前期为阿利安种与哈密沁、沁密忒两种合力运动时代，后期为阿利安种独力运动时代。前期之中，复分为三小时期：一、哈密忒全盛时代；二、沁密忒全盛时代；三、阿利安与哈沁融合时代。于后期之中，亦分为三小时期：一、希腊罗马人时代；二、条顿人时代；三、斯拉夫人时代（所谓各时代者，非此时代终而彼时代乃始也，其界限常不能甚分明，往往后时代中仍抱前时代之余波，前时代中已含后时代之种子，不过就其大势略区别之，取便称呼耳。观下文自明）。试略论之。夫以狭义言之，欧罗巴文明实为今日全世界一切文明之母，此有识者所同认也。欧罗巴文明何自起？其发明光大之者，为阿利安民族，其组织而导引之者，为哈密忒与沁密忒之两民族。若世界文明史而有正统也，则其统不得不托始于哈密忒人。代表哈密忒者，曰埃及。埃及文明之花，实现于距今四五千年以前。于金字塔观其工艺之伟大（金字塔者，埃及古王之坟陵也。其最大者，容积七千四百万立方英尺，底阔七百六十四英尺，侧袤四百八十英尺，世界最大之石碑也。其能运如许重大之石材，上举于数百丈之高处，则其时工械力之大可想），于木乃伊想其化学之发明（木乃伊者，埃及古王之尸体，以药物浸裹之，使其不朽，至今犹有存者，则当时之人已明化学，可以概见），尼罗河畔，实历史上最荣誉之纪念场哉！自摩西为埃及王女所收养，遍学其教术，吸取其智识，既乃率同族以开犹太（详见《旧约全书·出埃及记》），是沁密忒文明出于埃及之明证也（其余巴比伦、叙利亚文明，亦得力于埃及不少，史家能言其详）。希腊古哲，如德黎 Thales，如毕达哥拉 Pydlagoras，如梭伦 Solon，如德谟吉来图 Democritus，如柏拉图 Plato，皆尝受教于埃及僧侣，而德谟吉来图、柏拉图二氏，且躬自游历埃土，而遏狄加人（希腊四大族之一）之宗教，及其群治制度，多承埃及之遗迹，是阿利安文明出于埃及之明证也。故今日欧洲文明，以希腊为父，以沁密忒为祖，以哈密忒为祖之所自出。虽然，哈密忒人，能创造之以待人取法者也；泌密忒人，能创造之且能传播之者也；阿利安人，能创造之能传播之且最能取法于人者也。故三族之优劣胜败于此判焉矣。

哈密忒于世界文明，仅有间接之关系，至沁密忒而始有直接之关系。当希腊人文未发达之始，其政治学术宗教，卓然有牢笼一世之概者，厥惟亚西里亚（或译作亚述）、巴比伦、腓尼西亚诸国。沁密忒人，实世界宗教之源泉也，犹太教起于是，基督教起于是。希腊古代之神话，其神名及其祭礼，无一不自亚西里亚、腓尼西亚而来。新旧巴比伦之文学美术，影响于后代，其尤著者也。腓尼西亚之政体，纯然共和政治，为希腊所取法。其商业及航海术亦然，且以贸易之力，传播其文明，直普及于意大利，作罗马民族之先驱。故腓尼西亚国虽小，而关系于世界史者最大。若希伯来人之有摩西、耶稣两教主，其势力浸润全欧人民之脑中者，更不待论矣。故世界史正统之第二段在沁密忒人，而亚里西亚、巴比伦、希伯来为其主脑，腓尼西亚为其枢机。

其在第三段，为世界史之主人翁者，则希腊也。希腊代表阿利安种之一部。其民族则土著之“毕拉士治”Pelasgi人与西迁之阿利安人（阿利安分亚洲之部、欧洲之部，两者已详前表。希腊之阿利安，则自伊兰高原西来者也）混合而成者也，阿利安族之所长，在贵自由，重考验，务进步。惟贵自由，故其于政治也，不甘压制而倡言平等；惟重考验，故其于学问也，不徇现象而探求原理；惟务进步，故其于社会一切事物也，不泥旧例而日事革新。阿利安族所以亘数千年至今常执全世界之牛耳者，皆此之由，而希腊人其最初之登场者也。希腊之代表，惟雅典与斯巴达。雅典右文，斯巴达尚武。两者虽不调和，而皆足以发挥阿利安族之特性，故史家或以今世欧罗巴，为古代希腊之放影，以古代希腊，为今世欧罗巴之缩图，非过言也。然其民族之团结力，只能建设市府政治，不能成就国家政治，故虽握霸权于历史上者七百年，卒服属于他国以致灭亡。

其在第四段，为世界之主人翁者，则罗马也。罗马位于古代史与近世史之过渡时代，而为其津梁。其武力既能挥斥八极，建设波斯以来梦想不及之绝大帝国，而其立法的智识，权利的思想，实为古代文明国所莫能及。集无量异种之民族，置之中央集权制度之下，为一定之法律以部勒之，故自罗马建国以后，而前此之旧民族，皆同化于罗马，如蜾蠃之与螟蛉。自罗马解纽以后，而后此之新民族皆赋形于罗马，如大河之播九派。今日欧洲大陆诸国，其言语、文学、宗教、风俗，各不相远，皆由其曾合并于罗马一统之下，浸润于同种之泽使然也。故希腊能吸集哈密忒、沁密忒两族之文明，纳诸阿利安族中，以成一特色；而罗马则承希腊正统，举其所吸集者、所结构者，以兵力而播之于世界。虽谓罗马为希腊之一亢宗子可也。虽然，罗马文明，其传袭希腊者固多，其独自结构者亦不少；如法律之制定，宗教之传播，其尤著也。

自希腊罗马以后，世界史之主位，既全为阿利安人所占，及于罗马末路，而阿利安族中之新支派，纷纷出现，除拉丁民族（即罗马族）外，则峨特民族、条顿民族、斯拉夫民族，其最者也。峨特民族在阿利安中，以战胜攻取闻。其人为印度阿利安之一派，自西历纪元前二世纪，即已侵入欧洲，发轫于小亚细亚，越今之瑞典、德意志、法兰西、意大利、西班牙诸地，直至爱尔兰之西岸、苏格兰之高原，皆有足迹焉。后乃自中部欧罗巴，蹂躏希腊、马基顿，蔓延全陆，所至竞争斗恣杀掠，使人战栗。故峨特人在世界史上，其影响所及亦不尠。虽然，其人能冒险而不能忍耐，故战胜之结果，无一可表见；而其血气之勇，终不足以敌罗马节制之师，卒被征服。及罗马亡后，遂服属于条顿人之轭下。今之苏格兰人、爱尔兰人及法兰西人之一部，实峨特民族性质之代表也。

条顿民族之移住欧洲也，在拉丁、峨特两族之后，而其权力之影响于历史则过之。自中世以后，欧罗巴历史之中心点，实条顿人也。其民族移动之原因及其年代，虽不可确考，要之，自西历纪元二三世纪，始出现于欧罗巴东部，而其中有势力于历史上者，复分四派：其在东欧者曰高特族 Goth，其在西欧者曰福伦喀族 Frank，其在北欧者曰撒逊族 Saxon，亦称日耳曼族，其在南欧者曰阿里曼族 Alemanni。兹将千余年前条顿民族之位置列表如下：

条顿民族之位置沿革表

	西历纪元三世纪	四世纪	五世纪	六世纪以后
高特族之位置		本世纪中叶，西高特族始见于多恼河之下流。其末叶，东高特族自多瑙河下流入布加里亚。	西高特族建设王国。东高特族转入意大利建国焉。	本世纪末叶为东罗马帝国所灭，其支派占有北日耳曼之地。
福伦喀族之位置	居来因河之下流	本世纪中叶入于加利亚，建设多数之小王国。	本世纪末叶大败罗马军，使法兰西（指今地）境内不留罗马只骑。复胜高特、阿里曼诸族。	建设查里曼大帝国，成今日欧洲群雄树立之势。
撒逊族之位置	自埃士河越埃尔比河，宅居于今荷斯顿及丁抹诸地。		本世纪中叶撒逊人分为两派，一派越海与盎格鲁人共征服英国之大部，别成所谓盎格鲁撒逊民族者，其一派蹂躏大陆诸邦。	六世纪以来屡与福伦喀族争斗，至九世纪福伦喀王国建立，撒逊人亦全占有北日耳曼之全部。十一世纪盎格鲁撒逊人全征服英国。
阿里曼族之位置	居多恼、麻因两河间，即日耳曼中部也。势力颇强，屡挫罗马军。		本世纪之末，为福伦喀族所阻，遏其进路。	

由是观之，世界文明史之第五段，实惟阿利安族中罗马人与条顿人争长时代，而罗马人达于全盛，为日中将昃之形，条顿人气象方新，有火然泉达之观。峨特人虽奋血气之勇，偶耸动一世耳目，而其内力不足以敌此两族，昙花一现，遂为天演所淘汰，归于劣败之数。自六世纪以后，而全欧文明之霸权，渐全归条顿人矣。

蹑条顿人之迹而有大势力于历史上者，斯拉夫人也，以冒险之精神、道义之观念论之，条顿人迥非斯拉夫人所能及。若夫坚实耐久，立于千苦万难之中，毅然终始不失其特性者，则斯拉夫人殆冠宇内而无两也。彼等好战之心，不如条顿人之盛，若一旦不得已而跃马执剑，则无论如何之大敌，决不足以慑其前。彼等个人自由之观念，视条顿人虽大有所缺乏，至其注意公益，服从于一定主权之下，听其指麾，全部一致，其为国民的运动，又远非条顿人所能几也。故识者谓世界史之正统，其代条顿人以兴者，将在斯拉夫人，非虚言也。

条顿民族既兴以后，而罗马民族之力尚未衰。中世史之末叶，意大利自由市府勃兴，实为今世国家之嚆矢。而西班牙、葡萄牙、法兰西人，当十四五世纪，国势且蒸蒸日上，西辟美洲，东略印度，南开南洋，阿利安人之势力范围，始磅礴于欧洲以外。其主动者，皆罗马人也。虽然，以物竞天择之公例，罗马人之老大，终不敌条顿人之少年。未几而荷兰人起，与之竞争。未几而英吉利人起，一举而代之。近则德意志人，复骎骎然凌厉中原矣。故觇罗马、条顿两族之盛衰，但于其殖民历史之沿革焉足矣。北阿美利加也（初为法人、班人所开，今全属盎格鲁撒逊族矣），南阿美利加也（本为班人、葡人所开，今为德意志势力范围），印度也（初为法人所经营，后卒全归英辖），南洋群岛也（初亦班、葡人航海所觅，今全为英、荷属），皆告我辈以两民族消长之明效也。今日全地球之土地主权，其百分之九十分，属于白种人。而所谓白种人者，则阿利安人而已。所谓阿利安人者，则条顿人而已。条顿人实今世史上独一无二之主人翁也。

第四节
论正统

中国史家之谬，未有过于言正统者也。言正统者，以为天下不可一日无君也，于是乎有统。又以为天无二日、民无二王也，于是乎有正统。统之云者，殆谓天所立而民所宗也；正之云者，殆谓一为真而余为伪也。千余年来，陋儒断断于此事，攘臂张目，笔斗舌战，支离蔓衍，不可穷诘。

一言蔽之曰：自为奴隶根性所束缚，而复以煽后人之奴隶根性而已。是不可以不辩。

统字之名词何自起乎？殆滥觞于《春秋》。《春秋公羊传》曰："何言乎王正月？大一统也。"此即后儒论正统者所援为依据也。庸讵知《春秋》所谓大一统者，对于三统而言，《春秋》之大义非一，而通三统实为其要端。通三统者，正以明天下为天下人之天下，而非一姓之所得私有，与后儒所谓统者，其本义既适相反对矣。故夫统之云者，始于霸者之私天下，而又惧民之不吾认也，乃为是说以箝制之曰：此天之所以与我者，吾生而有特别之权利，非他人所能几也。因文其说曰："宣聪明，作父母。"曰："辨上下，定民志。"统之既立，然后任其作威作福，恣睢蛮野，而不得谓之不义，而人民之稍强立不挠者，乃得坐之以不忠不敬大逆无道诸恶名，以锄之摧之。此统之名所由立也。《记》曰："得乎丘民而为天子。"若是乎，无统则已，苟其有统，则创垂之而继续之者，舍斯民而奚属哉？故泰西之良史，皆以叙述一国国民系统之所由来，及其发达进步盛衰兴亡之原因结果为主，诚以民有统而君无统也。借曰君而有统也，则不过一家之谱牒，一人之传记，而非可以冒全史之名，而安劳史家之哓哓争论也。然则以国之统而属诸君，则固已举全国之人民，视同无物，而国民之资格，所以永坠九渊而不克自拔，皆此一义之为误也。故不扫君统之谬见，而欲以作史，史虽充栋，徒为生民毒耳。

统之义已谬，而正与不正，更何足云。虽然，亦既有是说矣，其说且深中于人心矣，则辞而辟之，固非得已。正统之辨，昉于晋而盛于宋。朱子《通鉴纲目》所推定者，则秦也，汉也，东汉也，蜀汉也，晋也，东晋也，宋、齐、梁、陈也，隋也，唐也，后梁、后唐、后汉、后晋、后周也。本朝乾隆间《御批通鉴》从而续之，则宋也，南宋也，元也，明也，清也。所谓正统者，如是如是，而其所据为理论，以衡量夫正不正者，约有六事：

一曰以得地之多寡而定其正不正也。凡混一宇内者，无论其为何等人，而皆奉之以正，如晋、元等是。

二曰以据位之久暂，而定其正不正也。虽混一宇内，而享之不久者，

皆谓之不正，如项羽、王莽等是。

三曰以前代之血胤为正，而其余皆为伪也。如蜀汉、东晋、南宋等是。

四曰以前代之旧都所在为正，而其余皆为伪也。如因汉而正魏，因唐而正后梁、后唐、后晋、后汉、后周等是。

五曰以后代之所承者所自出者为正，而其余为伪也。如因唐而正隋，因宋而正周等是。

六曰以中国种族为正，而其余为伪也。如宋、齐、梁、陈等是。

此六者，互相矛盾，通于此则窒于彼，通于彼则窒于此，而据朱子《纲目》及《通鉴辑览》等所定，则前后互歧，进退失据，无一而可焉。请穷诘之。夫以得地之多寡而定，则混一者固莫与争矣。其不能混一者，自当以最多者为最正，则苻秦盛时，南至邛僰，东抵淮泗，西极西域，北尽大碛，视司马氏版图过之数倍。而宋金交争时代，金之幅员，亦有天下三分之二，而果谁为正而谁为伪也？如以据位之久暂而定，则如汉唐等之数百年，不必论矣。若夫拓跋氏之祚，回轶于宋齐梁陈；钱镠、刘隐之系，远过于梁唐晋汉周；而西夏李氏，乃始唐乾符，终宋宝庆，凡三百五十余年，几与汉唐埒，地亦广袤万里，又谁为正而谁为伪也？如以前代之血胤而定，则杞宋当二日并出，而周不可不退处于篡僭。而明李槃以宇文氏所臣属之萧岿为篡贼，萧衍延苟全之性命而使之统陈；以沙陀夷族之朱邪存勖，不知所出之徐知诰冒李唐之宗，而使之统分据之天下者，将为特识矣。而顺治十八年间，故明弘光、隆武、永历，尚存正朔，而视同闰位，何也？而果谁为正而谁为伪也？如以前代旧都所在而定，则刘、石、慕容、苻、姚、赫连、拓跋所得之土，皆五帝三王之故宅也；女真所抚之众，皆汉唐之遗民也，而又谁为正谁为伪也？如以后代所承所出者为正，则晋既正矣，而晋所自出之魏，何以不正？前既正蜀，而后复正晋，晋自篡魏，岂承汉而兴邪？唐既正矣，且因唐而正隋矣，而隋所自出之宇文，宇文所自出之拓跋，何以不正？前正陈而后正隋，隋岂因灭陈而始有帝号邪？又乌知夫谁为正而谁为伪也！若夫以中国之种族而定，则诚爱国之公理，民族之精神，虽迷于统之义，而犹不悖于正之名也。而惜乎数千年未有持此以为鹄者也。李存勖、石敬瑭、刘智远，以沙陀三小族，窃一掌之地，而觍然奉为共主。自宋至明百年间，黄帝子孙，无尺寸土，而史家所谓正统者，仍不绝如故也。而果谁为正而谁为伪也？于是乎而持正统论者，果无说以自完矣。

大抵正统之说之所以起者，有二原因：（其一）则当代君臣，自私本国也。温公所谓“宋魏以降，各有国史，互相排黜。南谓北为索虏，北谓南为岛夷。朱氏代唐，四方幅裂。朱邪入汴，比之穷新（原注：唐庄宗自以为继唐，比朱梁于有穷篡夏，新室篡汉），运历年纪，弃而不数。此皆私己之偏辞，非大公之通论也”（《资治通鉴》卷六十九），诚知言矣。自古正统之争，莫多于蜀魏问题。主都邑者以魏为真人，主血胤者以蜀为宗子，而其议论之变迁，恒缘当时之境遇。陈寿主魏，习凿齿主蜀，寿生西晋，而凿齿东晋也。西晋踞旧都，而上有所受，苟不主都邑说，则晋为僭矣，故寿之正魏，凡以正晋也。凿齿时则晋既南渡，苟不主血胤说，而仍沿都邑，则刘、石、苻、姚正，而晋为僭矣。凿齿之正蜀，凡亦以正晋也。其后温公主魏，而朱子主蜀，温公生北宋，而朱子南宋也。宋之篡周宅汴，与晋之篡魏宅许者同源。温公之主都邑说也，正魏也，凡以正宋也。南渡之宋与江东之晋同病，朱子之主血胤说也，正蜀也，凡亦以正宋也。盖未有非为时君计者也。至如五代之亦觍然目为正统也，更宋人之谵言也。彼五代抑何足以称代？朱温盗也，李存勖、石敬瑭、刘智远沙陀犬羊之长也。温可代唐，则侯景、李全可代宋也；沙陀三族可代中华之主，则刘聪、石虎可代晋也。郭威非夷非盗，差近正矣，而以黥卒乍起，功业无闻，乘人孤寡，夺其穴以篡立，以视陈霸先之能平寇乱，犹奴隶耳。而况彼五人者，所掠之地，不及禹域二十分之一，所享之祚合计仅五十二年。而顾可以圣仁神武某祖某皇帝之名奉之乎？其奉之也，则自宋人始也。宋之得天下也不正，推柴氏以为所自受，因而溯之，许朱温以代唐，而五代之名立焉（以上采王船山说）。其正五代也，凡亦以正宋也。至于本朝，以异域龙兴，入主中夏，与辽金元前事相类，故顺治二年三月，议历代帝王祀典，礼部上言，谓辽则宋曾纳贡，金则宋尝称侄，帝王庙祀，似不得遗。骎骎乎欲伪宋而正辽金矣，后虽惮于清议，未敢悍然，然卒增

祀辽太祖、太宗、景宗、圣宗、兴宗、道宗，金太祖、太宗、世宗、章宗、宣宗、哀宗。其后复增祀元魏道武帝、明帝、孝武帝、文成帝、献文帝、孝文帝、宣武帝、孝明帝，岂所谓兔死狐悲，物伤其类者耶？由此言之，凡数千年来哓哓于正不正、伪不伪之辩者，皆当时之霸者与夫霸者之奴隶，缘饰附会，以保其一姓私产之谋耳。而时过境迁之后，作史者犹慷他人之慨，断断焉辩得失于鸡虫，吾不知其何为也。

（其二）由于陋儒误解经义，煽扬奴性也。陋儒之说，以为帝王者圣神也；陋儒之意，以为一国之大，不可以一时而无一圣神焉者，又不可以同时而有两圣神焉者。当其无圣神也，则无论为乱臣为贼子为大盗为狗偷为仇雠为夷狄，而必取一人一姓焉，偶像而尸祝之曰：此圣神也！此圣神也！当其多圣神也，则于群圣群神之中，而探阄焉，而置棋焉，择取其一人一姓而膜拜之曰：此乃真圣神也！而其余皆乱臣贼子大盗狗偷仇雠夷狄也。不宁惟是，同一人也，甲书称之为乱贼偷盗仇雠夷狄，而乙书则称之为神圣焉。甚者同一人也，同一书也，而今日称之为乱贼偷盗仇雠夷狄，明日则称之为神圣焉。夫圣神自圣神，乱贼自乱贼，偷盗自偷盗，夷狄自夷狄，其人格之相去，不可以道里计，一望而知，无能相混者也，亦断未有一人之身，而能兼两涂者也。异哉！此至显至浅至通行至平正之方人术，而独不可以施诸帝王也。谚曰："成即为王，败即为寇。"此真持正统论之史家所奉为月旦法门者也，夫众所归往谓之王，窃夺殃民谓之寇。既王矣，无论如何变相，而必不能堕而为寇。既寇矣，无论如何变相，而必不能升而为王，未有能相印焉者也。如美人之抗英而独立也，王也，非寇也，此其成者也。即不成焉，如菲律宾之抗美，波亚之抗英，未闻有能目之为寇者也。元人之侵日本，寇也，非王也，此其败者也。即不败焉，如蒙古蹂躏俄罗斯，握其主权者数百年，未闻有肯认之为王者也。中国不然，兀术也，完颜亮也，在《宋史》则谓之为贼为虏为仇，在《金史》则某祖某皇帝矣，而两皆成于中国人之手，同列正史也。而"诸葛亮入寇"、"丞相出师"等之差异，更无论也。朱温也，燕王棣也，始而曰叛曰盗，忽然而某祖某皇帝矣，而曹丕、司马炎之由名而公，由公而王，由王而帝，更无论也。准此以谈，吾不能不为匈奴冒顿、突厥颉利之徒悲也，吾

不能不为汉吴楚七国、淮南王安、晋八王、明宸濠之徒悲也，吾不能不为上官桀、董卓、桓温、苏峻、侯景、安禄山、朱泚、吴三桂之徒悲也，吾不得不为陈涉、吴广、新市平林、铜马赤眉、黄巾、窦建德、王世充、黄巢、张士诚、陈友谅、张献忠、李自成、洪秀全之徒悲也。彼其与圣神，相去不能以寸耳，使其稍有天幸，能于百尺竿头，进此一步，何患乎千百年后赡才博学正言谠论倡天经明地义之史家，不奉以“承天广运、圣德神功、肇纪立极、钦明文思、睿哲显武、端毅弘文、宽裕中和、大成定业、太祖高皇帝”之徽号，而有腹诽者则曰大不敬，有指斥者则曰逆不道也。此非吾过激之言也。试思朱元璋之德，何如窦建德？萧衍之才，何如王莽？赵匡胤之功，何如项羽？李存勖之强，何如冒顿？杨坚传国之久，何如李元昊？朱温略地之广，何如洪秀全？而皆于数千年历史上巍巍然圣矣神矣。吾无以名之，名之曰幸不幸而已。若是乎，史也者，赌博耳！儿戏耳！鬼蜮之府耳！势利之林耳！以是为史，安得不率天下而禽兽也？而陋儒犹嚣嚣然曰：此天之经也！地之义也！人之伦也！国之本也！民之坊也！吾不得不深恶痛绝夫陋儒之毒天下如是其甚也。

然则不论正统则亦已耳，苟论正统，吾敢翻数千年之案而昌言曰：自周秦以后，无一朝能当此名者也。（第一）夷狄不可以为统，则胡元及沙陀三小族，在所必摈，而后魏、北齐、北周、契丹、女真，更无论矣。（第二）篡夺不可以为统，则魏、晋、宋、齐、梁、陈、北齐、北周、隋、后周、宋，在所必摈，而唐亦不能免矣。（第三）盗贼不可以为统，则后梁与明在所必摈，而汉亦如唯之与阿矣。然则正统当于何求之？曰：统也者，在国非在君也，在众非在一人也；舍国而求诸君，舍众人而求诸一人，必无统之可言，更无正之可言。必不获已者，则如英、德、日本等立宪君主之国，以宪法而定君位继承之律。其即位也，以敬守宪法之语誓于大众，而民亦公认之。若是者，其犹不谬于得丘民为天子之义，而于正统庶乎近矣。虽然，吾中国数千年历史上，何处有此？然犹断断于百步五十步之间，而曰统不统正不正，吾不得不怜其愚，恶其妄也。后有良史乎？盍于我国民系统盛衰强弱主奴之间，三致意焉尔。

第五节

论书法

新史氏曰：吾一不解夫中国之史家，何以以书法为独一无二之天职也？吾一不解夫中国之史家，何以以书法为独一无二之能事也？吾一不解夫中国之史家，果据何主义以衡量天下古今事物，而敢嚣嚣然以书法自鸣也？史家之言曰：书法者，本《春秋》之义，所以明正邪，别善恶，操斧钺权，褒贬百代者也。书法善，则为良史；反是，则为秽史。嘻！此瞽言也。《春秋》之书法，非所以褒贬也。夫古人往矣，其人与骨皆已朽矣，孔子岂其不惮烦，而一一取而褒贬之？《春秋》之作，孔子所以改制而自发表其政见也，生于言论不自由时代，政见不可以直接发表，故为之符号标识焉以代之。书尹氏卒，非贬尹氏也，借尹氏以讥世卿也。书仲孙忌帅师围运，非贬仲孙忌也，借仲孙忌以讥二名也。此等符号标识，后世谓之书法。惟《春秋》可以有书法。《春秋》，经也，非史也，明义也，非记事也。使《春秋》而史也，而记事也，则天下不完全、无条理之史，孰有过于《春秋》者乎？后人初不解《春秋》之为何物，胸中曾无一主义，摭拾一二断烂朝报，而规规然学《春秋》，天下之不自量，孰此甚也！吾敢断言曰：有《春秋》之志者，可以言书法；无《春秋》之志者，不可以言书法。

问者曰：书法以明功罪，别君子小人，亦使后人有所鉴焉，子何绝之甚？曰：是固然也；虽然，史也者，非纪一人一姓之事也，将以述一民族之运动、变迁、进化、堕落，而明其原因结果也，故善为史者，必无暇断断焉褒贬一二人；亦决不肯断断焉褒贬一二人。何也？褒贬一二人，是专科功罪于此一二人，而为众人卸其责任也。上之启枭雄私天下之心，下之堕齐民尊人格之念，非史家所宜出也。吾以为一民族之进化堕落，其原因决不在一二人。以为可褒则宜俱褒，以为可贬则宜俱贬。而中国史家，只知有一私人之善焉恶焉功焉罪焉，而不知有一团体之善焉恶焉功焉罪焉。以此牖民，此群治所以终不进也。吾非谓书法褒贬之必可厌，吾特厌夫作史者以为舍书法褒贬外，无天职无能事也。

今之谈国事者，辄曰恨某枢臣病国，恨某疆臣殃民。推其意，若以为但能屏逐此一二人，而吾国之治即可与欧美最文明国相等者然，此实为旧史家谬说所迷也。吾见夫今日举国之官吏士民，其见识与彼一二人者相伯仲也，其意气相伯仲也，其道德相伯仲也，其才能相伯仲也。先有无量数病国殃民之人物，而彼一二人乃乘时而出焉，偶为其同类之代表而已。一二人之代表去，而百千万亿之代表者，方且比肩而立，接踵而来，不植其本，不清其源，而惟视进退于一二人，其有济乎？其无济乎？乃举国之人，莫或自讥自贬，而惟讥贬以一二人，吾不能不为一二人呼冤也。史者也，求有益于群治也，以此为天职为能事，问能于群治有丝毫之影响焉否也。

且旧史家所谓功罪善恶，亦何足以为功罪善恶？彼其所纪载，不外君主与其臣妾交涉之事。大率一切行谊，有利于时君者，则谓之功，谓之善，反是者则谓之罪，谓之恶。其最所表彰者，则死节之臣也，其最所痛绝者，叛逆及事二姓者也。夫君子何尝不贵死节？虽然，古人亦有言，君为社稷死则死之，为社稷亡则亡之，苟为己死而为己亡，非其亲昵，谁敢任之？若是乎，死节之所以可贵者，在死国，非在死君也。试观二十四史所谓忠臣，其能合此资格者几何人也？事二姓者，一奴隶之不足，而再奴隶焉，其无廉耻不待论也。虽然，亦有辩焉：使其有救天下之志，而欲凭借以行其道也，则佛肸召而子欲往矣，公山召而子欲往矣。伊尹且五就汤而五就桀矣，未见其足以为圣人病也。苟不尔者，则持禄保位富贵骄人以终身于一姓之朝，安用此斗量车载之忠臣为也！《纲目》书莽大夫扬雄死，后世言书法者所最津津乐道也。吾以为扬雄之为人，自无足取耳，若其人格之价值，固不得以事莽不事莽为优劣也。新莽之治，与季汉之治，则何择焉？等是民贼也，而必大为鸿沟以划之曰：事此贼者忠义也，事彼贼者奸佞也，吾不知其何据也。雄之在汉，未尝得政，未尝立朝，即以旧史家之论理律之，其视魏徵之事唐，罪固可末减焉矣。而雄独蒙此大不韪之名，岂有他哉？李世民幸而王莽不幸，故魏徵幸而扬雄不幸而已。吾非欲为儇薄卑靡之扬雄讼冤，顾吾见夫操斧钺权之最有名者，其衡量人物之论据，不过如是，吾有以见史家之与人群渺不相涉也。至于叛逆云者，吾不知泗上之亭长，何以异于渔阳之戍卒；晋阳之唐公，何以异于宸濠之亲藩；陈桥之检点，何以异于离石之校尉。乃一则夷三族而复被大憝之名，一则履九五而遂享神圣之号，天下岂有正义哉！惟权力是视而已。其间稍有公论者，则犯颜死谏之臣时或表彰之是已。虽然，然所谓敢谏者，亦大率为一姓私事十之九，而为国民公义者十之一。即有一二，而史家之表彰之者，亦必不能如是其力也。嘻！吾知其故矣。霸者之所最欲者，则臣妾之为之死节也。其次则匡正其子孙之失德而保其祚也。所最恶者，臣妾之背之而事他人也。其尤甚者，则发难而与己为敌也。故其一赏一罚，皆以此为衡。汉高岂有德于雍齿而封之？岂有憾于丁公而杀之？所谓为人妇则欲其和我，为我妇则欲其为我詈人耳。而彼等又知夫人类有尚名誉之性质，仅以及身之赏罚而不足以惩劝也，于是鼎革之后，辄命其臣妾修前代之史，持此衡准以赏罚前代之人，因以示彼群臣群妾曰：尔其效此，尔其毋效彼。此霸者最险最黠之术也。当崇祯、顺治之交，使无一洪承畴，则本朝何以有今日？使多一史可法，则本朝又何以有今日？而洪则为《国史·贰臣传》之首，史则为《明史·忠烈传》之魁矣。夫以此两途判别洪、史之人格，夫谁曰不宜？顾吾独不许夫霸者之利用此以自固而愚民也。问二千年来史家之书法，其有一字非为霸者效死力乎？无有也。霸者固有所为而为之，吾无责焉，独不解乎以名山大业自期者，果何德于彼，而必以全力为之拥护也。故使克林威尔生于中国，吾知其必与赵高、董卓同诟；使梅特涅生于中国，吾知其必与武乡、汾阳齐名。何也？中国史家书法之性质则然也。

吾非谓史之可以废书法，顾吾以为书法者，当如布尔特奇之《英雄传》，以悲壮淋漓之笔，写古人之性行事业，使百世之下，闻其风者，赞叹舞蹈，顽廉懦立，刺激其精神血泪，以养成活气之人物；而必不可妄学《春秋》，侈衮钺于一字二字之间，使后之读者，加注释数千言，犹不能识其命意之所在。吾以为书法者，当如吉朋之《罗马史》，以伟大高尚之理想，褒贬一民族全体之性质，若者为优，若者为劣，某时代以何原因而获强盛，某时代以何原因而致衰亡，使后起之民族读焉，而因以自鉴曰：吾侪宜尔，吾侪宜毋尔；而必不可专奖厉一姓之家奴走狗，与夫一二矫情畸行，陷后人于狭隘偏枯的道德之域，而无复发扬蹈厉之气。君不读龙门《史记》乎，史公虽非作史之极轨，至其为中国史家之鼻祖，尽人所同认矣。《史记》之书法也，岂尝有如庐陵之《新五代史》，晦庵之《通鉴纲目》，咬文嚼字，矜愚饰智，断断于缌小功之察而问无齿决者哉！

第六节
论纪年

或问新史氏曰：子之驳正统论，辩矣。虽然，昔之史家说正统者，其意非必皆如吾子所云云也。盖凡史必有纪年，而纪年必借王者之年号，因不得不以一为主，而以余为闰也。司马温公尝自言之矣（《资治通鉴》卷六十九）。新史氏曰：审如是也，则吾将更与子论纪年。

纪年者何义也？时也者，过而不留者也。立乎今日以指往日，谓之去年，谓之前年，谓之前三年，前十年。再推而上之，则词穷矣。言者既凌乱而难为之名，听者亦瞀惑而莫知所指矣。然人生在世，则已阅数十寒暑，其此年与彼年交涉比较之事，不一而足。而人之愈文明者，其脑筋所容之事物愈多，恒喜取数百年数千年以前之事而记诵之讨论之。然而年也者，过而不留者也，至无定而无可指者也。无定而无可指，则其所欲记之事，皆无所附丽，故不得不为之立一代数之记号，化无定为有定，然后得以从而指名之，于是乎有纪年。凡天地间事物之名号，其根原莫不出于指代，而纪年亦其一端也。

凡设记号者，皆将使人脑筋省力也；故记号恒欲其简，不欲其繁。当各国之未相遇也，各自纪年，盖记号必不能暗同，无可如何也。及诸国既已相通，交涉之事日多，而所指之年，其代数记号，各参差不相符，则于人之脑筋甚劳，而于事甚不便。故孔子作《春秋》，首据其义曰：诸侯不得改元，惟王者然后改元。所以齐万而为一，去繁而就简，有精意存焉也（孔子前皆各国各自纪元。详见《纪年公理》）。

既明纪年之性质及其公例矣，然则一地之中，而并时有数种纪年，固为不便，百年之内，而纪年之号屡易，其不便亦相等明矣。何也？一则横繁，一则竖繁也。是故欲去繁而就简者，必不可不合横竖而皆一之。今吾国史家之必以帝王纪年也，岂不以帝王为一国之最巨物乎哉！然而帝王在

位之久，无过六十年者（康熙六十一年，在中国数千年中实独一无二也）。其短者，或五年，或三年，或二年一年乃至半年。加以古代一帝之祚，改元十数，瞀乱繁杂，不可穷诘。故以齐氏《纪元编》所载年号，合正统僭伪计之，不下千余。即专以史家所谓正统者论，计自汉孝武建元（以前无年号），以迄今光绪，二千年间，而为年号者，三百十有六。今试于此三百十六之中，任举其一以质诸学者，虽极淹博者，吾知其不能具对也。于是乎强记纪元，遂为谈史学者一重要之学科，其糜脑筋于无用亦甚矣。试读西史，观其言几千几百年，或言第几世纪，吾一望而知其距今若干年矣。或有译本以中国符号易之，而曰唐某号某年，宋某号某年，则瞀然不知其何指矣（译西书而易以中国年号，最为无理。非惟淆乱难记，亦乖名从主人之义。若言中国事而用西历，其谬更不待辩矣）。夫中国人与中国符号相习，宜过于习他国矣，然难若天渊焉者何也？一极简，一极繁也。苟通此义，则帝王纪年之法，其必不可以久行于今日文明繁备之世，复何待言！

西人之用耶稣纪元，亦自千四百年以来耳。古代之巴比伦人，以拿玻纳莎王为纪元（前747）。希腊人初时，以执政官或大祭司在位之年纪之，其后改以和灵之大祭为纪元（前767）。罗马人以罗马府初建之年为纪元（前753）。回教国民以教祖摩哈麦德避难之年为纪元（前622）。犹太人以《旧约·创世记》所言世界开辟为纪元（前3761），自耶稣立教以后，教会以耶稣流血之年为纪元。至第六世纪，罗马一教士，倡议改用耶稣降生为纪元，至今世界用之者过半。此泰西纪年之符号逐渐改良，由繁杂而趋于简便之大略也。要之，苟非在极野蛮时代，断无以一帝一号为纪年者；有之，其惟亚洲中之中国、朝鲜、日本诸国而已（日本近亦以神武天皇开国为纪元）。

曰：然则中国当以何纪？曰：昔上海强学会之初开也，大书孔子卒后二千四百七十三年。当时会中一二俗士，闻之舌挢汗下色变，曰：是不奉今王正朔也，是学耶稣也。而不知此实太史之例也。《史记》于《老子列传》大书孔子卒后二百七十五年，而其余各国世家，皆书孔子卒，此史公开万世纪元之定法也。近经学者讨论，谓当法其生，不法其死，以孔子卒纪，不如以孔子生纪。至今各报馆用之者既数家，达人著书，亦往往采用。

此号殆将易天下矣。用此为纪，厥有四善：符号简，记忆易，一也。不必依附民贼，纷争正闰，二也。孔子为我国至圣，纪之使人起尊崇教主之念，爱国思想亦油然而生，三也。国史之繁密而可纪者，皆在孔子以后，故用之甚便，其在孔子前者，则用西历纪元前之例，逆而数之，其事不多，不足为病，四也。有此四者，则孔子纪元，殆可以俟诸百世而不惑矣。或以黄族鼻祖之故，欲以黄帝纪；或以孔子大同托始故，欲以帝尧纪；或以中国开辟于夏后故，欲以大禹纪；或以中国一统于秦故，欲以秦纪。要皆以事理有所窒，于公义无所取，故皆不足置辩；然则以孔子生纪元，殆后之作史者所宜同认矣。

纪元之必当变也，非以正统闰统之辩而始然也。然纪元既不以帝号，则史家之争正统者，其更无说以自文矣。不然，以新莽之昏虐，武后之淫暴，而作史者势不能不以其始建国、天凤、地皇、光宅、垂拱、永昌、天授、长寿、延载、天册、登封、神功、圣历、久视、长安等年号，厕之于建元之下，光绪之上，其为我国史污点也，不亦甚乎！况污点国史者，又岂直新莽、武后乎哉！

第二章
《诗经》

第一节
《诗经》之年代

《诗经》为古籍中最纯粹可信之书，绝不发生真伪问题，故但考其年代已足。

孟子云："王者之迹熄而诗亡，诗亡然后《春秋》作。"未述《诗》之起原而惟概指其终局，似论三百篇皆春秋前作品也。今案：各篇年代最古而有征者为《商颂》五篇。《国语》云："正考父校商之名颂十二篇于周大师，以《那》为首。"郑司农云："自考父至孔子，又亡其七篇。"后世说《诗》者或以今《商颂》为考父作，此误读《国语》耳。此五篇乃至十二篇者，殆商代郊祀乐章，春秋时宋国沿用之，故得传于后。犹汉魏郊祀乐府，至今虽失其调而犹存其文也。其次则《豳风》之《七月》一篇，后世注家谓周公述后稷、公刘之德而作，然羌无实据。玩诗语似应为周人自豳迁岐以前之民间作品。且篇首"七月流火，九月授衣"云云，所用为夏正，故亦可推定为夏时代作品。果尔，则三百篇中此为最古，且现存一切文学作品中亦此为最古矣。其最晚者如《秦风》之"我送舅氏，曰至渭阳"，相传为秦襄公送晋文公之诗。如《陈风》之"胡为乎株林，从夏南"，相传为刺陈灵公暱夏姬之诗。果尔，则为春秋中叶作品。然尽人皆可有舅，不必秦康；夏南为夏姬虽极近似，亦无以证其必然。故《诗》讫何年，实难论定。惟《鲁颂·閟宫》篇"周公之孙，庄公之子"，其为鲁僖公时作品更无可疑。则三百篇中不乏春秋时作品，盖可推断。然《国风》有邶、鄘、唐、魏，皆春秋前旧国，二雅有多篇可考定为周厉宣时事。则假定全书诸篇以西周末、东周初——约西纪前九百年至七百年——时人所作为中坚，其间最古之若干篇，约距今三千四五百年前。最晚之若干篇，约距今二千六七百年前。虽不中不甚远矣。

然则何故惟彼时代独有诗——或诗独盛耶？其一，社会文化渐臻成熟之后，始能有优美的文艺作品出现。“周监二代，郁郁乎文。”中国社会脱离僿野状态，实自周始。周初犹属启蒙时代，故可传之作品尚少。至东迁前后，人文益进，名作乃渐多。又，诗本为表情之具。周初社会静谧，冲动情感之资料较少。东迁前后，乱离呻吟，不期而全社会强烈之感情被蒸发焉，此或亦多诗之一因也。其二，问者曰，若尔则春秋中叶以后诗宜更多，曷为反少？此问题复可作两种解答：一、文体本逐时代而变迁。此类之诗，盛行已数百年，或春秋中叶以后，渐为社会所厌倦，不复有名作。二、“輶轩采诗”之制度，传记屡言，吾侪应认为事实的存在。三百篇之辑集成书，殆由于此。此事本为周代美政之一，由王室行之。春秋以降，王室式微，斯典乃废。虽有歌什，莫为撷纂，遂至沦逸，孟子所谓“王迹熄而诗亡”也。

第二节
孔子删《诗》说不足信

《史记·孔子世家》云：“古者诗三千余篇，及至孔子，去其重，取可施于礼义，上采契、后稷，中述殷、周之盛，至幽、厉之缺，三百五篇。”此说若确，则今本《诗经》，实为孔子所手选，如徐孝穆之选《玉台新咏》、王介甫之选《唐百家诗》。然汉唐学者多不信此说，孔颖达云：“书传所引之诗，见在者多，亡逸者少。则孔子所录，不容十分去九，迁言未可信也。”谨案：《论语》云：“诗三百一言以蔽之……”又云：“诵诗三百授之以政不达……”此皆孔子之言，而述诗篇数，辄举三百，可见孔子素所诵习即止此数，而非其所自删明矣。《左传》记吴季札适鲁观乐，事在孔子前，而所歌之风，无出今十五国外者，益可为三百篇非定自孔子之明证。且孔子如删诗也，则以何为标准耶？如后人所谓“贞淫”耶？郑、卫言情

之作具在，未尝删也。且如逸诗之见于传记者，如《论语》之“唐棣之华，偏其反而。岂不尔思，室是远而。”如《左传》之“虽有丝麻，无弃菅蒯。虽有姬姜，无弃憔悴。”“思我王度，式如玉，式如金。形发之力，而无醉饱之心。”凡此之类，何字何句悖于“礼义”而孔子乃删之哉？是故以吾侪所信，则孔子决无删诗之事。今三百篇，是否曾经一度有意识的编纂，不可深考。藉曰有之，则编纂者或史官太师之属，不能确指为谁。要之春秋时士大夫所同讽诵者即此三百余篇，纵有佚亡，亦不过百之一二，此则按诸故实而略可断言者也。

然则孔子于《诗经》未尝有所致力耶？曰：有之。《论语》述孔子言曰：“吾自卫反鲁，然后乐正，雅颂各得其所。”《孔子世家》曰：“诗三百篇，孔子皆弦而歌之，以求合韶武雅颂之音。”《庄子》曰“孔子诵诗三百，歌诗三百，弦诗三百，舞诗三百。”窃意前此之诗不皆能入乐，或入乐而沦紊其谱。孔子最嗜音乐，最通音乐，故反鲁之后，以乐理诏鲁太师，又取三百篇之谱阙者补之，舛者订之，故云乐正而雅颂得所，故云弦歌以求合韶武，是故雅颂之文犹昔也。失所得所，则弦之歌之舞之而始见，孔子正乐即正诗也。故乐无经，以诗为经，“雅言诗书执礼”而无乐，乐在诗中，不可分也。诗乐合体，其或自孔子始也（看魏源《古诗微》上编之《三夫子正乐论》）。

第三节
《诗序》之伪妄

《诗经》之传授，在汉初则有鲁、齐、韩三家立于学官，而古文《毛氏传》晚出。东汉以后，毛独行而三家废。今官书题此书为“毛诗”，而村学究且有呼为“毛经”者，可叹，亦可笑也。《毛传》真伪久成问题，吾于他书论今古文公案者已屡及之，今不再赘。而其伪中出伪，贻误后学最甚者，尤莫如所谓“诗序”。《诗序》今附《毛传》以行，每篇之首，序说所以作此诗之意或并及作诗之人。首篇《关雎》之序特长，盖千数百言，总论全书旨趣，谓之大序。自余各篇，短者不及十言。较长者数十言，谓之小序。

夫读诗者恒欲知作诗之人与作诗之旨，此人情也。而诗三百篇一一求其人与其旨以实之，殆不可能，故孟子贵“以意逆志”；《左传》称“断章取义”；申公之授《鲁诗》，“无传疑，疑者盖阙不传”；韩婴作《韩诗外传》；刘向作《新序》，皆实行逆志断章之教。西汉以前之说诗者类皆如此。今所谓《诗序》者，乃逐篇一一取其人与其旨凿言之若有所受焉。此所以为学者所共乐习，二千年奉为鸿宝以迄于兹也。

《诗序》谁所作耶?《后汉书·儒林传》述其来历甚明，传云：“谢曼卿善《毛诗》，乃为其训。卫宏从曼卿受学，因作《毛诗序》，善得风雅之旨，于今传于世。”则序为宏作，铁案如山，宁复有疑辩之余地？乃隋唐以后之传说则大可异，或云序之首句为大毛公作，次句以下为小毛公作；或云大序是子夏作，小序是子夏毛公合作。（《隋书·经籍志》称序为子夏所创，毛公及卫敬仲更加润益。）尤可骇者，宋程颐以大序为孔子所作，小序为当时国史所作。以《史记》、《汉书》从未齿及之诗序范蔚宗时“传于世”共知出卫宏手者，乃辗转攀引嫁名及于孔子、子夏，而千余年共认为神圣不可侵犯之宝典，真不可思议之怪象矣。

《诗》非必皆无作者主名，然断不能谓篇篇皆可得作者主名。《诗》非必皆无本事，然断不能谓篇篇皆有本事。以三百篇论，则无主名无本事者其数必远过于有主名有本事者，又至易见也。鲁、齐、韩三家书虽亡，其佚说时时见于他籍。间有述各篇之主名或年代或本事，则其义率较所谓《毛诗序》者为长。（如以《关雎》为康王时诗，以《采薇》为懿王时诗，以驺虞为主鸟兽之官，以《宾之初筵》为卫武公饮酒悔过作之类，盖有所受之也。）《毛诗》家所谓大毛公、小毛公者是否有其人，本已属问题。藉曰有之，然质诸刘歆、班固，亦未言二毛有作序之事。而卫宏生东汉之初，果何所受而能知申公、辕固、韩婴所不知，或另树一说以与为难者？故但考明诗序之来历，则其书之无价值，本已不待辩。若细按其内容，则捧腹喷饭之资料更不可一二数。例如《郑风》，见有“仲”字则曰祭仲，见有“叔”字，则曰其共叔段，余则连篇累牍皆曰“刺忽”、“刺忽”。郑立国数百年，岂其于仲段忽外遂无他人？而诗人讴歌，岂其于美刺仲段忽外遂无他情感？凿空武断，可笑一至此极。其余诸篇，大率此类也。故欲治《诗

经》者非先将《毛序》拉杂摧烧之，其蔀障不知所极矣。（看崔述《读风偶识》卷一《通论诗序》、卷二《通论十三国风》。）

《朱熹集传》，亦每篇述作诗之旨而颇纠正卫序，较洁净矣。而又别有其凿空武断之途，故学者宜并举而廓清之。

第四节

南、风、雅、颂释名

“四诗”之说，见于《孔子世家》。其说是否为后人附益，尚难断定。若古有此说，则甚易解。盖三百篇本以类从，分为四体，曰南、曰风、曰雅、曰颂。自《毛诗序》不得“南”之解，将周、召二南侪于邶、鄘以下之诸风，名为“十五国风”，于是四诗余其三，而析小、大雅为二以足之，诗体紊矣。今分释其名如下：

一、释南。《诗·鼓钟》篇：“以雅以南”。“南”与“雅”对举，雅既为诗之一体，则南亦必为诗之一体甚明。《礼记·文王世子》之“胥鼓南”、《左传》之“象箾南籥”，皆指此也。此体诗何以名之为“南”，无从臆断。毛氏于《鼓钟》传云：“南夷之乐曰南。”《周礼》旄人郑注、公羊昭二十五年何注皆云：“南方之乐曰任。”“南”、“任”同音，当本一字，乃至后此汉魏乐府所谓“盐”、所谓“艳”者（河鹊盐、归国盐、突厥盐、黄帝盐、疏勒盐、三妇艳），亦即此字所变术，盖未可知。但《毛诗序》必谓《鼓钟》之“南”非二南之“南”，其释二南则谓：“南，言王化自北而南。”则望文生义，极可笑，此如某帖括家选古诗解《昔昔盐》为食盐矣。窃意“南”为当时一种音乐之名，其节奏盖自为一体，与雅颂等不同。据《仪礼·乡饮酒礼》、《燕礼》皆于工歌间歌笙奏之后，终以合乐。合乐所歌为《周南》之《关雎》、《葛覃》、《卷耳》，《召南》之《鹊巢》、《采蘩》、《采蘋》。《论语》亦云：“《关雎》之乱，洋洋乎盈耳哉！”“乱”者曲终所奏也。综合此种资料以推测，“南”似为一种合唱的音乐，于乐终时歌之。歌者不限于乐工，故曰“其乱，洋洋盈耳”矣。

二、释风。《毛诗序》释“风”字之义，谓：“上以风化下，下以风刺上。”亦是望文生义。窃疑“风”者“讽”也，为讽诵之讽字之本文。《汉书·艺文志》云：“不歌而诵谓之赋。”“风”殆只能讽诵而不能歌者，故《仪礼》、《礼记》、《左传》中所歌之诗，惟风无有。《左传》述宴享时所及之风诗则皆赋也，正所谓不歌而诵也。(《左传》季札观乐篇，遍歌各国风，其文可疑，恐是孔子正乐以后之学者所记。详《左传》解题。）后此风能歌与否不可知。若能，恐在孔子正乐后也。

三、释雅。雅者，正也，殆周代最通行之乐，公认为正声，故谓之雅。《仪礼·乡饮酒》云：“工歌《鹿鸣》、《四牡》、《皇皇者华》，笙《南陔》、《白华》、《华黍》，乃间歌《鱼丽》，签《由庚》；歌《南有嘉鱼》，笙《崇丘》；歌《南山有台》，笙《由仪》……工告于乐正曰：‘正乐备……’”（笙诗六篇，有声无辞，晋束晳谓其亡而补之，妄也。窃疑歌与笙同时合作，相依而节，如今西乐所谓“伴奏”。例如歌《鱼丽》时，即笙《由庚》以为伴。《由庚》但有音符之谱，而无辞可歌，其音节则与所歌《鱼丽》相应也。《南陔》之与《鹿鸣》、《白华》之与《四牡》、《华黍》之与《皇皇者华》、《崇丘》之与《南有嘉鱼》、《由仪》之与《南山有台》并同。）凡小雅、大雅之诗皆用此体，故谓之正乐，谓之雅。

四、释颂。后人多以颂美之义释颂，窃疑不然。《汉书·儒林传》云：“鲁徐生善为颂。”苏林注云：“颂貌威仪。”颜师古注云：“颂读与容同。”颂字从页，页即人面，故容貌实颂字之本义也。然则《周颂》、《商颂》等诗何故名为颂耶？南、雅皆唯歌，颂则歌而兼舞。《周官》：“奏无射，歌夹钟，舞大武。”《礼记》：“朱干玉戚冕而舞大武。”《大武》为《周颂》中主要之篇，而其用在舞，舞则舞容最重矣，故取所重名此类诗曰颂。《乐记》云：“夫武，始而北出，再成而灭商，三成而南，四成而南国是疆，五成而分，周公左，召公右，六成复缀以崇天子。夹振之而四伐，盛威于中国也。分夹而进，事蚤济也。久立于缀，以待诸侯之至也。”（今本《周颂》惟“于皇武王”一章下句标题为“武”。然据《左传》宣十二年，楚庄王云：“武王克商，作《武》，其卒章曰‘耆定尔功’。其三曰：‘敷时绎思，我徂维求定。’其六曰：‘绥万邦，屡丰年。’……”今本惟“耆定尔功”在《武》之章。“敷时绎思”云云，其章名曰《赉》，“绥万邦”云云，其章名曰《桓》，而春秋时人乃并指为《武》之一部，且确数其篇次，可见今本分章非古，而《大武》之诗不止一章矣。）观此则《大武》舞容何若，尚可仿佛想见。三颂之诗，皆重舞节，此其所以与雅、南之唯歌者有异，与风之不歌而诵者更异也。（略以后世之体比附之，则《风》为民谣，《南》、《雅》为乐府歌辞，《颂》则剧本也。）

上“四诗”之分析解释，前人多未道及，吾亦未敢遽自信，姑悬一说以待来者。

第五节

读《诗》法之一

诗三百篇，为我国最古而最优美之文学作品。其中颂之一类，盖出专门文学家、音乐家所制，最为典重裔皇。雅之一类，亦似有一部分出专门家之手。南与风则纯粹的平民文学也。前后数百年间各地方、各种阶级、各种职业之人，男女两性之作品皆有。所写情感对于国家社会、对于家庭、对于朋友个人相互交际、对于男女两性间之怨慕等等，莫不有其代表之作。

其表现情感之法，有极缠绵而极蕴藉者；例如：“君子于役，不知其期，曷至哉？鸡栖于埘。君子于役，如之何勿思！”如：“陟彼岵兮，瞻望父兮。父曰：‘嗟，予子行役，夙夜无寐。上慎旃哉，犹来无止。’”如：“习习谷风，以阴以雨。黾勉同心，不宜有怒。采葑采菲，无以下体。德音莫违，及尔同死。”有极委婉而实极决绝者；例如：“泛彼柏舟，在彼中河。髧彼两髦，实维我仪。之死矢靡他，母也天只，不谅人只。”有极沉痛而一发务使尽者；例如：“蓼蓼者莪，匪莪伊蒿。哀哀父母，生我劬劳。”如：“苕之华，其叶青青。知我如此，不如无生。”有于无字句处写其深痛或挚爱者；例如：“彼黍离离，彼稷之苗。行迈靡靡，中心摇摇。知我者谓我心忧，不知我者谓我何求。悠悠苍天，此何人哉？”如：“瞻彼日月，悠悠我思。道之云远，曷云能来？”有其辞繁而不杀以曲达菀结不可解之情者；例如：《谷风》、《载驰》、《鸱鸮》、《节南山》、《正月》、《十月之交》、《小弁》、《桑柔》诸篇（全文不录）。有极淡远而一往情深者；例如：“蒹葭苍苍，白露为霜。所谓伊人，在水一方，溯洄从之，道阻且长。溯游从之，宛在水中央。”有极旖旎而含情邈然者；例如：“春日载阳，有鸣苍庚。女执懿筐，遵彼微行，爰求柔桑。春日迟迟，采蘩祁祁。女心伤悲，殆及公子同归。”

凡此之类，各极表情文学之能事。（上所举例不过随感忆所及，随摭数章，令学者循此以注意耳，非谓表情佳什仅此，亦非谓表情法之种类仅此也。）故治《诗》者宜以全诗作文学品读，专从其抒写情感处注意而赏玩之，则《诗》之真价值乃见也。

孔子曰：“诗可以兴，可以观，可以群，可以怨。”孔子于文学与人生之关系看出最真切，故能有此言。古者以《诗》为教育主要之工具，其目的在使一般人养成美感有玩赏文学的能力，则人格不期而自进于高明。夫名诗仅讽诵涵泳焉，所得已多矣，况孔子举三百篇皆弦而歌之。合文学、音乐为一，以树社会教育之基础，其感化力之大云胡可量。子之武城，闻弦歌之声，子游对以“君子学道则爱人，小人学道则易使”，谓以诗教也，谓美感之能使社会向上也。吾侪学《诗》，亦学孔子之所学而已。

《诗》学之失，自伪《毛序》之言“美刺”始也。伪序以美刺释《诗》者十而八九，其中“刺时”、“刺其君”、“刺某人”云云者又居彼八九中之八九。夫感慨时政，憎嫉恶社会，虽不失为诗人情感之一，然岂舍此遂更无可抒之情感者？伪序乃悉举而纳之于刺。例如《邶风》之《雄雉》，《王风》之《君子于役》，明为夫行役在外而妻念之之作，与时君何与？而一以为刺卫宣公，一以为刺周平王。《邶风》之《谷风》，《卫风》之《氓》，明是弃妇自写其哀怨，而一以为刺夫妇失道，一以为刺时。诸如此类，指不胜指。信如彼说，则三百篇之作者乃举如一黄蜂，终日以螫人为事，自身复有性情否耶？三百篇尽成“爰书”，所谓温柔敦厚者何在耶？又如男女相悦之诗十九释为刺淫，彼盖泥于孔子“思无邪”之言，以为“淫则邪，刺之则无邪”也。信如彼说，则构淫词以为刺，直“劝百讽一”耳。谓之无邪可乎？不知男女爱悦，亦情之正，岂必刺焉而始有合于无邪之旨也？是故自美刺之说行，而三百篇成为“司空城旦书”，其性灵之神圣霾没不曜者二千年于兹矣。学者速脱此梏，乃可与语于学《诗》也。

第六节 读《诗》法之二

前段所说，专就陶养情感一方面言。但古人学《诗》，尚有第二目的，在应用一方面。孔子曰："不学《诗》，无以言。"又曰："诵《诗》三百，授之以政，不达。使于四方，不能专对。虽多，亦奚以为。"学《诗》何故能言、能专对？授之以政何故能达耶？为政者不外熟察人情，批其窾郤，因而导之。而吾人所以御事应务，其本则在"多识前言往行以畜其德"。古人学《诗》，将以求此也。《左传》襄二十八年云："赋诗断章，余取所求焉。"断章取所求，即学《诗》应用方面之法也。是故"缗蛮黄鸟，止于丘隅"，孔子读之则曰："于止知其所止，可以人而不如鸟乎？""高山仰止，景行行止。"孔子读之则曰："诗之好仁如此，乡道而行，不知年数之不足。俛焉日有孳孳，毙而后已。"司马迁读之则曰："虽不能至，而心向往之。""如切如磋，如琢如磨。"子贡读之，悟所以处贫富者。"巧笑倩兮，美目盼兮，素以为绚兮。"子夏读之，明"礼后"之义，孔子并赞叹之曰："赐也，商也，始可与言诗也已矣。""彻彼桑土，绸缪牖户。今此下民，或敢侮予。"孟子读之则曰："能治其国家谁敢侮之。""鸤鸠在桑，其子七兮。淑人君子，其仪一兮。"荀子读之则曰："故君子结于一也。"自余如《左传》所记列国卿大夫之赋诗言志，以及《韩诗外传》、《新序》之或述事或树义而引诗以证成之。凡此之类，并不必问其诗之本事与其本意，通吾之所感于作者之所感，引而申之，触类而长之，此亦锻炼德性增益才智之一法，古人所恒用而今后尚可袭用者也。

第七节 读《诗》法之三

现存先秦古籍，真赝杂糅，几于无一书无问题。其精金美玉字字可信可宝者，《诗经》其首也。故其书于文学价值外尚有一重要价值焉，曰可以为古代史料或史料尺度。

所谓可以为史料者，非谓如伪《毛序》之比附《左传》、《史记》强派某篇为某王某公之事云也。《诗经》关系政治者本甚希，即偶有一二属于当时宫廷事实者（如卫武公饮酒悔过，许穆夫人赋《载驰》之类），亦不甚足重轻，可置勿论。（《诗经》中关于具体的政治史料反不可尽信，盖文人之言华而不实者多也。如《鲁颂·閟宫》有“庄公之子”语，明为颂僖公无疑，而篇中又云“戎狄是膺，荆舒是惩”，僖公何从有此丰功伟烈耶?）虽然，历史决不限于政治，其最主要者在能现出全社会心的、物的两方面之遗影。而高尚的文学作品，往往最能应给此种要求。《左传》季札观乐一篇对于十五国风之批评，即从社会心理方面研究《诗经》也。（其果否为季札所批评，且勿论。）吾侪若能应用此方法而扩大之，则对于“《诗》的时代”——西纪前九〇〇至六〇〇年之中华民族之社会组织的基础及其人生观之根核，可以得较明确的概念。而各地方民性之异同及其次第醇化之迹，亦可以略见。其在物质方面，则当时动植物之分布、城郭宫室之建筑、农器兵器礼器用器之制造、衣服饮食之进步……凡此种种状况，试分类爬梳，所得者至复不少。故以史料读《诗经》几于无一字无用也。

所谓史料之尺度者，古代史神话与赝迹太多，吾侪欲严密鉴别，不能不择一两部较可信之书以为准据，以衡量他书所言以下真伪之判决，所谓正日月者视北辰也。若是者，吾名之曰史料之尺度，例如研究孔子史迹当以《论语》为尺度是也。有诗时代及有诗以前之时代，正式之史未出现（诗亡然后《春秋》作），而传记谶纬所记古事多糅杂不可究诘。《诗经》既未经后人窜乱，全部字字可信，其文虽非为记事而作，而偶有所记，吾辈良可据为准鹄。例如，“天命玄鸟，降而生商。”“厥初生民，时维姜嫄。”乃商周人述其先德之诗。而所言如此，则稷契为帝喾子之说，当然成问题。例如，“帝作邦作对，自大伯王季。”明是周人历述其创业之主，则泰伯有无逃荆蛮之事，亦成问题（恐周人自文武以前，亦如殷制，兄终弟及）。例如，各篇中屡言夏禹，如“禹敷下土方”、“缵禹之绪”等，而尧舜无一字道及，则尧舜为何等人亦可成问题。诸如此类，若以史家极谨严的态度临之，宁阙疑勿武断。则以《诗经》为尺度，尚可得较洁净之史也。

第八节
说《诗》注《诗》之书

《诗》居六艺之首，自汉以来，传习极盛，解说者无虑千百家。即今现存之笺释等类书亦无虑千百种，略读之已使人头白矣，故吾劝学者以少读为妙。若必欲参考，则姑举以下各书：

西汉今文《诗》说有鲁、齐、韩三家，其传皆亡，仅余一《韩诗外传》为《韩诗》之别子。刘向之《新序》及《说苑》，说《诗》语极多。向固治《鲁诗》也。欲知西汉《诗》说之大概，此三书宜读。

清陈乔纵有《三家诗遗说考》，搜采三家说略备，可参考。

现行《十三经注疏》本《诗经》，为毛传、郑康成笺、孔颖达疏，所谓古文家言也。《毛序》之万不可信，吾已极言之。惟毛传于训访颇简洁，可读也。郑笺十九申毛，时亦纠之，穿凿附会者不少，宜分别观。孔疏颇博洽而断制少。清儒新疏，有陈奂《诗毛氏传疏》最精审，专宗毛，虽郑亦不苟同也。次则马瑞辰《毛诗传笺通释》、胡承珙《毛诗后笺》，亦好。而王引之《经义述闻》、《经传释词》中关于《毛诗》各条，皆极好。学者读此类书，宜专取其关于训诂名物方面观之，其关于礼制者已当慎择，关于说《诗》意者，切勿为其所囿。

宋儒注释书，朱熹《诗经集传》颇洁净。其教人脱离传笺直玩诗旨，颇可学，但亦多武断处。其对于训诂名物，远不逮清儒之精审。

通论《诗》旨之书，清魏源《诗古微》、崔述《读风偶识》，极有理解，可读。姚际恒《九经通论》中《诗经》之部当甚好，但我尚未见其书。

吾关于整理《诗经》之意见有二：其一，训诂名物之部。清儒笺释，已十得八九。汇观参订，择善以从，泐成一极简明之新注，则读者于文义可以无阂。其二，《诗》旨之部。从《左传》所记当时士大夫之“赋诗断章”起，次《论语》、《孟子》、《礼记》及周秦诸子引《诗》所取义，下至《韩诗外传》、《新序》、《说苑》及两《汉书》各传中之引《诗》语止，博采其说分系本《诗》之下，以考见古人“以意逆志”、“告往知来”之法，俾《诗》学可以适用于人生。兹事为之并不难，惜吾有志焉而未之逮也。

第三章
《楚辞》

第一节
《楚辞》之编纂及其篇目

《汉书·艺文志》无《楚辞》，惟载“《屈原赋》二十五篇”。及王逸为《楚辞章句》，其《离骚》篇后序云：“屈原……依诗人之义而作《离骚》……复作《九歌》以下凡二十五篇。楚人高其行义，玮其文采，以相教传……后世雄俊，莫不瞻慕，舒肆妙虑，缵述其词。逮至刘向典校经书，分为十六卷……今臣复以所记所知，稽之旧章，作十六卷章句……”据此，则《楚辞》似是刘向所编定。然今本第十六卷即刘向所作《九叹》，复有第十七卷为王逸所作《九思》，殆两人各以己作附骥耶。其各篇次第，今本与陆德明《经典释文》本亦有异同。今录其篇名、篇数、篇次及相传作者人名为表如下：

（篇名）	（篇数）	（今本篇次）	（释文篇次）	（旧题作者名）
离骚	一篇	第一	第一	屈原
九歌	十一篇	第二	第三	屈原
天问	一篇	第三	第四	屈原
九章	九篇	第四	第五	屈原
远游	一篇	第五	第六	屈原
卜居	一篇	第六	第七	屈原
渔父	一篇	第七	第八	屈原

（篇名）	（篇数）	（今本篇次）	（释文篇次）	（旧题作者名）
九辩	十一篇	第八	第二	宋玉
招魂	一篇	第九	第十	宋玉
大招	一篇	第十	第十六	屈原或景差
惜誓	一篇	第十一	第十五	贾谊
招隐士	一篇	第十二	第九	淮南小山
七谏	七篇	第十三	第十二	东方朔
哀时命	一篇	第十四	第十四	庄忌
九怀	九篇	第十五	第十一	王褒
九叹	九篇	第十六	第十三	刘向
九思	九篇	第十七	第十七	王逸

《九歌》篇目：东皇太一、云中君、湘君、湘夫人、大司命、少司命、东君、河伯、山鬼、国殇、礼魂。

《九章》篇目：惜诵、涉江、哀郢、抽思、怀沙、思美人、惜往日、橘颂、悲回风。

《七谏》、《九怀》、《九叹》、《九思》各篇子目不录。

上各篇自《惜誓》以下，皆汉人所作。朱熹《楚辞辩证》云："《七谏》、《九怀》、《九思》、《九叹》虽为骚体，然其词气平缓，意不深切，如无所疾痛而强为呻吟者。就其中《谏》、《叹》，犹或粗有可观，两王则卑已甚矣。故虽幸附书尾，而人莫之读。"故熹所作《楚辞集注》，将彼四家之三十四篇删去，而补以贾生之《吊屈文》及《鹏鸟赋》。其目如下：

卷一　离骚经第一

卷二　离骚九歌第二

卷三　离骚天问第三

卷四　离骚九章第四

卷五　离骚远游第五　离骚卜居第六　离骚渔父第七

原注云："以上《离骚》凡七题二十五篇，皆屈原作，今定为五卷。"

卷六　续离骚九辩第八　宋玉

卷七　续离骚招魂第九　宋玉　续离骚大招第十　景差

卷八　续离骚惜誓第十一　贾谊　续离骚吊屈原第十二　贾谊续离骚鹏鸟赋第十三　贾谊　续离骚哀时命第十四　庄忌

洪兴祖补注本自《渔父》以上皆于篇下各缀以“离骚”二字，而《离骚》篇题为“离骚经”，《九辩》以下则每篇篇名下缀以“楚辞”二字。朱熹因之而略加修正，故自《离骚》至《渔父》，每篇皆冠以“离骚”二字，《九辩》以下则冠以“续离骚”三字。

今本篇次与《释文》本有异同。洪兴祖云：“《九章》第四，《九辩》第八，而王逸《九章》注云：‘皆解于《九辩》中。’知《释文》篇第，盖旧本也，后人始以作者次叙之耳。”朱熹云：“今按天圣十年陈说之序，以为‘旧本篇第混并，首尾差互，如考其人之先后重定其篇’，然则今本说之所定也欤。”启超按：洪、朱所论甚当。欲知刘向、王逸原本，宜遵《释文》，今本非也。

上所举篇数、篇次等，虽甚琐末，然实为考证屈原作品之基本资料，故不惮详述之。

《屈原赋》二十五篇。《楚辞》中汉人作品，向不为人所重视，更无考证之必要。吾侪研究《楚辞》，实际上不过研究屈原而已。吾侪所亟欲知者，《汉书·艺文志》称“《屈原赋》二十五篇”，究竟今《楚辞》中某二十五篇为屈原所作耶？此问题颇复杂。旧说通以《离骚》一篇、《九歌》十一篇、《天问》一篇、《九章》九篇、《远游》、《卜居》、《渔父》各一篇，以当二十五篇之数，其《九辩》、《招魂》则归诸宋玉。《大招》是否在二十五篇中，则存疑焉。吾窃疑非是，据所臆测，则刘向所集之二十五篇篇名当如下：

《离骚》一篇，

《九辩》一篇，

《九歌》十篇，

《卜居》一篇，

《渔父》一篇，

《天问》一篇，

《招魂》一篇，

《远游》一篇，

《惜诵》、《涉江》、《哀郢》、《抽思》、《思美人》、《橘颂》、《悲回风》、《怀沙》各一篇。

上八篇今本更入以《惜往日》一篇，合题为《九章》。

吾此说颇奇特，今须加以说明者，一为《大招》是否屈原作之问题。二为《招魂》是否宋玉作之问题。三为《九辩》作者问题。四为《九歌》篇数问题。五为《九章》是否旧名及其中各篇有无伪品问题。今一一钩稽疏证如下：

一、王逸《大招》章句云："《大招》，屈原之所作也。或曰景差，疑不能明也。"今按《大招》明为摹仿《招魂》之作，其辞靡弱不足观。篇中有"小腰秀颈若鲜卑只"语，鲜卑为东胡余种经冒顿摧灭别保鲜卑山因而得号者，其以此名通于中国，盖在东汉。非惟屈原不及知，即景差亦不及知。此篇决为汉人作无疑，故《释文》本列诸第十六，在全书之最末，则刘向编集时殆亦不认为先秦作品矣，故语屈原赋当先将此篇剔出。

二、《招魂》，今本目录注指为宋玉作，《文选》亦同。然《史记·屈原列传》赞云："余读《离骚》、《天问》、《招魂》、《哀郢》，悲其志。"然则司马迁明认为《招魂》为屈原作。此篇对于厌世主义与现世快乐主义两方皆极力描写而两皆拨弃，实全部《楚辞》中最酣肆、最深刻之作。后人因篇名《招魂》，且中有"魂魄离散汝筮予之"语，遂谓必屈原死后后人悼吊之作，因嫁名宋玉，所谓痴人前说不得梦也。谓宜从《史记》，以本篇还诸屈原。

三、《九辩》向未有以加诸二十五篇中者。虽然，有一事颇难索解，《释文》本何故以此篇置诸第二——在《离骚》之后《九歌》之前？王逸释"九"字之义亦详见本篇下，而《九歌》、《九章》略焉，则此为王本原次甚明。夫第一篇及第三以下之二十余篇皆屈原作，而中间忽以非屈原作之一篇置第二，甚可异也。且全部《楚辞》除汉人诸作外，向来拟议为宋玉、景差等所作者只有《九辩》、《招魂》、《小招》三篇。《大招》决属汉拟，《招魂》决为屈作，如前文所辩证，殆成信谳。仅余此《九辩》一篇（《九辩》原只一篇，故无子目，王逸本厘为十一篇，朱熹本厘为九篇，皆以意割裂耳），以宋辞而虱屈集，益大可异也。且“启《九辩》与《九歌》”语见《离骚》，或《辩》、《歌》同属古代韵文名称，屈并用之，故吾窃疑《九辩》实刘向所编屈赋中之一篇。虽无确证，要不失为有讨论价值之一问题也。

四、《九歌》十一篇，明载子目，更无问题。惟末篇《礼魂》，仅有五句（“成礼兮会鼓，传芭兮代舞。姱女倡兮容与。春兰兮秋菊，长无绝兮终古”），似不能独立成篇。窃疑此为前十篇之“乱辞”，每篇歌毕，皆殿以此五句。果尔，则《九歌》仅有十篇耳。

五、今本《九章》凡九篇，有子目。惟其中《惜往日》一篇，文气拖沓靡弱，与他篇绝不类，疑属汉人拟作，或吊屈原之作耳。“九章”之名，似亦非旧。《哀郢》，九章之一也，史公以之与《离骚》、《天问》、《招魂》并举，认为独立的一篇。《怀沙》亦九章之一也，本传全录其文，称为“怀沙之赋”，是史公未尝谓此两篇为《九章》之一部分也。窃疑《九章》之名，全因摹袭《九辩》、《九歌》而起。或编集者见《惜诵》至《悲回风》等散篇，体格大类相类，遂仿《辩》、《歌》例赋予以一总名，又见只有八篇，遂以晚出之《惜往日》足之为九。殊不知《辩》、《歌》之“九”字，皆别有取义，非指篇数，观《辩》、《歌》之篇，皆非九可知也。褒之《九怀》、向之《九叹》、逸之《九思》，篇皆取盈九数，适见其陋耳。故吾疑《九章》名非古。藉曰古有之，则篇数亦不嫌仅八，而《惜往日》一篇，必当在料拣之列也。

若吾所臆测不甚谬，则将旧说所谓二十五篇者删去《惜往日》，以《礼魂》分隶《东皇太一》等十篇之末，不别为篇，而补入《九辩》、《招魂》，恰符二十五之数。此二十五篇是否皆屈原作品，抑有战国末年无名氏之作而后人概归诸屈原，虽尚有研究之余地（近人胡适有此说），然而刘向、班固所谓二十五篇之《屈原赋》，殆即指此无可疑者。

第二节
屈原之行历及性格

《史记》有屈原列传，载原事迹颇详，举其大概则：

一、原为楚同姓贵族。

二、原事楚怀王，官左徒，曾大被信任。

三、原为同列上官大夫所排，遂被疏放，然犹尝任齐使。

四、怀王十六年（前313），秦张仪谲诈怀王绝齐交，破合纵之局，原请杀张仪。

五、怀王三十年（前二九九年），秦昭王诱怀王会武关，原谏不听，王遂被胁留，客死于秦。

六、顷襄王立（前二九八年），原为令尹子兰所谮，王怒而迁放之，原遂自沉。

关于屈原身世之唯一的资料，只有此传，后此言原事者皆本之。故汉王逸谓："原在怀王时被谗见疏作《离骚》……顷襄王迁原于江南，原复作《九歌》、《天问》、《远游》、《九章》、《卜居》、《渔父》等篇。"宋洪兴祖谓："原被放在怀王十六年，至十八年复召用之，顷襄王立复放。"惟清王懋竑不信《史记》，谓原决无再召再放事，谓原决不及见顷襄王。其言曰："《卜居》言：'既放三年，不得复见。'《哀郢》言：'九年而不复。''壹反之无时。'则初无召用再放之事。"（《白田草堂存稿》卷三《书楚辞后》，下同。）又云："谏怀王入秦者，据《楚世家》乃昭睢，非屈原也。夫原谏王不听而卒被留，以致客死，此忠臣之至痛，而原诸篇乃无一语以及之。至《惜往日》、《悲回风》临绝之音，愤懑伉激，略无所讳而亦只反复于隐蔽障壅之害孤臣放子之冤。其于国家，则但言其委衔勒弃舟楫将卒于乱亡，而不云祸殃之已至是也。是诱会被留，乃原所不及见。而顷襄王之立，则原之自沉久矣。"懋竑所辩尚多，皆从原作品本身立反证，极有价值。又传中令尹子兰等事，亦不足信。朱熹云："《楚辞》以香草比君子，然以世乱俗衰，人多变节，遂深责椒兰之不可恃，而揭车江蓠，亦以

次书罪，初非以为实有是人而以椒兰为名字者也。而史迁作屈原传乃有令尹子兰之说，班氏《古今人表》又有令尹子椒之名……王逸因之又讹以为司马子兰、大夫子椒……流误千载，无一人觉其非，甚可叹也。使其果然，则又当有子车、子离、子椴之俦，盖不知其几人矣。”（《楚辞辩证》卷上）上所论难，皆可谓读书得间。要之《史记》所载古代史迹，本多采自传闻，鉴别非甚精审，况后人窜乱亦多。即以屈原列传论，篇中自相矛盾处且不少（王懋竑列举之）。故吾侪良不宜轻信，更不宜牵合附会以曲为之说。大概屈原为楚贵族，生卒于西纪前四世纪之下半纪，曾一度与闻国政，未几被黜放，放后逾九年乃自杀，其足迹在今湖北、湖南两省，亦或尝至江西，此为屈原之基本的史迹。过此以往，阙疑可也。

司马光谓屈原“过于中庸，不可以训”，故所作《通鉴》，削原事不载。屈原性格诚为极端的，而与中国人好中庸之国民性最相反也，而其所以能成为千古独步之大文学家，亦即以此。彼以一身同时含有矛盾两极之思想，彼对于现社会，极端的恋爱，又极端的厌恶。彼有冰冷的头脑，能剖析哲理，又有滚热的感情，终日自煎自焚。彼绝不肯同化于恶社会，其力又不能化社会，故终其身与恶社会斗，最后力竭而自杀。彼两种矛盾性日日交战于胸中，结果所产烦闷至于为自身所不能担荷而自杀。彼之自杀实其个性最猛烈、最纯洁之全部表现，非有此奇特之个性不能产此文学，亦惟以最后一死能使其人格与文学永不死也。吾尝有屈原研究一篇（见《学术讲演集》第三辑），关于此点，论列颇详尽，可参看（彼文关于屈原史迹及作品之考证，与斯篇稍有异同）。

第三节

《楚辞》注释书及其读法

《楚辞》多古字古言，非注释或不能悉解。汉武帝时，淮南王安已作《离骚章句》，东汉则班固、贾逵皆续有所释，然亦只限于《离骚》。及王逸乃为《楚辞章句》十六卷，遍释诸篇。宋则有洪兴祖为之补注，而朱熹别加删订为《楚辞集注》。今三本并存，其余释者尚多，不具举。（清戴震

有《楚辞笺》，不审尚存否。若存，必当有可观。）王逸年辈在郑玄、高诱、韦昭前，所释训诂名物多近正，最可贵。其释篇中之义则以为："《离骚》之文，依诗取兴，引类譬喻，故善鸟香草以配忠贞，恶禽臭物以比谗佞，灵修美人以媲于君，宓妃佚女以譬贤臣，虬龙鸾凤以托君子，飘风云霓以为小人……"此在各篇中固偶有如此托兴者（《离骚》篇或更多），若每篇每段每句皆胶例而凿求之，则傎甚矣。人之情感万端，岂有舍"忠君爱国"外即无所用其情者？若全书如王注所解，则屈原成为一虚伪者或钝根者，而二十五篇悉变为方头巾家之政论，更何文学价值之足言。故王注虽有功本书，然关于此点，所失实非细也。后世作者往往不为文学而从事文学，而恒谬托高义于文学以外，皆由误读《楚辞》启之，而注家实不能不任其咎。朱注对于此等曲说颇有芟汰，较为洁净。（《楚辞辩证》对于《九歌》诸篇所论云："《东皇太一》旧说以为'原意谓人尽心以事神，则神惠以福，今竭忠以事君，而君不见信，故为此以自伤'。补注又谓：'此言人臣陈德义礼乐以事上，则上无忧患。'《云中君》旧说以为'事神已讫，复念怀王不明而太息忧劳'，补注又谓：'以云神喻君德，而怀王不能，故心以为忧。'皆外增赘说以害全篇之大旨，曲生碎义以乱本文之正意。"又云："《湘君》一篇，情意曲折，最为详尽，而为说者之谬为尤多，以致全然不见其语意之脉络次第，至其卒章犹以'遗玦捐袂'为求贤，而'采杜若'为好贤之无已，皆无复有文理也。"又云："佳人召予正指湘夫人而言，而五臣谓'若有君命，则亦将然'，补注以佳人为'贤人同志者'，如此则此篇何以名为湘夫人乎？"读此可知旧注之穿凿可笑，而朱氏之特识为不可及也。）惜仍有所拘牵，芟涤未尽耳。（例如《九歌》总序下注云："此卷诸篇皆以事神不答而不能忘其敬爱，比事君不合而不能忘其忠赤。"虽稍直捷，然终未能脱旧注桎梏，何如直云《九歌》皆祀神乐章，而屈原自抒其想像力及情感耶？）故吾以为治《楚辞》者，对于诸家之注，但取其名物训诂而足，其敷陈作者之旨者，宜悉屏勿观也。

我国最古之文学作品，三百篇外，即数《楚辞》。三百篇为中原遗声，《楚辞》则南方新兴民族所创之新体；三百篇虽亦有激越语，而大端皆主于温柔敦厚。《楚辞》虽亦有含蓄语，而大端在将情感尽情发泄；

三百篇为极质正的现实文学，《楚辞》则富于想像力之纯文学，此其大较也。其技术之应用亦不同道，而《楚辞》表情极回荡之致，体物尽描写之妙，则亦一进步也。吾以为凡为中国人者，须获有欣赏《楚辞》之能力，乃为不虚生此国。吾愿学者循吾说而广之，讽诵餍饫之既久，必能相说以解也。

·第五篇·

鲁迅讲国学

鲁迅（1881～1936 年），原名周树人，字豫章，浙江绍兴人，我国现代最伟大的文学家、思想家、学者。鲁迅是五四新文化运动的旗手和灵魂，中国现代最伟大的反帝反封建斗士。他以自己的小说创作奠定了新文学运动的基石，小说集《呐喊》、《彷徨》等已经成为中国现代文学的经典；他的杂文集《三闲集》、《而已集》等，文笔犀利、思想深刻，是投向旧社会的匕首和投枪；他的散文集《野草》则为中国的白话散文诗开创了一个崭新的时代。他的作品已经被翻译成五十多种文字，是世界上颇有成就的作家之一。

汉文学史纲要

第一节

自文字至文章

在昔原始之民，其居群中，盖惟以姿态声音，自达其情意而已。声音繁变，寖成言辞，言辞谐美，乃兆歌咏。时属草昧，庶民朴淳，心志郁于内，则任情而歌呼，天地变于外，则祇畏以颂祝，踊跃吟叹，时越侪辈，为众所赏，默识不忘，口耳相传，或逮后世。复有巫觋，职在通神，盛为歌舞，以祈灵贶，而赞颂之在人群，其用乃愈益广大。试察今之蛮民，虽状极狉獉，未有衣服宫室文字，而颂神抒情之什，降灵召鬼之人，大抵有焉。吕不韦云，“昔葛天氏之乐，三人操牛尾，投足以歌八阕。”（《吕氏春秋》《仲夏纪》《古乐》）郑玄则谓“诗之兴也，谅不于上皇之世。”（《诗谱序》）虽荒古无文，并难征信，而证以今日之野人，揆之人间之心理，固当以吕氏所言，为较近于事理者矣。

然而言者，犹风波也，激荡既已，余踪杳然，独恃口耳之传，殊不足以行远或垂后。诗人感物，发为歌吟，吟已感漓，其事随讫。倘将记言行，存事功，则专凭言语，大惧遗忘，故古者尝结绳而治，而后之圣人易之以书契。结绳之法，今不能知；书契者，相传“古者庖牺氏之王天下也，仰则观象于天，俯则观法于地，观鸟兽之文与地之宜，近取诸身，远取诸物，于是始作八卦。”（《易下·系辞》）“神农氏复重之为六十四爻。”（司马贞《补史记》）颇似为文字所由始。其文今具存于《易》，积画成象，短长错综，变易有穷，与后之文字不相系属。故许慎复以为“黄帝之史仓颉，见鸟兽蹄迒之迹，知分理之可相别异也，初造书契”（《说文解字序》）。要之文字成就，所当绵历岁时，且由众手，全群共喻，乃得流行，谁为作者，殊难确指，归功一圣，亦凭臆之说也。

许慎云，“仓颉之初作书，盖依类象形，故谓之文。其后形声相益，即谓之字。字者，言孳乳而浸多也。著于竹帛谓之书。书者，如也。……《周礼》八岁入小学，保氏教国子，先以六书。一曰指事，指事者，视而可识，察而可见，上下是也；二曰象形，象形者，画成其物，随体诘诎，日月是也；三曰形声，形声者，以事为名，取譬相成，江河是也；四曰会意，会意者，比类合谊，以见指㧑，武信是也；五曰转注，转注者，建类一首，同意相受，考老是也；六曰假借，假借者，本无其字，依声托事，令长是也。”（《说文解字序》）指事、象形、会意、为形体之事，形声、假借、为声音之事；转注者，训诂之事也。虞夏书契，今不可见。岣嵝禹书，伪造不足论。商周以来，则刻于骨甲金石者多有，下及秦汉，文字弥繁，而摄以六事，大抵弭合。意者文字初作，首必象形，触目会心，不待授受，渐而演进，则会意指事之类兴焉。今之文字，形声转多，而察其缔构，什九以形象为本柢，诵习一字，当识形音义三：口诵耳闻其音，目察其形，心通其义，三识并用，一字之功乃全。其在文章，则写山曰崚嶒嵯峨，状水曰汪洋澎湃，蔽芾葱茏，恍逢丰木，鳟鲂鳗鲤，如见多鱼。故其所函，遂具三美：意美以感心，一也；音美以感耳，二也；形美以感目，三也。

连属文字，亦谓之文。而其兴盛，盖亦由巫史乎。巫以记神事，更进，则史以记人事也，然尚以上告于天；翻今之《易》与《书》，间能得其仿佛。至于上古实状，则荒漠不可考，君长之名，且难审知，世以天皇地皇人皇为三皇者，列三才开始之序，继以有巢、燧人、伏羲、神农者，明人群进化之程，殆皆后人所命，非真号矣。降及轩辕，遂多传说，逮于虞、夏，乃有著于简策之文传于今。

巫史非诗人，其职虽止于传事，然厥初亦凭口耳；虑有愆误，则练句协音，以便记诵。文字既作，固无愆误之虞矣，而简策繁重，书削为劳，故复当俭约其文，以省物力，或因旧习，仍作韵言。今所传有黄帝《道言》（见《吕氏春秋》），《金人铭》（《说苑》），颛顼《丹书》（《大戴礼记》），帝喾《政语》（《贾谊新书》），虽并出秦汉人书，不足凭信，而大抵协其音，偶其词，使读者易于上口，则殆犹古之道也。

由前言更推度之，则初始之文，殆本与语言稍异，当有藻韵，以便传诵，“直言曰言，论难曰语”，区以别矣。然汉时已并称凡著于竹帛者为文章（《汉书·艺文志》）；后或更拓其封域，举一切可以图写，接于目睛者皆属之。梁之刘勰，至谓“人文之元，肇自太极”（《文心雕龙·原道》），三才所显，并由道妙，“形立则章成矣，声发则文生矣”，故凡虎斑霞绮，林籁泉韵，俱为文章。其说汗漫，不可审理。稍隘之义，则《易》有曰，“物相杂，故曰文。”《说文解字》曰，“文，错画也。”可知凡所谓文，必相错综，错而不乱，亦近丽尔之象。至刘熙云“文者，会集众彩以成锦绣，会集众字以成辞义，如文绣然也”（《释名》）。则确然以文章之事，当具辞义，且有华饰，如文绣矣。《说文》又有彣字，云：“䤅也”；“䤅，彣彰也”。盖即此义。然后来不用，但书文章，今通称文学。

刘勰虽于《原道》一篇，以人“为五行之秀，实天地之心，心生而言立，言立而文明，自然之道也。傍及万品，动植皆文。……”而晋宋以来，文笔之辨又甚峻。其《总术篇》即云，“今之常言：有文有笔。以为无韵者笔也，有韵者文也。”萧绎所诠，尤为昭晰，曰：“今之门徒，转相师受，通圣人之经者谓之儒；屈原、宋玉、枚乘、长卿之徒，止于辞赋则谓之文。……至如不便为诗如阎纂，善为章奏如伯松，若是之流，泛谓之笔。吟咏风谣，流连哀思者谓之文。”又曰，“笔，退则非谓成篇，进则不云取义，神其巧惠，笔端而已。至如文者，惟须绮縠纷披，宫徵靡曼，唇吻遒会，精灵荡摇。而古之文笔今之文笔，其源又异。”（《金楼子·立言篇》）盖其时文章界域，极可弛张，纵之则包举万汇之形声；严之则排摈简质之叙记，必有藻韵，善移人情，始得称文。其不然者，概谓之笔。

辞笔或诗笔对举，唐世犹然，逮及宋元，此义遂晦，于是散体之笔，并称曰文，且谓其用，所以载道，提挈经训，诛锄美辞，讲章告示，高张文苑矣。清阮元作《文言说》，其子福又作《文笔对》，复昭古谊，而其说亦不行。

第二节
《书》与《诗》

《周礼》，外史掌三皇五帝之书，今已莫知其书为何等。假使五帝书诚为五典，则今惟《尧典》在《尚书》中。“尚者，上也。上所为，下所书也。”（王充《论衡·须颂篇》）或曰：“言此上代以来之书。”（孔颖达《尚书正义》）纬书谓“孔子求书，得黄帝玄孙帝魁之书，迄于秦穆公，凡三千二百四十篇。断远取近，定可为世法者百二十篇：以百二篇为《尚书》，十八篇为《中候》。去三千一百二十篇。”（《尚书·璇玑钤》）乃汉人侈大之言，不可信。《尚书》盖本百篇：《虞夏书》二十篇，《商书》《周书》各四十篇。今本有序，相传孔子所为，言其作意（《汉书·艺文志》），然亦难信，以其文不类也。秦燔烧经籍，济南伏生抱书藏山中，又失之。汉兴，景帝使晁错往从口授，而伏生旋老死，仅得自《尧典》至《秦誓》二十八篇；故汉人尝以拟二十八宿。

《书》之体例有六：曰典，曰谟，曰训，曰诰，曰誓，曰命，是称六体。然其中有《禹贡》，颇似记，余则概为训下与告上之词，犹后世之诏令与奏议也。其文质朴，亦诘屈难读，距以藻韵为饰，俾便颂习，便行远之时，盖已远矣。晋卫宏则云，“伏生老，不能正言，言不可晓，使其女传言教错。齐人语多与颍川异，错所不知，凡十二三，略以其意属读而已。”故难解之处多有。今即略录《尧典》中语，以见大凡：

“……帝曰：畴咨若时，登庸。放齐曰：胤子朱，启明。帝曰：吁！嚚讼，可乎？帝曰：畴咨若予采？驩兜曰：都！共工，方鸠僝工。帝曰：吁！静言庸违，象恭，滔天！帝曰：咨，四岳！汤汤洪水方割，荡荡怀山襄陵，浩浩滔天，下民其咨。有能，俾乂。佥曰：於，鲧哉！帝曰：吁，咈哉！方命，圮族。岳曰：异哉！试可，乃已。帝曰：往，钦哉！九载，绩用弗成。帝曰：咨，四岳！朕在位七十载，汝能庸命，巽朕位。岳曰：否德，忝帝位。曰：明明，扬侧陋！师锡帝曰：有鳏在下，曰虞舜。帝曰：俞！予闻。如何？岳曰：瞽子。父顽，母嚚，象傲。克谐以孝，烝烝

义，不格奸。帝曰：我其试哉。女于时观厥刑于二女，釐降二女于妫汭，嫔于虞。”

扬雄曰，“昔之说《书》者序以百，……虞夏之《书》浑浑尔，《商书》灏灏尔，《周书》噩噩尔。”（《法言·问神》）虞夏禅让，独饶治绩，敷扬休烈，故深大矣；周多征伐，上下相戒，事危而言切，则峻肃而不阿借；惟《商书》时有哀激之音，若缘厓而失其援，以为夷旷，所未详也。如《西伯戡黎》：

“西伯既戡黎，祖伊恐，奔告于王曰：天子！天既讫我殷命，格人元龟，罔敢知吉。非先王不相我后人，惟王淫戏用自绝。故天弃我，不有康食。不虞天性，不迪率典。今我民罔弗欲丧，曰，天曷不降威，大命不挚？今王其如台。王曰：呜呼！我生不有命在天？祖伊反曰：呜呼！乃罪多参在上，乃能责命于天？殷之即丧，指乃功，不无戮于尔邦！”

武帝时，鲁共王坏孔子旧宅，得其末孙惠所藏之书，字皆古文。孔安国以今文校之，得二十五篇，其五篇与伏生所诵相合，因并依古文，开其篇第，以隶古字写之，合成五十八篇。会巫蛊事起，不得奏上，乃私传其业于生徒，称《尚书》古文之学（《隋书·经籍志》）。而先伏生所口授者，缘其写以汉隶，遂反称今文。

孔氏所传，既以值巫蛊不行，遂有张霸之徒，伪造《舜典》、《汩作》等二十四篇，亦称古文书，而辞义芜鄙，不足取信于世。若今本孔传《古文尚书》，则为晋豫章梅赜所奏上，独失《舜典》；至隋购募，乃得其篇，唐孔颖达疏之，遂大行于世。宋吴棫始以为疑；朱熹更比较其词，以为“今文多艰涩，而古文反平易”，“却似晋宋间文章”，并书序亦恐非安国作也。明梅鷟作《尚书考异》，尤力发其复，谓“《尚书》惟今文传自伏生口诵者为真古文。出孔壁中者，尽后儒伪作，大抵依约诸经《论》《孟》中语，并窃其字句而缘饰之”云。

诗歌之起，虽当早于记事，然葛天《八阕》，黄帝乐词，仅存其名。《家语》谓舜弹五弦之琴，造《南风》之诗曰：“南风之熏兮，可以解吾民

之愠兮；南风之时兮，可以阜吾民之财兮。”《尚书·大传》又载其《卿云歌》云：“卿云烂兮，纠缦缦兮，日月光华，旦复旦兮！”辞仅达意，颇有古风，而汉魏始传，殆亦后人拟作。其可征信者，乃在《尚书·皋陶谟》，（伪孔传《尚书》分之为《益稷》）曰：

“……夔曰：於！予击石拊石，百兽率舞，庶尹允谐。帝庸作歌曰：敕天之命，惟时惟几。乃歌曰：股肱喜哉，元首起哉，百工熙哉！皋陶拜手稽首扬言曰：念哉！率作兴事，慎乃宪，钦哉！屡省乃成，钦哉！乃赓载歌曰：元首明哉，股肱良哉，庶事康哉！又歌曰：元首丛脞哉，股肱惰哉，万事堕哉！帝曰：俞，往，钦哉！”

以体式言，至为单简，去其助字，实止三言，与后之“汤之《盘铭》曰：苟日新，日日新，又日新”同式；又虽亦偶字履韵，而朴陋无华，殊无以胜于记事。然此特君臣相勗，冀各慎其法宪，敬其职事而已，长言咏叹，故命曰歌，固非诗人之作也。

自商至周，诗乃圆备，存于今者三百五篇，称为《诗经》。其先虽遭秦火，而人所讽诵，不独在竹帛，故最完。司马迁始以为“古者《诗》三千余篇，及至孔子，去其重，取其可施于礼义，上采契后稷，中述殷周之盛，至幽厉之缺。”然唐孔颖达已疑其言；宋郑樵则谓诗皆商周人作，孔子得于鲁太师，编而录之。朱熹于诗，其意常与郑樵合，亦曰：“人言夫子删诗，看来只是采得许多诗，夫子不曾删去，只是刊定而已。”

《书》有六体，《诗》则有六义焉：一曰风，二曰赋，三曰比，四曰兴，五曰雅，六曰颂。风雅颂以性质言：风者，闾巷之情诗；雅者，朝廷之乐歌；颂者，宗庙之乐歌也。是为《诗》之三经。赋比兴以体制言：赋者直抒其情；比者借物言志；兴者托物兴辞也。是为《诗》之三纬。风以《关雎》始，雅有大小，小雅以《鹿鸣》始，大雅以《文王》始；颂以《清庙》始；是为四始。汉时，说《诗》者众，鲁有申培，齐有辕固，燕有韩婴，皆尝列于学官，而其书今并亡。存者独有赵人毛苌诗传，其学自谓传自子夏；河间献王尤好之。其诗每篇皆有序，郑玄以为首篇大序即子夏作，后之小序则子夏毛公合作也。而韩愈则云，“子夏不序诗。”朱熹解诗，亦但信诗不信序。然据范晔说，则实后汉卫宏之所为尔。

毛氏《诗序》既不可信，三家《诗》又失传，作诗本义遂难通晓。而《诗》之篇目次第，又不甚以时代为先后，故后来异说滋多。明何楷作《毛诗世本古义》，乃以诗编年，谓上起于夏少康时（《公刘》，《七月》等）而讫于周敬王之世（《下泉》），虽与孟子知人论世之说合，然亦非必其本义矣。要之《商颂》五篇，事迹分明，词亦诘屈，与《尚书》近似，用以上续舜皋陶之歌，或非诬欤？今录其《玄鸟》一篇；《毛诗》序曰：祀高宗也。

“天命玄鸟，降而生商，宅殷土芒芒。古帝命武汤，正域彼四方，方命厥后，奄有九有。商之先后，受命不殆，在武丁孙子。武丁孙子，武王靡不胜，龙旗十乘，大糦是承。邦畿千里，维民所止，肇域彼四海，四海来假。来假祁祁，景员维河，殷受命咸宜，百禄是何。”

至于二《雅》，则或美或刺，较足见作者之情，非如《颂》诗，大率叹美。如《小雅·采薇》，言征人远戍，虽劳而不敢息云：

“采薇采薇，薇亦作止。曰归曰归，岁亦莫止。靡室靡家，猃狁之故；不遑启居，猃狁之故。……彼尔维何？维常之华。彼路斯何？君子之车。戎车既驾，四牡业业；岂敢定居，一月三捷。……昔我往矣，杨柳依依；今我来思，雨雪霏霏，行道迟迟，载渴载饥。我心伤悲，莫知我哀！”

此盖所谓怨诽而不乱，温柔敦厚之言矣。然亦有甚激切者，如《大雅·瞻卬》：

“瞻卬昊天，则不我惠，孔填不宁，降此大厉。邦靡有定，士民其瘵。蟊贼蟊疾，靡有夷届；罪罟不收，靡有夷瘳！人有土田，女反有之；人有民人，女复夺之。此宜无罪，女反收之；彼宜有罪，女复说之！哲夫成城，哲妇倾城。……觱沸槛泉，维其深矣；心之忧矣，宁自今矣。不自我先，不自我后。藐藐昊天，无不克巩；无忝皇祖，式救尔后！”

《国风》之词，乃较平易，发抒情性，亦更分明。如：

“野有死麕，白茅包之；有女怀春，吉士诱之。林有朴樕；野有死鹿，

白茅纯束；有女如玉。舒而脱脱兮；无感我帨兮；无使尨也吠！”（《召南·野有死麕》）

“溱与洧，方涣涣兮；士与女，方秉兰兮。女曰观乎，士曰既且。且往观乎，洧之外，洵訏且乐。维士与女，伊其相谑，赠之以勺药。……”（《郑风·溱洧》）

“山有枢，隰有榆。子有衣裳，弗曳弗娄；子有车马，弗驰弗驱；宛其死矣，他人是愉。山有栲，隰有杻。子有廷内，弗洒弗扫；子有钟鼓，弗鼓弗考，宛其死矣，他人是保。山有漆，隰有栗。子有酒食，何不日鼓瑟？且以喜乐，且以永日。宛其死矣，他人入室。”（《唐风》《山有枢》）

《诗》之次第，首《国风》，次《雅》，次《颂》。《国风》次第，则始周召二南，次邶、鄘、卫、王、郑、齐、魏、唐、秦、陈、桧、曹而终以豳。其序列先后，宋人多以为即孔子微旨所寓，然古诗流传来久，篇次未必一如其故，今亦无以定之。惟《诗》以平易之《风》始，而渐及典重之《雅》与《颂》；《国风》又以所尊之周室始，次乃旁及于各国，则大致尚可推见而已。

《诗》三百篇，皆出北方，而以黄河为中心。其十五国中，周南、召、南、王、桧、陈、郑在河南，邶、鄘、卫、曹、齐、魏、唐在河北，豳秦则在泾渭之滨，疆域概不越今河南、山西、陕西、山东四省之外。其民厚重，故虽直抒胸臆，犹能止乎礼义，忿而不戾，怨而不怒，哀而不伤，乐而不淫，虽诗歌，亦教训也。然此特后儒之言，实则激楚之言，奔放之词，《风》《雅》中亦常有，而孔子则曰：“《诗》三百，一言以蔽之，曰：思无邪。”后儒因孔子告颜渊为邦，曰“放郑声”。又曰：“恶郑声之乱雅乐也。”遂亦疑及《郑风》，以为淫逸，失其旨矣。自心不净，则外物随之，嵇康曰：“若夫郑声，是音声之至妙，妙音感人，犹美色惑志，耽槃荒酒，易以丧业，自非至人，孰能御之。”（本集《声无哀乐论》）世之欲捐窈窕之声，盖由于此，其理亦并通于文章。

第三节
老 庄

周室寖衰，风人辍采；故曰：“王者之迹熄而诗亡。”志士欲救世弊，则穷竭神虑，举其知闻。而诸侯又方并争，厚招游学之士；或将取合世主，起行其言，乃复力斥异家，以自所执持者为要道，聘辩腾说，著作云起矣。然当时足称“显学”者，实止三家，曰道，曰儒，曰墨。

道家书据《汉书·艺文志》所录有《伊尹》，《太公》，《辛甲》等，今皆不传；《鬻子》、《筦子》亦后人作，故存于今者莫先于《老子》。老子名耳，字聃，姓李氏，楚人，盖生于周灵王初（约前570），尝为守藏室之史，见周之衰，遂去，至关，为关令尹喜著书上下篇，言道德之意，五千余言而去，莫知其所终也。今书又离为八十一章，亦后人妄分，本文实惟杂述思想，颇无条贯；时亦对字协韵，以便记诵，与秦汉人所传之黄帝《金人铭》，颛顼《丹书》等（见第一篇）同：

“视之不见名曰夷，听之不闻名曰希，搏之不得名曰微。此三者不可致诘，故混而为一。其上不皦，其下不昧，绳绳不可名，复归于无物。是谓无状之状，无物之象，是谓惚恍。迎之不见其首，随之不见其后，执古之道，以御今之有。能知古始，是谓道纪。”

“执大象，天下往。往而不害，安平太。乐与饵，过客止；道之出口，淡乎其无味，视之不足见，听之不足闻，用之不足既。”

老子尝为周室守书，博见文典，又阅世变，所识甚多，班固谓“道家者流盖出于史官，历记成败存亡祸福古今之道，然后知秉要执本，清虚以自守，卑弱以自持”者盖以此。然老子之言亦不纯一，戒多言而时有愤辞，尚无为而仍欲治天下。其无为者，以欲“无不为”也。

“大道废，有仁义。智慧出，有大伪。六亲不和有孝慈，国家昏乱有忠臣。”

“民之饥，以其上食税之多，是以饥。民之难治，以其上之有为，是

以难治。民之轻死，以其求生之厚，是以轻死。夫唯无以生为者，是贤于贵生。”

“……圣人处无为之事，行不言之教，万物作焉而不辞，生而不有，为而不恃，功成而弗居。夫唯弗居，是以不去。”

“为学日益，为道日损。损之又损，以至于无为。无为而无不为。取天下常以无事；及其有事，不足以取天下。”

儒、墨二家起老氏之后，而各欲尽人力以救世乱。孔子以周灵王二十一年（前551）生于鲁昌平乡陬邑，年三十余，尝问礼于老聃，然祖述尧舜，欲以治世弊，道不行，则定《诗》《书》，订《礼》《乐》，序《易》，作《春秋》。既卒（敬王四十一年＝前479），门人又相与辑其言行而论纂之，谓之《论语》。墨子亦鲁人，名翟，盖后于孔子百三四十年（约威烈王一至十年生），而尚夏道，兼爱尚同，非古之礼乐，亦非儒，有书七十一篇，今存者作十五卷。然儒者崇实，墨家尚质，故《论语》、《墨子》，其文辞皆略无华饰，取足达意而已。时又有杨朱，主“为我”，殆未尝著书，而其说亦盛行于战国之世。孟子名轲（前372生前289卒）者，邹人，受学于子思，亦崇唐虞，说仁义，于杨墨则辞而辟之，著书七篇曰《孟子》。生当周季，渐有繁辞，而叙述则时特精妙，如墦间乞食一段，宋吴氏（《林下偶谈》）极推称之：

“齐人有一妻一妾而处室者。其良人出，则必餍酒食而后反；其妻问所与饮食者，尽富贵也。其妻告其妾曰：良人出，则必餍酒食而后反，问其与饮食者，尽富贵也，而未尝有显者来，吾将瞯良人之所之也。蚤起，施从良人之所之。遍国中无与立谈者，卒之东郭墦间之祭者，乞其余，不足，又顾而之他。此其为餍足之道也。其妻归，告其妾曰：良人者，所仰望而终身也，今若此。与其妾讪其良人，而相泣于中庭。而良人未之知也，施施从外来，骄其妻妾。”

然文辞之美富者，实惟道家，《列子》《鹖冠子》书晚出，皆后人伪作；今存者有《庄子》。庄子名周，宋之蒙人，盖稍后于孟子，尝为蒙漆园吏。著书十余万言，大抵寓言，人物土地，皆空言无事实，而其文则汪洋辟阖，仪态万方，晚周诸子之作，莫能先也。今存三十三篇，《内篇》七，《外篇》十五，《杂篇》十一；然《外篇》《杂篇》疑亦后人所加。于此略录《内篇》之文，以见大概：

“啮缺问乎王倪曰：子知物之所同是乎？曰：吾恶乎知之。子知子之所不知邪？曰：吾恶乎知之。然则物无知邪？曰：吾恶乎知之。虽然，尝试言之：庸讵知吾所谓知之非不知邪？庸讵知吾所谓不知之非知邪？且吾尝试问乎女：民湿寝则要疾偏死，鳅然乎哉？木处则惴栗恂惧，猿猴然乎哉？三者孰知正处。……自我观之：仁义之端，是非之途，樊然淆乱。吾恶能知其辩。啮缺曰：子不知利害，则至人固不知利害乎？王倪曰：至人神矣，大泽焚而不能热，河汉冱而不能寒，疾雷破山，风振海而不能惊。若然者乘云气，骑日月，而游乎四海之外。死生无变于己，而况利害之端乎？”（《齐物论》第二）

“泉涸，鱼相与处于陆，相呴以湿，相濡以沫，不如相忘于江湖。与其誉尧而非桀也，不如两忘而化其道。夫大块载我以形，劳我以生，佚我以老，息我以死，故善吾生者，乃所以善吾死也。”（《大宗师》第六）

“南海之帝为儵，北海之帝为忽，中央之帝为混沌。儵与忽时与相遇于混沌之地，混沌待之甚善。儵与忽谋报混沌之德，曰：人皆有七窍以视听食息，此独无有。尝试凿之。日凿一窍，七日而混沌死。”（《应帝王》第七）

末有《天下》一篇（胡适谓非庄周作），则历评“天下之治方术者”，最推关尹、老子，以为“古之博大真人”，而自述其文与意云：

“芴漠无形，变化无常。死与生与？天地并与？神明往与？芒乎何之，忽乎何适？万物毕罗，莫足以归。古之道术，有在于是者。庄周闻其风而悦之，以谬悠之说，荒唐之言，无端崖之辞，时纵恣而不傥，不以觭见之也。以天下为沉浊不可与庄语，以卮言为曼衍，以重言为真，以寓言为广。独与天地精神往来，而不敖倪于万物；不谴是非，以与世俗处。其书虽瑰玮，而连犿无伤也。其辞虽参差，而諔诡可观。彼其充实，不可以已。上与造物者游，而下与外死生无终始者为友。其于本也，弘大而辟，深闳而肆；其于宗也，可谓稠适而上遂矣。……”

故自史迁以来，均谓周之要本，归于老子之言。然老子尚欲言有无，别修短，知白黑，而措意于天下；周则欲并有无修短白黑而一之，以大归于“混沌”，其“不谴是非”，“外死生”，“无终始”，胥此意也。中国出世之说，至此乃始圆备。

察周季之思潮，略有四派。一邹鲁派，皆诵法先王，标榜仁义，以备世之急，儒有孔孟，墨有墨翟。二陈宋派，老子生于苦县，本陈地也，言清净之治，迨庄周生于宋，则且以“天下为沉浊不可与庄语”，自无为而入于虚无。三曰郑卫派，郑有邓析、申不害，卫有公孙鞅，赵有慎到、公孙龙，韩有韩非，皆言名法。四曰燕齐派，则多作空疏迂怪之谈，齐之驺衍、驺奭、田骈、接子等，皆其卓者，亦秦汉方士所从出也。

第四节
屈原及宋玉

战国之世，言道术既有庄周之蔑诗礼，贵虚无，尤以文辞，陵轹诸子。在韵言则有屈原起于楚，被谗放逐，乃作《离骚》。逸响伟辞，卓绝一世。后人惊其文采，相率仿效，以原楚产，故称“楚辞”。较之于《诗》，则其言甚长，其思甚幻，其文甚丽，其旨甚明，凭心而言，不遵矩度。故后儒之服膺诗教者，或訾而绌之，然其影响于后来之文章，乃甚或在三百篇以上。

屈原，名平，楚同姓也，事怀王为左徒，博闻强志，明于治乱，娴于辞令，王令原草宪令，上官大夫欲夺其稿，不得，谗之于王，王怒而疏屈原。原彷徨山泽，见先王之庙及公卿祠堂，图画天地山川神灵，琦玮僪佹，及古贤圣怪物行事。因书其壁，呵而问之，以抒愤懑，曰《天问》。辞句大率四言；以所图故事，今多失传，故往往难得其解：

“……雄虺九首，儵忽焉在？何所不死，长人何守？靡蓱九衢，枲华安居？一蛇吞象，厥大何如？黑水玄趾，三危安在？延年不死，寿何所止？鲮鱼何所，鬿堆焉处？羿焉弹日，乌焉解羽？……”

“……中央共牧后何怒？蜂蚁微命力何固？惊女采薇鹿何祐？北至回水萃何喜？兄有噬犬弟何欲，易之以百两卒无禄？……”

后盖又召还，尝欲联齐拒秦，不见用。怀王与秦婚，子兰劝王入秦，屈原止之，不听，卒为秦所留。长子顷襄王立，子兰为令尹，亦谗屈原，王怒而迁之。原在湘沅之间九年，行吟泽畔，颜色憔悴，作《离骚》，终怀石自投汨罗以死，时盖顷襄王十四五年（前285或前286）也。

《离骚》者，司马迁以为“离忧”，班固以为“遭忧”，王逸释以离别之愁思，扬雄则解为“牢骚”，故作《反离骚》，又作《畔牢愁》矣。其辞述己之始生，以至壮大，迄于将终，虽怀内美，重以修能，正道直行，而罹谗贼，于是放言遐想，称古帝，怀神山，呼龙虬，思佚女，申纾其心，自明无罪，因以讽谏。其文几二千言，中有云：

“……跪敷衽以陈辞兮，耿吾既得此中正。驷玉虬以乘鹥兮，溘埃风余上征。朝发轫于苍梧兮，夕余至乎县圃，欲少留此灵琐兮，日忽忽其将暮。吾令羲和弭节兮，望崦嵫而勿迫，路曼曼其修远兮，吾将上下而求索。饮余马于咸池兮，总余辔乎扶桑，折若木以拂日兮，聊逍遥以相羊。……览相观于四极兮，周流乎天余乃下，望瑶台之偃蹇兮，见有娀之佚女。吾令鸩为媒兮，鸩告余以不好；雄鸠之鸣逝兮，余犹恶其佻巧。……理弱而媒拙兮，恐导言之不固；时混浊而嫉贤兮，好蔽美而称恶。闺中既以邃远兮，哲王又不寤。怀朕情而不发兮，余焉能忍与此终古！……”

次述占于灵氛，问于巫咸，无不劝其远游，毋怀故宇，于是驰神纵意，将翱将翔，而睠怀宗国，终又宁死而不忍去也：

“……抑志而弭节兮，神高驰之邈邈；奏《九歌》而舞《韶》兮，聊假日以媮乐。陟升皇之赫戏兮，忽临睨夫旧乡；仆夫悲余马怀兮，蜷局顾而不行。乱曰：已矣哉！国无人，莫我知兮，又何怀乎故都？既莫足与为美政兮，吾将从彭咸之所居！”

今所传《楚辞》中有《九章》九篇，亦屈原作。又有《卜居》，《渔父》，述屈原既放，与卜者及渔人问答之辞，亦云自制，然或后人取故事仿作之，而其设为问难，履韵偶句之法，则颇为词人则效，近如宋玉之《风赋》，远如相如之《子虚》，《上林》，班固之《两都》皆是也。

《离骚》之出，其沾溉文林，既极广远，评隲之语，遂亦纷繁，扬之者谓可与日月争光，抑之者且不许与狂狷比迹，盖一则达观于文章，一乃局踳于诗教，故其裁决，区以别矣。实则《离骚》之异于《诗》者，特在形式藻采之间耳。时与俗异，故声调不同；地异，故山川神灵动植皆不同；惟欲婚简狄，留二姚，或为北方人民所不敢道，若其怨愤责数之言，则三百篇中之甚于此者多矣。楚虽蛮夷，久为大国，春秋之世，已能赋诗，风雅之教，宁所未习，幸其固有文化，尚未沦亡，交错为文，遂生壮采。刘勰取其言辞，校之经典，谓有异有同，固雅颂之博徒，实战国之风雅，“虽取熔经义，亦自铸伟辞。……故能气往轹古，辞来切今，惊采绝艳，难与并能。”（《文心雕龙·辨骚》）可谓知言者已。

形式文采之所以异者，由二因缘，曰时与地。古者交接邻国，揖让之际，盖必诵诗，故孔子曰：“不学《诗》，无以言。”周室既衰，聘问歌咏，不行于列国，而游说之风寖盛，纵横之士，欲以唇吻奏功，遂竞为美辞，以动人主。如屈原同时有苏秦者，其说赵司寇李兑也，曰：“雒阳乘轩里苏秦，家贫亲老，无罢车驽马，桑轮蓬箧，赢幐担囊，触尘埃，蒙霜露，越漳河，足重茧，日百而舍，造外阙，愿造于前，口道天下之事。”（《赵策》一）自叙其来，华饰至此，则辩说之际，可以推知。余波流衍，渐及文苑，繁辞华句，固已非《诗》之朴质之体式所能载矣。况《离骚》产地，与《诗》不同，彼有河渭，此则沅湘，彼惟朴樕，此则兰茝；又重巫，浩歌曼舞，足以乐神，盛造歌辞，用于祀祭。《楚辞》中有《九歌》，谓“楚南郢之邑，沅湘之间，其俗信鬼而好祀，……屈原放逐，……愁思怫郁，出见俗人祭祀之礼，歌舞之乐，其词鄙俚，因为作《九歌》之曲”。而绮靡杳渺，与原他文颇不同，虽曰“为作”，固当有本。俗歌俚句，非不可沾溉词人，句不拘于四言，圣不限于尧舜，盖荆楚之常习，其所由来者远矣。今略录其《湘夫人》：

“帝子降兮北渚，目眇眇兮愁余。袅袅兮秋风，洞庭波兮木叶下。登白苹兮骋望，与佳期兮夕张。鸟何萃兮苹中，罾何为兮木上？沅有芷兮澧有兰，思公子兮未敢言；慌惚兮远望，观流水兮潺湲。麋何食兮庭中，蛟何为兮水裔？朝驰余马兮江皋，夕济兮西澨。闻佳人兮召予，将腾驾兮偕逝。筑室兮水中，葺之以荷盖。荪壁兮紫坛，播芳椒兮盈堂，桂栋兮兰橑，辛夷楣兮药房。……芷葺兮荷盖，缭之兮杜衡，合百草兮实庭，建芳馨兮庑门。九疑缤兮并迎，灵之来兮如云。捐余袂兮江中，遗余褋兮澧浦，搴汀洲兮杜若，将以遗兮远者。时不可兮骤得，聊逍遥兮容与。”

同时有儒者赵人荀况（约前315—前230），年五十始游学于齐，三为祭酒；已而被谗适楚，春申君以为兰陵令。亦作赋，《汉书》云十篇，今有五篇在《荀子》中，曰《礼》，曰《知》，曰《云》，曰《蚕》，曰《箴》，臣以隐语设问，而王以隐语解之，文亦朴质，概为四言，与楚声不类。又有《佹诗》，实亦赋，言天下不治之意，即以遗春申君者，则词甚切激，殆不下于屈原，岂身临楚邦，居移其气，终亦生牢愁之思乎？

“天下不治，请陈佹诗：天地易位，四时易乡。列星殒坠，旦暮晦盲。……仁人绌约，敖暴擅强。天下幽险，恐失世英。螭龙为蝘蜓，鸱枭为凤凰。比干见刳，孔子拘匡。昭昭乎其知之明也，郁郁乎其遇时之不祥也。……圣人共手，时几将矣，与愚以疑，愿闻反辞。其小歌曰：念彼远方，何其塞矣。仁人绌约，暴人衍矣。忠臣危殆，谗人般矣。璇玉瑶珠，不知佩也。杂布与锦，不知异也。……以盲为明；以聋为聪；以危为安；以吉为凶。呜呼上天，曷维其同！”

稍后，楚又有宋玉、唐勒、景差之徒，皆好辞，而以赋见称。然虽学屈原之文辞，终莫敢直谏，盖掇其哀愁，猎其华艳，而“九死未悔”之概失矣。宋玉者，王逸以为屈原弟子；事怀王之子襄王，为大夫，然不得志。所作本十六篇，今存十一篇，殆多后人拟作，可信者有《九辩》。《九辩》本古辞，玉取其名，创为新制，虽驰神逞想，不如《离骚》，而凄怨之情，实为独绝。如：

“皇天平分四时兮，窃独悲此凛秋。白露既下降百草兮，奄离披此梧楸。去白日之昭昭兮，袭长夜之悠悠。离芳蔼之方壮兮，余萎约而悲愁。秋既先戒以白露兮，冬又申之以严霜。……岁忽忽而遒尽兮，恐余寿之弗将。悼余生之不时兮，逢此世之俇攘。澹容与而独倚兮，蟋蟀鸣此西堂。心怵惕而震荡兮，何所忧之多方？卬明月而太息兮，步列星而极明。”

又有《招魂》一篇，外陈四方之恶，内崇楚国之美，欲召魂魄，来归修门。司马迁以为屈原作，然辞气殊不类。其文华靡，长于敷陈，言险难则天地间皆不可居，述逸乐则饮食声色必极其致，后人作赋，颇学其夸。句末俱用“些”字，亦为创格，宋沈存中云，“今夔峡湖湘及南北江獠人，凡禁咒句尾皆称些，乃楚人旧俗”也。

“……魂兮归来，南方不可以止些。雕题黑齿，得人肉以祀，以其骨为醢些。蝮蛇蓁蓁，封狐千里些。雄虺九首，往来倏忽，吞人以益其心些。魂兮归来，不可以久淫些。……魂兮归来，君无上天些。虎豹九关，啄害下人些。一夫九首，拔木九千些。豺狼从目，往来侁侁些。悬人以娭，投之深渊些。致命于帝，然后得瞑些。归来归来，往恐危身些。……魂兮归来，入修门些。……室家遂宗，食多方些。稻粢穱麦，挐黄粱些。大苦醎酸，辛甘行些。肥牛之腱，臑若芳些。和酸若苦，陈吴羹些。胹鳖炮羔，有柘浆些。……肴羞未通，女乐罗些。敶钟按鼓，造新歌些。涉江采菱，发扬荷些。美人既醉，朱颜酡些。娭光眇视，目曾波些。被文服纤，丽而不奇些。长发曼鬋，艳陆离些。……”

其称为赋者则九篇，（《文选》四篇；《古文苑》六篇，然《舞赋》实傅毅作）大率言玉与唐勒景差同侍楚王，即事兴情，因而成赋，然文辞繁缛填委，时涉神仙，与玉之《九辩》、《招魂》及当时情景颇违异，疑亦犹屈原之《卜居》、《渔父》，皆后人依托为之。又有《对楚王问》，（见《文选》及《说苑》）自辩所以不见誉于士民众庶之故，先征歌曲，次引鲸凤，以明俗士之不能知圣人。其辞甚繁，殆如游说之士所谈辩，或亦依托也。然与赋当并出汉初。刘勰谓赋萌于《骚》，荀卿、宋玉，乃锡专名，与诗划境，蔚成大国；又谓“宋玉含才，始造‘对问’”，于是枚乘《七发》，扬雄《连珠》，抒愤之文，郁然盛起。然则《骚》者，固亦受三百篇之泽，而特由其时游说之风而恢宏，因荆楚之俗而奇伟；赋与对问，又其长流之漫于后代者也。

唐勒、景差之文，今所传尤少。《楚辞》中有《大招》，欲效《招魂》而甚不逮，王逸云，“屈原之所作也；或曰景差。”审其文辞，谓差为近。

第五节

李　斯

秦始皇帝即位之初，相国吕不韦以列国常下士喜宾客，且多辩士，如荀况之徒，著书布天下，乃亦厚养士，使人人著其所知，集以为书，凡二十余万言，号曰《吕氏春秋》，布咸阳市门，延诸侯游士宾客，有能增损一字者予千金。始皇既壮，绌不韦；又渐并兼列国，虽亦召文学，置博士，而终则焚烧《诗》《书》，杀诸生甚众，重任丞相李斯，以法术为治。

李斯，楚上蔡人，少与韩非俱从荀况学帝王之术，成而入秦，为吕不韦舍人，说始皇，拜为长史，渐进至左丞相，二世二年（前208）宦者赵高诬以谋反，杀之，具五刑，夷三族。斯虽出荀卿之门，而不师儒者之道，治尚严急，然于文字，则有殊勋，六国之时，文字异形，斯乃立意，罢其不与秦文合者，画一书体，作《仓颉》七章，与古文颇不同，后称秦篆；又始造隶书，盖起于官狱多事，苟趋简易，施之于徒隶也。法家大抵少文采，惟李斯奏议，尚有华辞，如上书《谏逐客》云：

“……必秦国所生然后可，则是夜光之璧，不饰朝廷；犀象之器，不为玩好；郑卫之女，不充后宫；而骏良駃騠，不实外厩；江南金锡不为用，西蜀丹青不为采。……夫击瓮叩缻，弹筝搏髀，而歌呼呜呜快耳目者，真秦之声也。郑卫桑间，《昭虞》《武象》者，异国之乐也。今弃击瓮叩缻而就郑卫，退弹筝而取《昭虞》。若是者，何也？快意当前，适观而已矣。今取人则不然：不问可否，不论曲直，非秦者去，为客者逐。然则是所重者在乎色乐珠玉，而所轻者在乎人民也。此非所以跨海内，制诸侯之术也。……”

二十八年，始皇始东巡郡县，群臣乃相与诵其功德，刻于金石，以垂后世。其辞亦李斯所为，今尚有流传，质而能壮，实汉晋碑铭所从出也。如《泰山刻石文》：

“皇帝临位，作制明法，臣下修饬。二十六年，初并天下，罔不宾服。亲巡天下黎民，登兹泰山，周览东极。从臣思迹，本原事业，祇诵功德。治道运行，诸产得宜，皆有法式。大义休明，垂于后世，顺承勿革。皇帝躬圣，既平天下，不懈于治。……昭隔内外，靡不清净，施于后嗣。化及无穷，遵奉遗诏，永承重戒。”

三十六年，东郡民刻陨石以诅始皇，案问不服，尽诛石旁居人。始皇终不乐，乃使博士作《仙真人诗》；及行所游天下，传令乐人歌弦之。其诗盖后世游仙诗之祖，然不传。《汉书·艺文志》著秦时杂赋九篇；《礼乐志》云周有《房中乐》，至秦名曰《寿人》，今亦俱佚。故由现存者而言，秦之文章，李斯一人而已。

第六节
汉宫之楚声

秦既焚烧《诗》《书》，坑诸生于咸阳，儒者乃往往伏匿民间，或则委身于敌以舒愤怨。故陈涉起匹夫，旬月王楚，而鲁诸儒持孔氏之礼器归之；孔甲则为涉博士，与俱败死。汉兴，高祖亦不乐儒术，其佐又多刀笔之吏，惟郦食其、陆贾、叔孙通文雅，有博士余风。然其厕足汉廷，亦非尽因文术，陆贾虽称说《诗》、《书》，顾特以辩才见赏，郦生固自命儒者，而高祖实以说客视之；至叔孙通，则正以曲学阿世取容，非重其能定朝仪，知典礼也。即位之后，过鲁，虽曾以中牢祀孔子，盖亦英雄欺人，将借此收揽人心，俾知一反秦之所为而已。高祖崩，儒者亦不见用，《汉书·儒林传》云：“孝惠高后时，公卿皆武力功臣。孝文本好刑名之言。及至孝景，不任儒；窦太后又好黄老术，故诸博士具官待问，未有进者。”

故在文章，则楚汉之际，诗教已熄，民间多乐楚声，刘邦以一亭长登帝位，其风遂亦被宫掖。盖秦灭六国，四方怨恨，而楚尤发愤，誓虽三户必亡秦，于是江湖激昂之士，遂以楚声为尚。项籍困于垓下，歌曰："力拔山兮气盖世，时不利兮骓不逝！骓不逝兮可奈何？虞兮虞兮奈若何？"楚声也。高祖既定天下，因征黥布过沛，置酒沛宫，召故人父老子弟佐酒，自击筑歌曰："大风起兮云飞扬。威加海内兮归故乡。安得猛士兮守四方！"亦楚声也。且发沛中儿百二十人教之歌，群儿皆和习之。其后欲立戚夫人子赵王如意，因而废太子，不果，戚夫人泣涕，亦令作楚舞，而自为楚歌：

"鸿鹄高飞，一举千里，羽翼已就，横绝四海。横绝四海，又可奈何？虽有矰缴，尚安所施？"

《房中乐》始于周，以乐祖先。汉初，高帝姬唐山夫人作乐词，以从帝所好，亦楚声。至孝惠二年（前 193）使乐府令夏侯宽备其箫管，更名《安世乐》，凡十六章，今录其二：

"丰草葽，女罗施。善何如，谁能回？大莫大，成教德；长莫长，被无极。"

"都荔遂芳，窅窊桂华。孝奏天仪，若日月光。乘玄四龙，回驰北行。羽旄殷盛，芬哉芒芒。孝道随世，我署文章。"

又以沛宫为原庙，令歌儿吹习高帝《大风》之歌，遂用百二十人为常员。文景相嗣，礼官肄之。楚声之在汉宫，其见重如此，故后来帝王仓促言志，概用其声，而武帝词华，实为独绝。当其行幸河东，祠后土，顾视帝京，忻然中流，与群臣醼饮，自作《秋风辞》，缠绵流丽，虽词人不能过也：

"秋风起兮白云飞，草木黄落兮雁南归。兰有秀兮菊有芳，怀佳人兮不能忘。泛楼船兮济汾河，横中流兮扬素波，箫鼓鸣兮发棹歌。欢乐极兮哀情多，少壮几时兮奈老何。"

降及少帝，将为董卓所鸩，与妻唐姬别，悲歌云："天道易兮我何艰，弃万乘兮退守藩。逆臣见迫兮命不延，逝将去汝兮适幽玄！"唐姬歌曰：

"皇天崩兮后土颓，身为帝兮命夭摧。死生路异兮从此乖，奈我茕独兮中心哀！"虽临危抒愤，词意浅露，而其体式，亦皆楚歌也。

第七节
贾谊与晁错

汉初善言治道，亦擅文章者，先有陆贾佐高祖，每称说《诗》、《书》；高帝命著书言秦所以失天下及古今成败，每奏一篇，帝未尝不称善，名其书曰《新语》；今存。文帝时则有颍川贾山，尝借秦为喻，言治乱之道，名曰《至言》；其后每上书，言多激切，善指事意，然不见用。所言今多亡失，惟《至言》见于《汉书》本传。

贾谊，雒阳人，尝从秦博士张苍受《春秋左氏传》。年十八，以能诵《诗》《书》属文称于郡中，廷尉吴公荐于文帝，召为博士，时年二十余，而善于答诏令，诸生莫能及。文帝悦之，一岁中超迁至大中大夫，且拟以任公卿。绛灌、冯敬等毁之曰："雒阳之人年少初学，专欲擅权，纷乱诸事。"于是帝亦疏之，不用其议；后以谊为长沙王太傅。谊既以谪去，意不自得，及渡湘水，为赋吊屈原，亦以自谕也：

"恭承嘉惠兮俟罪长沙，侧闻屈原兮自湛汨罗。造托湘流兮敬吊先生，遭世罔极兮乃殒厥身。呜呼哀哉兮逢时不祥，鸾凤伏窜兮鸱枭翱翔。阘茸尊显兮谗谀得志，贤圣逆曳兮方正倒植。……吁嗟默默，生之无故兮。斡弃周鼎，宝康瓠兮。腾驾罢牛，骖蹇驴兮。骥垂两耳，服盐车兮。章甫荐屦，渐不可久兮。嗟苦先生，独离此咎兮。讯曰：已矣，国其莫我知兮，独壹郁其谁语。凤漂漂其高逝兮，夫固自引而远去。袭九渊之神龙兮，沕深潜以自珍；偭蟂獭以隐处兮，夫岂从虾与蛭螾。所贵圣人之神德兮，远浊世而自藏；使骐骥可得系而羁兮，岂云异夫犬羊。般纷纷其离此尤兮，亦夫子之故也；历九州而相其君兮，何必怀此都也！凤凰翔于千仞兮，览德辉而下之；见细德之险征兮，遥曾击而去之。彼寻常之污渎兮，岂能容夫吞舟之巨鱼；横江湖之鳣鲸兮，固将制于蝼蚁。"

三年，有鸮飞入谊舍，止于坐隅。长沙卑湿，谊自惧不寿，因作《服赋》以自广，服者，楚人之谓鸮也。大意谓祸福纠缠，吉凶同域，生不足悦，死不足患，纵躯委命，乃与道俱，见服细故，无足疑虑。其外死生，顺造化之旨，盖得之于庄生。岁余，文帝征谊，问鬼神之本，自叹为不能及。顷之，拜为帝少子梁怀王太傅。时复封淮南厉王子四人为列侯，谊上疏以谏；又以诸侯王僭拟，地或连数郡，非古之制，乃屡上书陈政事，请稍削之。其治安之策，洋洋至六千言，以为天下“事势，有可为痛哭者一，可为流涕者二，可为长太息者六，若其他悖理而伤道者，难遍以疏举”，因历指其失，颇切事情，然不见听。居数年，怀王堕马死，无后；谊自伤为傅无状，哭泣岁余，亦死，年三十三（前200—前168）。

晁错，颍川人，少学申商刑名于轵张恢所，文帝时以文学为太常掌故，被遣从济南伏生受《尚书》，还，因上便宜事，以《书》称说，诏以为太子舍人、门大夫，迁博士，拜太子家令。又以辩得幸太子，太子家号曰智囊。举贤良文学，对策高第，又数上书文帝，言削诸侯事及法令可更定者。帝不听，然奇其材，迁中大夫。景帝即位，以为内史，言事辄听，始宠幸倾九卿，法令多所更定，袁盎、申屠嘉皆弗善之，而错愈贵，迁为御史大夫。又请削诸侯之地，收其枝郡。其说削吴云：

“昔高帝初定天下，昆弟少，诸子弱，大封同姓，故孽子悼惠王王齐七十二城，庶弟元王王楚四十城，兄子王吴五十余城。封三庶孽，分天下半。今吴王前有太子之隙，诈称病不朝，于古法当诛。文帝不忍，因赐几杖，德至厚也。不改过自新，乃益骄恣，公即山铸钱，煮海为盐，诱天下亡人，谋作乱逆。今削之亦反，不削亦反。削之，其反亟，祸小；不削之，其反迟，祸大。”

错请削地之奏，诸贵人皆不敢难，惟窦婴争之，由是与错有隙。诸侯亦先疾其所更法令三十章，于是吴楚七国遂反，以诛错为名；窦婴、袁盎又说文帝，令晁错衣朝衣，斩于东市（前154）。

晁贾性行，其初盖颇同，一从伏生传《尚书》，一从张苍受《左氏》。错请削诸侯地，且更定法令；谊亦欲改正朔，易服色；又同被功臣贵幸所谮毁。为文皆疏直激切，尽所欲言；司马迁亦云：“贾生晁错明申商。”惟谊尤有文采，而沉实则稍逊，如其《治安策》、《过秦论》，与晁错之《贤良对策》、《言兵事疏》、《守边劝农疏》，皆为西汉鸿文，沾溉后人，其泽甚远；然以二人之论匈奴者相较，则可见贾生之言，乃颇疏阔，不能与晁错之深识为伦比矣。

惟其后之所以绝异者，盖以文帝守静，故贾生所议，皆不见用，为梁王傅，抑郁而终。晁错则适遭景帝，稍能改革，于是大获宠幸，得行其言，卒召变乱，斩于东市；又夙以刑名著称，遂复来“为人陗直刻深”之谤。使易地而处，所遇之主不同，则其晚节末路，盖未可知也。但贾谊能文章，平生又坎壈，司马迁哀其不遇，以与屈原同传，遂尤为后世所知闻。

第八节
藩国之文术

汉高祖虽不喜儒，文景二帝，亦好刑名黄老，而当时诸侯王中，则颇有倾心养士，致意于文术者。楚、吴、梁、淮南、河间五王，其尤著者也。

楚元王交为高祖同父少弟，好书多材艺，少时，与鲁穆生、白生、申公，俱受《诗》于孙卿门人浮丘伯。故好《诗》，既王楚，诸子亦皆读《诗》；申公始为《诗》传，号“鲁诗”；元王亦自为传，号“元王诗”。汉初治《诗》大师，皆居于楚；申公，白公之外，又有韦孟，为元王傅，傅子夷王，及孙王戊。戊荒淫不遵道，孟乃作诗讽谏；后遂去位，徙家于邹，又作诗一篇，其叙事布词，自为一体，皆有风雅遗韵。魏晋以来，逮相师法，用以叙先烈，述祖德，故任昉《文章缘起》以为“四言诗起于前汉楚王傅韦孟《谏楚夷王戊》诗”也。

吴王濞者，高祖兄仲之子。文帝时，吴太子入见，与皇太子争博道，皇太子引博局提杀之。吴王由是怨望，藏亡匿死，积三十余年，故能使其众。然所用多纵横游说之士；亦有并擅文词者，如严忌、邹阳、枚乘等。

吴既败，皆游梁。

梁孝王名武，文帝窦皇后少子也。七国之叛，梁距吴楚最有功，又最为大国，卤簿拟天子；招延四方豪杰，自山东游士莫不至。传《易》者有丁宽，以授田王孙，田授施仇、孟喜、梁丘贺，由是《易》有施孟梁丘三家之学。又有羊胜、公孙诡、韩安国，各以辩智著称。吴败，吴客又皆游梁；司马相如亦尝游梁，皆词赋高手，天下文学之盛，当时盖未有如梁者也。

严忌本姓庄，后避明帝讳，称严，会稽吴人。好词赋，哀屈原忠贞不遇，作词曰《哀时命》。遭景帝不好词赋，无所得志，乃游吴；吴败，徒步入梁，受知孝王，与邹阳、枚乘同见尊重，而忌名尤盛，世称庄夫子。《汉志》有《庄夫子赋》二十四篇；今仅存《哀时命》一篇，在《楚辞》中。

邹阳，齐人，初与严忌，枚乘等俱仕吴，皆以文辩著名。吴王将叛，阳作书以谏，不见用，乃去而之梁，从孝王游。其为人有智略，慷慨不苟合，为羊胜、公孙诡所谗，孝王怒，下阳于狱，将杀之。阳在狱中，上书自明：

“……语曰：有白头如新，倾盖如故。何则？知与不知也。故樊於期逃秦之燕，借荆轲首以奉丹事；王奢去齐之魏，临城自到，以却齐而存魏。夫王奢樊於期，非新于齐秦而故于燕魏也，所以去二国，死两君者，行合于志而慕义无穷也。……今人主诚能去骄傲之心，怀可报之意，披心腹，见情素，隳肝胆，施德厚，终与之穷达，无爱于士，则桀之犬可使吠尧，而跖之客可使刺由。何况因万乘之权，假圣王之资乎？然则荆轲湛七族，要离燔妻子，岂足为大王道哉？……”

书奏，孝王立出之，卒为上客，后羊胜、公孙诡以罪死，阳独为梁王解深怒于天子。盖吴蓄深谋，偏好策士，故文辩之士，亦常有纵横家遗风，词令文章，并长辟阖，犹战国游士之口说也。《汉志》纵横家，有《邹阳》七篇，而不录其词赋，似阳之在汉，固以权略见称。《西京杂记》云：梁孝王游于忘忧之馆，集诸游士，使各为赋。枚乘《柳赋》，路乔如

《鹤赋》，公孙诡《文鹿赋》，邹阳《酒赋》，公孙乘《月赋》，羊胜《屏风赋》，韩安国作《几赋》不成，邹阳代作。邹阳安国罚酒三升；赐枚乘路乔如绢，人五匹。《西京杂记》为晋葛洪作，托之刘歆，则诸赋或亦洪之所为耳。

枚乘，字叔，淮阴人，为吴王濞郎中。吴王谋为逆，乘上书以谏，吴王不纳，乃去而之梁。汉既平七国，乘由是知名，景帝召拜弘农都尉。乘久为大国上宾，不乐郡吏，以病去官；复游梁。梁客皆善属词，乘尤高。梁孝王薨，乘归淮阴。武帝自为太子闻乘名，及即位，乘年老，乃以安车蒲轮征乘，道死（前 140）。

《汉志》有《枚乘赋》九篇；今惟《梁王菟园赋》存。《临灞池远诀赋》仅存其目，《柳赋》盖伪托。然乘于文林，业绩之伟，乃在略依《楚辞》《七谏》之法，并取《招魂》《大招》之意，自造《七发》。借吴楚为客主，先言舆辇之损，宫室之疾，食色之害，宜听妙言要道，以疏神导体。于是说以声色逸游之乐等等，凡六事，最末为观涛于广陵：

“……其始起也，洪淋淋焉若白鹭之下翔；其少进也，浩浩溰溰，如素车白马帷盖之张。其波涌而云乱，扰扰焉如三军之腾装。其旁作而奔起也，飘飘焉如轻车之勒兵。六驾蛟龙，附从太白。纯驰浩蜺，前后骆驿。颙颙卬卬，椐椐强强，莘莘将将。壁垒重坚，沓杂似军行。訇隐匈盖，轧盘涌裔，原不可当。观其两傍，则滂渤怫郁，暗漠感突，上击下律。有似勇壮之卒，突怒而无畏，蹈壁冲津，穷曲随隈，逾岸出追，遇者死，当者坏。……”

其说皆不入，则云：

“将为太子奏方术之士，有资略者，若庄周，魏牟，杨朱，墨翟，便娟，詹何之伦，使之论天下之精微，理万物之是非；孔老览观，孟子持筹而算之，万不失一。此亦天下要言妙道也，太子岂欲闻之乎？于是太子据几而起，曰：涣乎若一听圣人辩士之言。涊然汗出，霍然病已。”

由是遂有“七”体，后之文士，仿作者众，汉傅毅有《七激》，刘广有《七兴》，崔骃有《七依》，……凡十余家；递及魏晋，仍多拟造。谢灵运有《七集》十卷，卞景有《七林》十二卷，梁又有《七林》三十卷，盖即集众家此体为之，今俱佚；惟乘《七发》及曹植《七启》，张协《七命》，在《文选》中。

《文选》又有《古诗十九首》，皆五言，无撰人名。唐李善曰："并云古诗，盖不知作者；或云枚乘，疑不能明也。"然陈徐陵所集《玉台新咏》，则其中九首，明题乘名。审如是，乘乃不特始创七体，且亦肇开五古者矣，今录其三：

"西北有高楼，上与浮云齐，交疏结绮窗，阿阁三重阶。上有弦歌声，音响一何悲，谁能为此曲，无乃杞梁妻。清商随风发，中曲正徘徊，一弹再三叹，慷慨有余哀。不惜歌者苦，但伤知音稀。愿为双鸿鹄，奋翅起高飞。"

"……相去日已远，衣带日已缓。浮云蔽白日，游子不复返。思君令人老，岁月忽已晚。弃捐勿复道，努力加餐饭。"

"迢迢牵牛星，皎皎河汉女。纤纤濯素手，札札弄机杼，终日不成章，泣涕零如雨。河汉清且浅，相处复几许，盈盈一水间，脉脉不得语。"

其词随语成韵，随韵成趣，不假雕琢，而意志自深，风神或近楚《骚》，体式实为独造，诚所谓"畜神奇于温厚，寓感怆于和平，意愈浅愈深，词愈近愈远"者也。稍后李陵与苏武赠答，亦为五言，盖文景以后，渐多此体，而天质自然，终当以乘为独绝矣。

淮南王安为文帝所封，好书，鼓琴；招致宾客方术之士数千人，作为《内书》二十一篇，《外书》甚众；又有《中篇》八卷，言神仙黄白之术，亦二十余万言。时武帝方好艺文，以安为诸父，辩博善文辞，甚尊重之。尝使为《离骚传》，旦受诏，日食时上。传今亡；所传者惟《淮南》二十一篇，亦曰《鸿烈》。其书盖与诸游士讲论，掇拾旧文而成。其诸游士著者，则为苏飞、李尚、左吴、田由、雷被、毛被、伍被、晋昌等八人，是曰八公；又分造词赋，以类相从，或称《大山》，或称《小山》，其义犹《诗》之有《大雅》《小雅》也。小山之徒有《招隐士》之赋，其源虽出《离骚》《招魂》等，而不泥于迹象，为汉代楚辞之新声：

“桂树丛生兮山之幽，偃蹇连蜷兮枝相缭。山气巃嵸兮石嵯峨；溪谷崭岩兮水曾波。猿狖群啸兮虎豹嗥，攀援桂枝兮聊淹留。王孙游兮不归，春草生兮萋萋，岁暮兮不自聊，蟪蛄鸣兮啾啾。坱兮轧，山曲岪，心淹留兮恫慌忽；罔兮沕，憭兮栗，虎豹穴，丛薄深林兮人上栗。嵚岑碕礒兮碅磳磈硊，树轮相纠兮林木茷骫；青莎杂树兮薠草靃靡；白鹿麏麚兮或腾或倚，状皃崟崟兮峨峨，凄凄兮漇漇。猕猴兮熊罴，慕类兮以悲。攀援桂枝兮聊淹留，虎豹斗兮熊罴咆，禽兽骇兮亡其曹。王孙兮归来，山中兮不可以久留。”

河间献王德为景帝子，亦好书，而所得皆古文先秦旧书。又立《毛氏诗》，《左氏春秋》博士；山东诸儒，多从而游。其所好盖与楚元王交相类。惟吴、梁、淮南三国之客，较富文词，梁客之上者，多来自吴，甚有纵横家余韵；聚淮南者，则大抵浮辩方术之士也。

第九节
武帝时文术之盛

武帝有雄材大略，而颇尚儒术。即位后，丞相卫绾即请奏罢郡国所举贤良治申商韩非苏秦张仪之言者。又以安车蒲轮征申公、枚乘等；议立明堂；置“五经”博士。元光间亲策贤良，则董仲舒、公孙弘等出焉。又早慕词赋，喜“楚辞”，尝使淮南王安为《离骚》作传。其所自造，如《秋风辞》（见第六篇）《悼李夫人赋》（见《汉书·外戚传》）等，亦入文家堂奥。复立乐府，集赵代秦楚之讴，以李延年为协律都尉，多举司马相如等数十人作诗颂，用于天地诸祠，是为《十九章》之歌。延年辄承意弦歌所造诗，谓之“新声曲”，实则楚声之遗，又扩而变之者也。其《郊祀歌》十九章，今存《汉书》《礼乐志》中，第三至第六章，皆题“邹子乐”。

“朱明盛长，敷与万物。桐生茂豫，靡有所诎。敷华就实，既阜既昌，登成甫田，百鬼迪尝。广大建祀，肃雍不忘。神若宥之，传世无疆。”（《朱明》三“邹子乐”）

“日出入安穷，时世不与人同。故春非我春，夏非我夏，秋非我秋，冬非我冬。泊如四海之池，遍观是邪谓何。吾知所乐，独乐六龙。六龙之调，使我心若。訾，黄其何不来下！”（《日出入》九）

是时河间献王以为治道非礼乐不成，因献所集雅乐；大乐官亦肄习之以备数，然不常用，用者皆新声。至敖游醮饮之时，则又有新声变曲。曲亦昉于李延年。延年中山人，身及父母兄弟皆故倡，坐法腐刑，给事狗监中。性知音，善歌舞，武帝爱之，每为新声变曲，闻者莫不感动。尝侍武帝，起舞，歌曰：“北方有佳人，绝世而独立，一顾倾人城，再顾倾人国。宁不知倾城与倾国，佳人难再得。”因进其女弟，得幸，号李夫人，早卒。武帝思念不已，方士齐人少翁言能致其魂，乃夜张烛设帐，而令帝居他帐遥望，见一好女，如李夫人之貌，然不得就视。帝愈益相思悲感，作为诗曰：“是耶非耶？立而望之，偏何姗姗其来迟。”令乐府诸音家弦歌之。随事兴咏，节促意长，殆即所谓新声变曲者也。

文学之士，在武帝左右者亦甚众。先有严助，会稽吴人，严忌子也，或云族家子，以贤良对策高第，擢为中大夫。助荐吴人朱买臣召见，说《春秋》，言“楚词”，亦拜中大夫，与严助俱侍中。又有吾丘寿王、司马相如、主父偃、徐乐、严安。东方朔、枚皋、胶仓、终军、严葱奇等；而东方朔、枚皋、严助、吾丘寿王、司马相如尤见亲幸。相如文最高，然常称疾避事；朔皋持论不根，见遇如俳优，惟严助与寿王见任用。助最先进，常与大臣辩论国家便宜，有奇异亦辄使为文及作赋颂数十篇。寿王字子赣，赵人，年少以善格五召待诏，迁侍中中郎；有赋十五篇，见《汉志》。

东方朔字曼倩，平原厌次人也。武帝初即位，征天下举方正贤良文学材力之士，待以不次之位，四方士多上书言得失，自衒鬻者以千数。朔初来，上书曰：“臣朔少失父母，长养兄嫂。年十二学书，三冬，文史足用。十五学击剑。十六学诗书，诵二十二万言。十九学孙吴兵法，战阵之具，钲鼓之教，亦诵二十二万言。凡臣朔固已诵四十四万言。又常服子路之言。臣朔年二十二；长九尺三寸，目若悬珠，齿若编贝；勇若孟贲，捷若庆忌，廉若鲍叔，信若尾生。若此，可以为天子大臣矣。臣朔昧死，再拜

以闻。”其文辞不逊，高自称誉。帝伟之，令待沼公车；渐以奇计俳辞得亲近，诙达多端，不名一行，然时观察颜色，直言切谏，帝亦常用之。尝至太中大夫，与枚皋郭舍人俱在左右，但诙啁而已，不得大官，因以刑名家言求试用，辞数万言，指意放荡，颇复诙谐，终不见用，乃作《答客难》（见《汉书》本传）以自慰谕。又有《七谏》（见《楚辞》），则言君子失志，自古而然。临终诫子云：“明者处世，莫尚于中，优哉游哉，与道相从。首阳为拙，柳下为工。饱食安步，以仕代农。依隐玩世，诡时不逢。……圣人之道，一龙一蛇，形见神藏，与物变化，随时之宜，无有常家。”又黄老意也。朔盖多所通晓，然先以自衒进身，终以滑稽名世，后之好事者因取奇言怪语，附著之朔；方士又附会以为神仙，作《神异经》、《十洲记》，托为朔造，其实皆非也。

枚皋者字少孺，枚乘孽子也。武帝征乘，道死，诏问乘子，无能为文者。皋上书自陈，得见，诏使作《平乐观赋》，善之，拜为郎，使匈奴。然皋好诙笑，为赋颂多嫚戏，故不得尊显，见视如倡，才比东方朔、郭舍人。作文甚疾，故所赋甚多，自谓不及司马相如，而颇诋娸东方朔，又自诋娸。班固云：“其文骩骳，曲随其事，皆得其意，颇诙笑，不甚闲靡。凡可读者百二十篇，其尤嫚戏不可读者尚数十篇。”

至于儒术之士，亦擅文词者，则有菑川薛人公孙弘，字次卿，元光中贤良对策第一，拜博士，终为丞相，封平津侯，于是天下学士，靡然向风矣。广川董仲舒与公孙弘同学，于经术尤著，景帝时已为博士，武帝即位，举贤良对策，除江都相，迁胶西相，卒。尝作《士不遇赋》（见《古文苑》），有云：

“……观上世之清晖兮，廉士亦茕茕而靡归。殷汤有卞随与务光兮，周武有伯夷与叔齐；卞随务光遁迹于深山兮，伯夷叔齐登山而采薇。使彼圣贤其繇周遑兮，矧举世而同迷。若伍员与屈原兮，固亦无所复顾。亦不能同彼数子兮，将远游而终古。……”

终则谓不若反身素业，归于一善，托声楚调，结以中庸，虽为粹然儒者之言，而牢愁狷狭之意尽矣。

小说家言，时亦兴盛。洛阳人虞初，以方士侍郎，号黄车使者，作《周说》九百四十三篇。齐人饶，不知其姓，为待诏，作《心术》二十五篇。又有《封禅方说》十八篇，不知何人作，然今俱亡。

诗之新制，亦复蔚起。《骚》《雅》遗声之外，遂有杂言，是为“乐府”。《汉书》云东方朔作八言及七言诗，各有上下篇，今虽不传，然元封三年作柏梁台，诏群臣二千石有能为七言诗，乃得上座，则其辞今具存，通篇七言，亦联句之权舆也：

“日月星辰和四时皇帝，骖驾驷马从梁来梁王，郡国士马羽林材大司马，总领天下诚难治丞相，和抚四夷不易哉大将军，刀笔之吏臣执之御史大夫。（中略）蛮吏朝贺常会期典属国，柱枅欂栌相枝持大匠，枇杷橘栗桃李梅太官令，走狗逐兔张罘罳上林令，啮妃女唇甘如饴郭舍人，迫窘诘屈几穷哉东方朔。”

褚少孙补《史记》云：“东方朔行殿中，郎谓之曰：人皆以先生为狂。朔曰：如朔等，所谓避世于朝廷间者也。古之人乃避世于深山中。时坐席中酒酣，乃据地歌曰——

陆沉于俗，避世金马门。宫殿中，可以避世全身；何必深山之中，蒿庐之下。”

亦新体也，然或出后人附会。

五言有枚乘开其先，而是时苏李别诗，亦称佳制。苏武字子卿，京兆杜陵人，天汉元年，以中郎将使匈奴，留不遣。李陵字少卿，陇西成纪人，天汉二年击匈奴，兵败降虏，单于以女妻之，立为右校王；汉夷其族。至元始六年，苏武得归，故与陵以诗赠答：

“携手上河梁，游子暮何之。徘徊蹊路侧，悢悢不能辞。行人难久留，各言长相思。安知非日月，弦望自有时。努力崇明德，皓首以为期。”李陵与苏武诗三首之一

“二凫俱北飞，一凫独南翔。子当留斯馆，我当归故乡。一别如秦胡，会见何讵央。怆悢切中怀，不觉泪沾裳。愿子长努力，言笑莫相忘。”苏武别李陵。见《初学记》卷十八，然疑是后人拟作

武归后拜典属国；宣帝即位，赐爵关内侯，神爵二年（前60）卒，年八十余。陵则在匈奴二十余年，卒，有集二卷。诗以外，后世又颇传其书问，在《文选》及《艺文类聚》中。

第十节
司马相如与司马迁

武帝时文人，赋莫若司马相如，文莫若司马迁，而一则寥寂，一则被刑。盖雄于文者，常桀骜不欲迎雄主之意，故遇合常不及凡文人。

司马相如字长卿，蜀郡成都人。少时好读书，学击剑，故其亲名之曰犬子；既学，慕蔺相如之为人，更名相如。以赀为郎，事景帝。帝不好辞赋，时梁孝王来朝，游说之士邹阳、枚乘、严忌等皆从，相如见而悦之，因病免，游梁，与诸侯游士居，数岁，作《子虚赋》。武帝立，读而善之，曰：“朕独不得与此人同时哉？”蜀人杨得意为狗监侍帝，因言是其邑人司马相如作，乃召问相如。相如曰：有是。然此乃诸侯之事，未足观，请为天子游猎之赋。帝令尚书给笔札。相如以“子虚”，虚言也，为楚称；“乌有先生”者，乌有此事也，为齐难；“亡是公”者，亡是人也，欲明天子之义。故虚借此三人为辞，以推天子诸侯之苑囿。其卒章归之于节俭，因以讽谏。其文具存《史记》及《汉书》本传中；《文选》则以后半为《上林赋》，或召问后之所续欤？

相如既奏赋，武帝大悦，以为郎；数岁，作《喻巴蜀檄》，旋拜中郎将，赴蜀，通西南夷，以蜀父老多言此事无益，大臣亦以为然，乃作《难蜀父老》文。其后，人有上书言相如使时受金，遂失官，岁余，复召为郎。然常闲居，不慕官爵，亦往往托辞讽谏，于游猎信谗之事，皆有微辞。拜孝文园令。武帝既以《子虚赋》为善，相如察其好神仙，乃曰：

“上林之事，未足美也，尚有靡者。臣尝为《大人赋》，未就；请具而奏之。”意以为列仙之儒，居山泽间，形容甚臞，非帝王之仙意。惟彼大人，居于中州，悲世迫隘，于是轻举，乘虚无，超无友，亦忘天地，而乃独存也。中有云：

“……屯余车而万乘兮，粹云盖而树华旗。使句芒其将行兮，吾欲往乎南娭。……纷湛湛其差错兮，杂遝胶輵以方驰。骚扰冲苁其纷挐兮，滂濞泱轧丽以林离。攒罗列聚丛以茏茸兮，曼衍流烂痑以陆离。径入雷室之砰磷郁律兮，洞出鬼谷之掘礨崴魁。……时若暧暧将混浊兮，召屏翳，诛风伯，刑雨师。西望昆仑之轧沕荒忽兮，直径驰乎三危。排阊阖而入帝宫兮，载玉女而与之俱归。登阆风而遥集兮，亢鸟腾而壹止。低徊阴山翔以纡曲兮，吾乃今日睹西王母，暠然白首戴胜而穴处兮，亦幸有三足乌为之使。必长生若此而不死兮，虽济万世不足以喜。……”

既奏，武帝大悦，飘飘有凌云之气，似游天地之间意。盖汉兴好楚声，武帝左右亲信，如朱买臣等，多以楚辞进，而相如独变其体，益以玮奇之意，饰以绮丽之辞，句之短长，亦不拘成法，与当时甚不同。故扬雄以为使孔门用赋，则贾谊升堂，相如入室。班固以为西蜀自相如游宦京师，而文章冠天下。盖后之扬雄、王褒、李尤，固皆蜀人也。然相如亦作短赋，则繁丽之词较少，如《哀二世赋》，《长门赋》。独《美人赋》颇靡丽，殆即扬雄所谓“劝百而讽一，犹骋郑卫之音，曲终而奏雅”者乎？

“……途出郑卫，道由桑中，朝发溱洧，暮宿上宫。上宫闲馆，寂寥空虚，门阁昼掩，暧若神居。臣排其户而造其堂，芳香芬烈，黼帐高张；有女独处，婉然在床，奇葩逸丽，淑质艳光，睹臣迁延，微笑而言曰：‘上客何国之公子，所从来无乃远乎？’遂设旨酒，进鸣琴。臣遂抚弦为《幽兰》《白雪》之曲。女乃歌曰：‘独处室兮廓无依，思佳人兮情伤悲。有美人兮来何迟？日既暮兮华色衰，敢托身兮长自私。’玉钗挂臣冠，罗袖拂臣衣。时日西夕，玄阴晦冥，流风惨冽，素雪飘零，闲房寂谧，不闻人声。……臣乃脉定于内，心正于怀，信誓旦旦，秉志不回，幡然高举，与彼长辞。”

相如既病免，居茂陵，武帝闻其病甚，使所忠往取书，至则已死（前117）。仅得一卷书，言封禅事。盖相如尝从胡安受经。故少以文词游宦，而晚年终奏封禅之礼矣。于小学，则有《凡将篇》，今不存。然其专长，终在辞赋，制作虽甚迟缓，而不师故辙，自摅妙才，广博闳丽，卓绝汉代，明王世贞评《子虚》《上林》，以为材极富，辞极丽，运笔极古雅，精神极流动，长沙有其意而无其材，班、张、潘有其材而无其笔，子云有其笔而不得其精神流动之处云云，其为历代评骘家所倾倒，可谓至矣。

司马迁字子长，河内人，生于龙门，年十岁诵古文，二十而南游吴会，北涉汶泗，游邹鲁，过梁楚以归，仕为郎中。父谈，为太史令，元封初卒。迁继其业，天汉中李陵降匈奴，迁明陵无罪，遂下吏，指为诬上，家贫不能自赎，交游莫救，卒坐宫刑。被刑后为中书令，因益发愤，据《左氏》，《国语》；采《世本》，《战国策》；述《楚汉春秋》，终成《史记》一百三十篇，始于黄帝，中述陶唐，而至武帝获白麟止，盖自谓其书所以继《春秋》也。其友益州刺史任安，尝责以古贤臣之义，迁报书有云：

“……所以隐忍苟活，函粪土之中而不辞者，恨私心有所不尽，鄙没世而文采不表于后也。古者富贵而名摩灭不可胜记，惟倜傥非常之人称焉。盖西伯拘而演《周易》；仲尼厄而作《春秋》；屈原放逐，乃赋《离骚》；左丘失明，厥有《国语》；孙子膑脚，《兵法》修列。……《诗》三百篇，大抵贤圣发愤之所为作也。此人皆意有所郁结，不得通其道，故述往事，思来者。及如左丘明无目，孙子断足，终不可用，退论书策，以舒其愤，思垂空文以自见。仆窃不逊，近自托于无能之辞，网罗天下放失旧闻，考之行事，稽其成败兴衰之理，凡百三十篇。亦欲以究天人之际，通古今之变，成一家之言。草创未就，适会此祸，惜其不成，是以就极刑而无愠色。仆诚已著此书，藏之名山，传之其人，通邑大都，则仆偿前辱之责，虽万被戮，岂有悔哉？然此可为智者道，难为俗人言也！……”

迁死后，书乃渐出；宣帝时，其外孙杨恽祖述其书，遂宣布焉。班彪颇不满，以为“采经摭传，分散数家之事，甚多疏略，或有抵牾。亦其涉略者广博，贯穿经传，驰骋古今上下数千载间，斯以勤矣。又其是非颇缪于圣人：论大道则先黄老而后六经，序游侠则退处士而进奸雄，述货殖则崇埶利而羞贫贱，此其所蔽也。”汉兴，陆贾作《楚汉春秋》，是非虽多本于儒者，而太史职守，原出道家，其父谈亦崇尚黄老，则《史记》虽缪于儒术，固亦能远绍其旧业者矣。况发愤著书，意旨自激，其与任安书有云：“仆之先人，非有剖符丹书之功，文史星历，近乎卜祝之间，固主上所戏弄，倡优畜之，流俗之所轻也。假令仆伏法受诛，若九牛亡一毛，与蝼蚁何异。”恨为弄臣，寄心楮墨，感身世之戮辱，传畸人于千秋，虽背《春秋》之义，固不失为史家之绝唱，无韵之《离骚》矣。惟不拘于史法，不囿于字句，发于情，肆于心而为文，故能如茅坤所言：“读游侠传即欲轻生，读屈原，贾谊传即欲流涕，读庄周，鲁仲连传即欲遗世，读李广传即欲立斗，读石建传即欲俯躬，读信陵，平原君传即欲养士”也。

然《汉书》已言《史记》有缺，于是续者纷起，如褚先生，冯商，刘歆等。《汉书》亦有出自刘歆者，故崔适以为《史记》之文有与全书乖，与《汉书》合者，亦歆所续也；至若年代悬隔，章句割裂，则当是后世妄人所增与钞胥所脱云。

迁雄于文，而亦爱赋，颇喜纳之列传中。于《贾谊传》录其《吊屈原赋》及《服赋》，而《汉书》则全载《治安策》，赋无一也。《司马相如传》上下篇，收赋尤多，为《子虚》(合《上林》)，《哀二世》，《大人》等。自亦造赋，《汉志》云八篇，今仅传《士不遇赋》一篇，明胡应麟以为伪作。

至宣帝时，仍修武帝故事，讲论六艺群书，博尽奇异之好；征能为楚辞者，于是刘向，张子侨，华龙，柳褒等皆被召，待诏金马门。又得蜀人王褒字子渊，诏之作《圣主得贤臣颂》，与张子侨等并待诏。褒能为赋颂，亦作俳文；后方士言益州有金马碧鸡之宝，宣帝诏褒往祀，于道病死。